基金项目：国家重点研发计划项目资助（2022YFC3005200）

城市轨道交通带上盖车辆基地烟气控制与人员安全疏散技术

王迪军　郑　翔　黄先健　谢宝超　徐志胜 ◎ 编著

SMOKE CONTROL AND
SAFETY EVACUATION TECHNOLOGY OF
COVERED VEHICLE BASE IN URBAN RAIL TRANSIT

中南大学出版社
www.csupress.com.cn
·长沙·

图书在版编目(CIP)数据

城市轨道交通带上盖车辆基地烟气控制与人员安全疏
散技术／王迪军等编著. —长沙：中南大学出版社，
2023.12

ISBN 978-7-5487-5611-8

Ⅰ. ①城… Ⅱ. ①王… Ⅲ. ①城市铁路－铁路枢纽－
枢纽站－烟气控制②城市铁路－铁路枢纽－枢纽站－消防
－安全疏散 Ⅳ. ①U291.7

中国国家版本馆 CIP 数据核字(2023)第 217406 号

城市轨道交通带上盖车辆基地烟气控制与人员安全疏散技术
CHENGSHI GUIDAO JIAOTONG DAISHANGGAI CHELIANG JIDI YANQI KONGZHI YU RENYUAN ANQUAN SHUSAN JISHU

王迪军　郑　翔　黄先健　谢宝超　徐志胜　编著

□责任编辑	刘颖维
□封面设计	李芳丽
□责任印制	唐　曦
□出版发行	中南大学出版社
	社址：长沙市麓山南路　　　　邮编：410083
	发行科电话：0731-88876770　　传真：0731-88710482
□印　　装	长沙印通印刷有限公司

□开　　本	710 mm×1000 mm 1/16	□印张 12.25	□字数 244 千字
□版　　次	2023 年 12 月第 1 版	□印次 2023 年 12 月第 1 次印刷	
□书　　号	ISBN 978-7-5487-5611-8		
□定　　价	78.00 元		

编委会

前言 /
Foreword

　　为提高土地的使用率、节约土地资源以及缓解住房压力，全国各地在 2010 年前后陆续开展了车辆基地与上盖物业组合的新型建设模式实践。虽然现行规范对此类带上盖开发的城市轨道交通车辆基地的防灾考虑日臻完善，但还缺乏系统解决方案。本书在烟气控制、结构防火和人员安全疏散技术上进行了一系列数值模拟并通过缩尺寸模型进行了试验验证，给广大地铁车辆基地设计、建设、运营、维护从业人员提供一些参考。

　　在当前车辆基地上盖开发规模效应和经济效益有较大优势的发展形势下，为了确保控制事故灾害强度和保障人民生命财产安全，并节约车辆基地全寿命周期建设、运营、维保成本，本书对一些车辆基地采取的设计方案、保障措施等一些基础资料进行了验证。

　　带上盖开发盖下车辆基地项目在国内的实践还处于发展阶段，本书所采用的数值模拟和缩尺寸模型的试验结构和研究有一定的局限性，难免存在疏漏之处，敬请广大读者批评指正。

作者

2023 年 2 月

目录 / Contents

第 1 章
车辆基地烟气控制与人员安全疏散技术研究内容

1.1　研究目标及内容

1.1.1　研究目标

　　本书研究意在解决带上盖车辆基地盖下高大空间火灾通风排烟策略问题、人员安全疏散与应急救援模式问题、盖下消防车道特殊消防设计问题、带上盖车辆基地盖上单体与盖下空间消防分隔设计问题等防灾救援难题。

1.1.2　研究内容

　　针对带上盖车辆基地存在的消防问题，通过缩尺寸试验、火灾模拟仿真软件 FDS(Fire Dynamics Simulator)手段，开展城市轨道交通带上盖车辆基地烟气控制与人员安全疏散技术研究，主要研究内容如下：

　　①带上盖车辆基地缩尺寸试验设计。
　　②带上盖车辆基地盖下消防车道特殊消防设计。
　　③带上盖车辆基地机械排烟系统设计。
　　④带上盖车辆基地人员安全疏散与应急救援模式。
　　⑤带上盖车辆基地排烟风亭设计。
　　⑥带上盖车辆基地盖板结构抗火性能设计。

1.2　国内外类似工程现状

1.2.1　英国伦敦怀特车辆基地

1. 基本情况

伦敦怀特车辆基地位于原地铁中央线的伍德巷(Wood Lane)车辆基地，该车辆基地完全位于地下，负责中央线夜间停车、检修、试车等作业。伦敦怀特车辆基地内部检修空间走道比轨顶平面高出约 50 cm，使得司机和其他工作人员都可以远离带电轨道，整个厂区采用自动喷淋灭火系统及气体灭火系统。

2. 通风排烟设计

伦敦怀特车辆基地通过地面开启孔道实现自然通风。地下车辆基地通过沿街采光通风天井、贯穿 4 层商业的拔风井等设施实现自然通风，见图 1-1。

(a) 车辆基地内部检修走道图　　　　　　　(b) 沿街采光通风天井图

图 1-1 伦敦怀特车辆基地通风排烟设计

1.2.2 华北某车辆基地

华北某车辆基地(见图 1-2)总建设用地约为 242000 m²。运用库位于车辆基地的西南角，其建筑为地上一层，钢筋混凝土框架结构，建筑面积为 495779 m²，建筑高度为 9.7 m。其上部还有一层高 4.7 m 的汽车库和厚度 1.5 m 覆土，及 9 栋 11~12 层的高层住宅楼。运用库主要出入口位于建筑平面的东侧，与咽喉区连接。咽喉区紧邻运用库东侧，其建筑为地上一层，钢筋混凝土框架结构，建筑面积为 59208 m²，建筑高度为 7.3 m。其上部还有一层开发物业和厚度 1.5 m 的覆土。

1. 通风排烟设计

库区采用普通排烟风机，发生火灾时，着火区域的风机开启排烟，当烟气蔓延至其他防烟分区时，开启该区域的风机排烟，补风采用自然补风。

2. 消防车道设计

消防车道运用库四周布置有 7 m 宽的环形车道，与车辆基地内的道路连通，既可为基地内生产运输车辆通行，又可满足消防车道要求。该环形消防车道上部均有建筑，其中南、北侧消防车道无外墙；西侧消防车道两侧有墙，顶部开有 3 个洞口，共 370 m²，占覆盖面积的 13.6%；东侧消防车道全覆盖，仅南、北两端

图 1-2　华北某车辆基地剖视图

与外部连通。咽喉区西侧及北侧有消防车道，其中西侧与运用库共用消防车道。

3. 安全疏散设计

车辆基地西侧与东侧相对应，设有人员疏散出入口，南北两侧也各设有 1 个安全疏散出入口。运用库外墙上均设有人员安全疏散出入口，可直接到达室外，库内最远点至安全疏散出入口距离为 111 m。库区疏散总宽度为 136.35 m。按规范要求，地面车辆基地库内任一处到安全疏散出入口的距离可不受限制。咽喉区平时无人员作业，且北侧无外墙，可视为安全区，其最远点至安全区距离为157 m。

1.2.3　华南某车辆基地

1. 基本情况

华南某车辆基地总平面分区包括出入段、咽喉区、生产维修及配套区等（见图 1-3）。场地西北部为生产检修区，布置有运用库及辅助生产楼。停车列检库靠北侧布置，共有 20 个列位，周月检修库 2 个列位。场地西南角布置有综合维修楼、派出所，建筑布局为 L 型南北布置；场址中部为咽喉区，根据工艺布置有污水处理站、洗车棚；东侧为出入段线。停车场共设 10 个建筑单体。

段场的主次入口均接南侧的规划路，段场内能形成环形的道路系统。道路设计满足消防车行驶荷载的要求，宽 4~7 m，转弯半径为 9~12 m。

2. 通风排烟设计

运用库主要由停车列检库和周月检修库、辅助生产楼等功能区域组成。停车列检库火灾危险性等级为戊类，周月检修库为戊类，耐火等级均为一级，为单独一个防火分区，库房四周设置环形消防车道及在中部设 4 m 宽消防车道穿越库房。库房采用混凝土框架柱结构，屋面采用钢筋混凝土楼板。库房通风排烟按机械通风排烟设计。

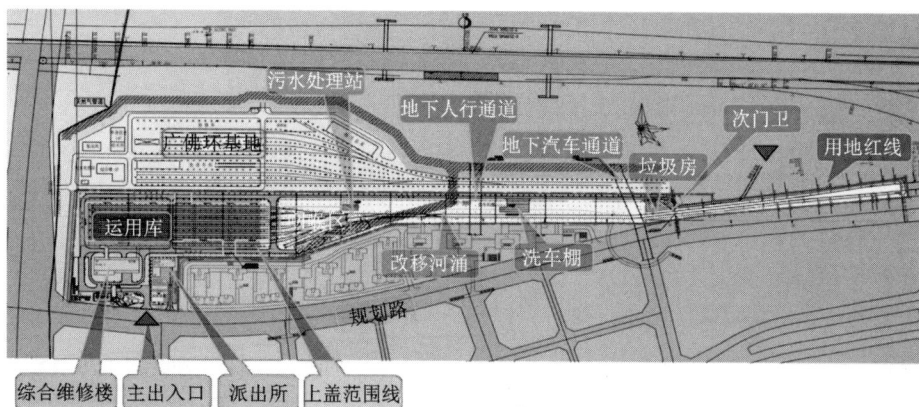

图 1-3　华南某车辆基地总平面方案

3. 消防车道设计

停车场与上盖物业分别设置独立的消防车道、消防扑救场地。消防车道转弯半径不小于 12 m，消防车道设置不少于 2 个与市政道路相通的出入口。盖下停车场应沿四周设置环形消防车道，且应露天设置。确有困难需设在盖板下方时，消防车道应沿盖下外边跨设置，且消防车道侧面应敞开。确有困难无法设置环形消防车道时，应沿两个长边设置且需在尽端设置不小于 15 m×15 m 的回车场地。

4. 防火分隔设计

停车场上部进行物业开发，考虑两者体量大、火灾扑救难度较大、火灾延续时间长，且修复结构有一定难度，盖上结构荷载直接传至盖下结构，盖下框架支撑一旦发生危险，将危及盖上整体结构的安全，因此有必要要求其结构柱、屋顶承重构件及分隔楼板的耐火极限在现行国家标准的基础上进行加强。

承重柱、承重墙、结构梁的耐火极限满足现行国家标准《建筑设计防火规范（2018 年版）》（GB 50016—2014）。运用库的辅助生产楼划分为单独的防火分区，与运用库之间采用防火墙和甲级防火门、窗进行有效的防火分隔。该车辆基地与相连车辆基地之间应留足不小于 10 m 的防火间距，小于 10 m 时应采用防火墙分隔。

5. 安全疏散设计

该车辆基地的建筑上盖进行物业开发，综合检修基地与物业开发的人员疏散出口应分别独立设置。上盖物业开发的人员疏散不应经过盖下停车场。盖下停车场内各功能用房的疏散楼梯间、疏散通道应设置应急疏散照明，单体建筑物的疏散楼梯间、疏散通道及安全出口处应设置明显的疏散指示标志。盖下停车场内位于盖下的道路上应设置消防应急照明、应急广播、疏散指示标志和消防专线电话。盖下停车场内位于盖下的道路应保持畅通，不应堆放任何阻碍人员和车辆通行的物品，更不应堆放任何可燃物品。

1.2.4　华东某车辆基地

1. 基本情况

华东某车辆基地上盖计划将整个区域都采用上盖开发模式。车辆基地段盖板除检修库之外的顶标高为 24.5 m，检修库盖板顶标高为 28.0 m，公安派出所设置于盖板上，占地约 2500 m²。

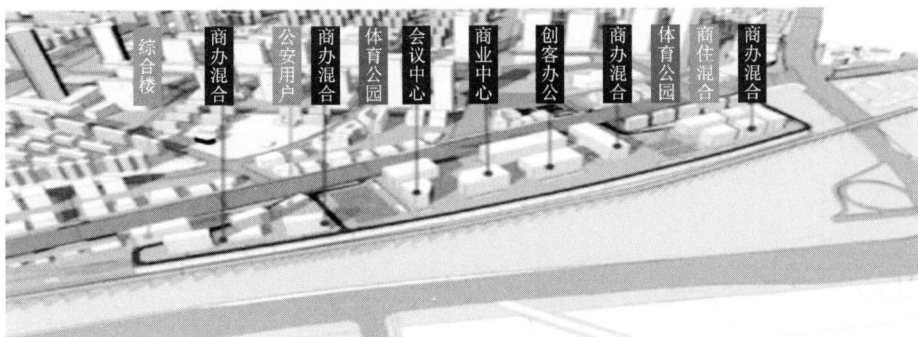

图 1-4　华东某车辆基地

2. 消防车道设计

该车辆基地共设置了 2 个出入口，依据建筑固定要求，消防车的坡度≤8%，根据本车段具体情况进行分析，计划设置主入口坡道坡度 3%，次入口坡道坡度 8%，消防车道尽量保证在露天设置，如果条件困难的话，可以适当地为每条消防车道开孔，开孔率不能小于每段消防车道面积的 50%。车辆基地内主要建筑周边需设 7 m 环形消防车道，并至少有 2 处与其他车道连通，保证各车道之间的通畅，为消防需要提供保障。车辆基地内综合楼为高层建筑，沿综合楼长边要求设 15 m×10 m 的消防扑救场地。盖板在车辆基地内主要消防车道上方按照当地消防要求开面积不小于 50%的孔洞，并且库房、咽喉区每隔 60 m 开设通风孔。

3. 防火分隔设计

车辆基地内的上盖体以上需要依据《建筑设计防火规范（2018 年版）》（GB 50016—2014）中民用建筑部分的防火要求执行，上盖体以下需要依据厂房部分的条文执行，盖下设置有停车列检组合车库、厂架修库等厂房，以及咽喉区，消防设计依照防火规范的要求执行。

综上，各个工程消防设计关键参数如表 1-1 所示。

表 1-1 车辆基地工程消防设计关键参数调研

调研内容	伦敦怀特车辆基地	华北某车辆基地	华南某车辆基地	华东某车辆基地
通风排烟	自然排烟	库区内采用机械排烟	库区内采用机械排烟	—
人员疏散	—	库内任一处到安全出入口的距离可不受限制	与上盖建筑的人员疏散出口应分别独立设置	—
消防车道	—	开孔率为 13.6%	侧面敞开	开孔率≥50%，开孔间距 60 m
防火分隔	—	—	按照《建筑设计防火规范（2018 年版）》（GB 50016—2014）的要求执行	按照《建筑设计防火规范（2018 年版）》（GB 50016—2014）的要求执行

第 2 章

带上盖车辆基地缩尺寸试验设计

　　火灾缩尺寸试验是研究控制烟气蔓延的重要手段之一，具有研究成本低、操作便捷及还原度高等特点。通过对带上盖车辆基地进行缩尺寸试验，并使用数据采集系统精准地记录火源质量损失速率、板地下方的温度场分布及排出烟气的 CO 浓度分布，模拟分析带上盖车辆基地在不同现实火灾场景下的烟气蔓延情况，为数值模拟计算的结果提供验证依据。本章将对依托工程华南某带上盖车辆基地缩尺寸试验设计进行介绍。

2.1　试验目的与内容

　　试验的目的与内容主要是：

　　①分析盖下高大空间的机械排烟系统中排烟量、排烟管道间距及排烟口高度等因素对烟气蔓延的影响，得到盖下高大空间机械排烟系统优化布置方案。

　　②分析盖下消防车道顶部开孔方案对自然排烟效果的影响规律，得到消防车道顶部最佳开孔方案。

　　③分析盖板风亭排出的烟气对上盖建筑的影响，得到合理的风亭结构、高度、与上盖建筑之间的退缩距离。

2.2　试验平台设计

2.2.1　模型相似原理

　　研究表明，烟气流体在缩尺寸模型中的流动状态与现实情况具有相似性，通常而言，相似性包括几何、运动、热力等方面的相似以及初始条件和边界条件一致。目前，火灾缩尺寸试验采用的模拟手段主要有三种：Froude 模型、压力模型及类比模型。其中，Froude 模型相似准则在常压下模拟火灾烟气流动和传热问题时为人们广泛应用,并获得丰富的实际应用结果。因此,带上盖车辆基地采用 Froude 相似准则进行缩尺寸试验切实可行。在采用 Froude 相似准则时,缩尺寸模型与现实建筑有着以下几方面的相似关系。

1. 几何相似

几何相似是整个试验开展的基础,其相似关系为:

$$\frac{x_m}{x_f} = \frac{l_m}{l_f} = c \tag{2-1}$$

式中: m——缩尺寸模型;

    f——原尺寸模型;

    x——空间几何长度,m;

    l——特征长度,m;

    c——相似比例。

由式(2-1)可得:

$$x_m = x_f \cdot \left(\frac{l_m}{l_f}\right) = x_f \cdot c \tag{2-2}$$

式中: m——缩尺寸模型;

    f——原尺寸模型;

    x——空间几何长度,m;

    l——特征长度,m;

    c——相似比例。

2. 速度相似

根据 Froude 相似准则数 $F_r = \dfrac{v^2}{gl}$ 可得:

$$\left(\frac{v^2}{gl}\right)_m = \left(\frac{v^2}{gl}\right)_f \tag{2-3}$$

式中: m——缩尺寸模型;

    f——原尺寸模型;

    v——速度,m/s;

    g——重力加速度,m²/s,原尺寸和缩尺寸模型均为 9.8 m²/s;

    l——特征长度,m。

由式(2-3)可得:

$$v_m = v_f \left(\frac{l_m}{l_f}\right)^{\frac{1}{2}} = v_f c^{\frac{1}{2}} \tag{2-4}$$

式中: m——缩尺寸模型;

    f——原尺寸模型;

ν——速度，m/s；

g——重力加速度，m²/s，原尺寸和缩尺寸模型均为 9.8 m²/s；

l——特征长度，m；

c——相似比例。

3. 排烟体积流量相似

根据 $V = \nu \cdot S$ 可得：

$$\frac{V_m}{V_f} = \frac{(\nu \cdot S)_m}{(\nu \cdot S)_f} = \frac{\nu_m}{\nu_f} \cdot \frac{S_m}{S_f} = c^{\frac{1}{2}} \cdot c^2 = c^{\frac{5}{2}} \tag{2-5}$$

式中：m——缩尺寸模型；

f——原尺寸模型；

V——排烟量，m³/s；

ν——速度，m/s；

c——相似比例；

S——排烟口面积，m²。

由式(2-5)可得：

$$V_m = V_f \cdot c^{\frac{5}{2}} \tag{2-6}$$

式中：m——缩尺寸模型；

f——原尺寸模型；

V——排烟量，m³/s；

c——相似比例。

4. 火源热释放速率相似

根据对流换热公式 $\dot{Q}_c = \rho_{空气} V_{空气} C_p \Delta T$，其中 $C_{p,m} = C_{p,f}$，$\Delta T_m = \Delta T_f$，$\rho_{空气,m} = \rho_{空气,f}$，则可得：

$$\dot{Q}_{c,m} = \dot{Q}_{c,f}\left(\frac{V_{空气,m}}{V_{空气,f}}\right) = \dot{Q}_{c,f} \cdot c^{\frac{5}{2}} \tag{2-7}$$

式中：m——缩尺寸模型；

f——原尺寸模型；

$\dot{Q}_c$——火源对流热释放速率，kW；

$\rho_{空气}$——空气密度，kg/m³；

$V_{空气}$——卷吸进入烟气层的冷空气体积流率，m³/s；

C_p——比热容，kJ/(kg·℃)；

ΔT——烟气层温度与环境温度的差值，℃。

5. 温度相似

缩尺寸试验中，温度比值 c 为 1，则：

$$T_m = T_f \tag{2-8}$$

式中：m——缩尺寸模型；

      f——原尺寸模型；

      T——空间内温度，℃。

根据 Froude 相似原理，要求模型与实体中流体流动的雷诺数必须处于湍流自模拟区，从而实现流动相似。一般地，当流动的雷诺数大于 10^5 时，可使流动处于湍流自模拟区，即：

$$\frac{u_f d_f}{v} > 10^5 \tag{2-9}$$

$$\frac{u_m d_m}{v} > 10^5 \tag{2-10}$$

式中：m——缩尺寸模型；

      f——原尺寸模型；

      u——特征风速，m/s；

      d——当量直径，m；

      v——流体运动黏性系数，Pa·s。

当流速越大，当量直径越大，流动的雷诺数越大，流动越容易进入湍流自模拟区。对于盖下车辆基地火灾的烟气流动，流动是燃烧热驱动产生的，因此取特征速度 u_f 为羽流特征流速：

$$u_f = 1.9 \dot{Q}_c^{\frac{1}{5}} \tag{2-11}$$

式中：$\dot{Q}_c$——火源对流热释放速率，kW。

当量直径可以认为是火焰羽流流速的定型尺寸，对于车辆基地火灾，可以近似相当于燃烧区域的尺寸。以地铁列车火灾为例，火源功率最大为 7500 kW，经计算 $u_f = 19.45$ m/s。则原尺寸车辆基地的雷诺数为：

$$R_{ef} = \frac{u_f d_f}{v} \tag{2-12}$$

式中：f——原尺寸模型；

      R_e——雷诺数；

      u——特征风速，m/s；

      d——当量直径，m；

      v——流体运动黏性系数，Pa·s。

由 Froude 相似原理：

$$\frac{u_{\mathrm{m}}}{u_{\mathrm{f}}} = \sqrt{\frac{d_{\mathrm{m}}}{d_{\mathrm{f}}}} \qquad (2-13)$$

式中：m——缩尺寸模型；

　　　f——原尺寸模型；

　　　u——特征风速，m/s；

　　　d——当量直径，m。

因此，最小的尺度比例要求为：

$$R_{\mathrm{em}} = \frac{u_{\mathrm{f}}\left(\dfrac{d_{\mathrm{m}}}{d_{\mathrm{f}}}\right)^{\frac{1}{2}} d_{\mathrm{f}}\left(\dfrac{d_{\mathrm{m}}}{d_{\mathrm{f}}}\right)}{v} \qquad (2-14)$$

式中：m——缩尺寸模型；

　　　f——原尺寸模型；

　　　R_{e}——雷诺数；

　　　u——特征风速，m/s；

　　　d——当量直径，m；

　　　v——流体运动黏性系数，Pa·s。

由式(2-9)~式(2-14)可得：

$$\frac{d_{\mathrm{m}}}{d_{\mathrm{f}}} > \frac{1}{25} \qquad (2-15)$$

式中：m——缩尺寸模型；

　　　f——原尺寸模型；

　　　d——当量直径，m。

则缩尺寸模型选取的比例应大于 1：25。

由于盖下车辆基地盖下长度方向长度过长(约 1300 m)，基于《建筑防烟排烟系统技术标准》(GB 51251—2017)中"高度大于 6 m 的建筑防烟分区的最长边不应大于 75 m"的规定，综合考虑研究需要、场地限制及试验成本，选取两个防烟分区的最大长度，即选取长度方向长度为 150 m；由于防烟分区面积小于 2000 m² ，结合车辆基地的平面布置，选取宽度方向长度为 84.4 m，盖下车辆基地空间高 9.5 m。综上所述，盖下车辆基地原型实际尺寸为：长 150 m，宽 84.4 m，高 9.5 m。为保证试验结果的科学性和成本的经济性，模型相似比选取为 1：10。

根据上述计算方式得到各物理量的比例尺，如表 2-1 所示。

表 2-1 带上盖车辆基地 1∶10 缩尺寸模型比例尺

物理量	几何长度 x	速度 ν	排烟量 V	火源热释放速率 $\dot{Q}$	温度 T
比例关系	$x_m : x_f$	$\nu_m : \nu_f$	$V_m : V_f$	$\dot{Q}_m : \dot{Q}_f$	$T_m : T_f$
比值	0.1	0.3162	0.00316	0.00316	1

2.2.2 试验平台搭建

根据上述几何相似比例关系设计整个缩尺寸模型，梁、柱等主体框架采用不同尺寸的方钢组合连接，搭建车辆基地模型，盖下消防车道试验模型也设置在其中。上部的盖板，四周挡烟垂壁，内部排烟管道、风道、风亭及上盖建筑分别采用 0.5 mm、1 mm、1.5 mm 等不同规格厚度的镀锌板组建，并且各连接处均用螺栓连接。试验平台尺寸为长 15 m、宽 8.44 m、高 0.95 m，四周均为敞开状态。风道处设有排烟风亭，风亭长 0.9 m、宽 0.7 m，高度可根据研究需求进行调节。上盖建筑外立面高度为 2 m。上盖建筑外立面下方镂空处为汽车库及架空层，高度为 1.2 m。整体模型如图 2-1 所示。

(a) 密集梁、柱分布图

(b) 风亭及建筑外立面

(c) 模型实体外观图

(d) 模型整体俯视图

图 2-1 带上盖车辆基地模型图

2.2.3　试验排烟系统设计

1. 排烟系统的构成

试验中排烟系统的构成如图 2-2 所示。为了和现实的排烟管道一致，试验中排烟管道通过变径的方式进行设计，管道中心线在同一高度处。为了抬升排烟口位置的高度，采用顶部接风管的方式进行开孔。顶部接风管开孔是指在排烟管道顶部开孔后，继而接入等底面积的支管，并在支管周边开设排烟口。排烟管道采用铁皮材料制作而成，变径排烟管道尺寸分别为 20 cm 宽×10 cm 高、16 cm 宽×8 cm 高、12.5 cm 宽×8 cm 高与 10 cm 宽×5 cm 高，每根排烟管道上连有 4 个顶部接风管和 1 台风机。顶部接风管的侧面排烟口尺寸为 4 cm 宽×4 cm 高，排烟口底面与排烟管道相连的开孔尺寸为 8 cm×8 cm；风机风量的大小通过变频器进行调节，变频器可做到 0~50 Hz 的频率调节。整个排烟系统的连接如图 2-3 所示。

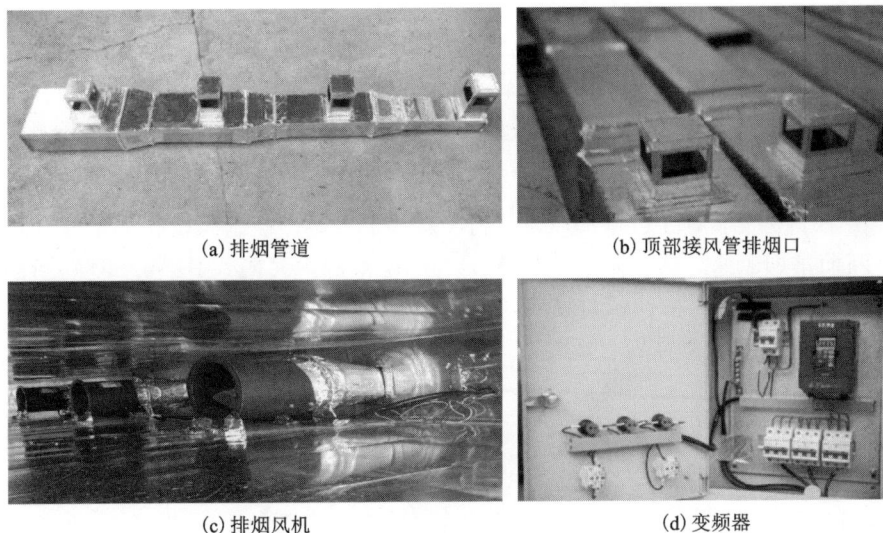

(a) 排烟管道

(b) 顶部接风管排烟口

(c) 排烟风机

(d) 变频器

图 2-2　排烟系统细节图

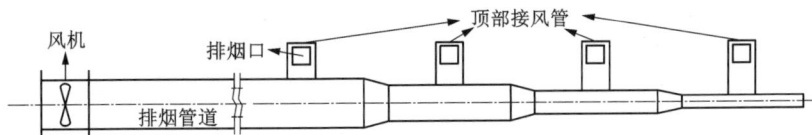

图 2-3　排烟系统的连接示意图

2. 排烟量的标定

在已知排烟管道的断面面积的情况下，若得到排烟管道的断面平均排烟风速，便可得知排烟管道的排烟量。为了准确得到排烟管道的断面风速，确定排烟风速与变频器频率之间的关系，将排烟管道进行3个等面积划分，并在3个等面积中各布置1个测点测量排烟风速，风速测点位置布置如图2-4所示。试验中采用多个风速采集仪测得各排烟管道断面的平均排烟风速。

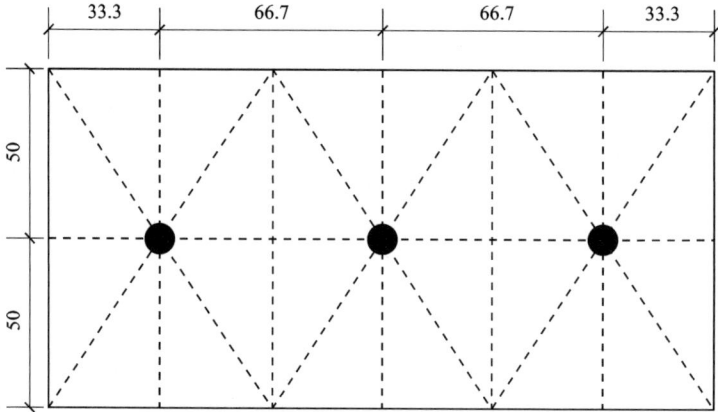

图2-4 排烟管道断面风速测点布置(单位：mm)

由1个变频器对3台排烟风机进行联动控制，通过控制风机频率来改变排烟管道断面排烟风速。通过测量变频器5~50 Hz范围内每隔5 Hz频率时的断面平均排烟风速，求得总排烟量与频率的关系，其关系如图2-5所示。确定总排烟量与频率之间的关系式为：

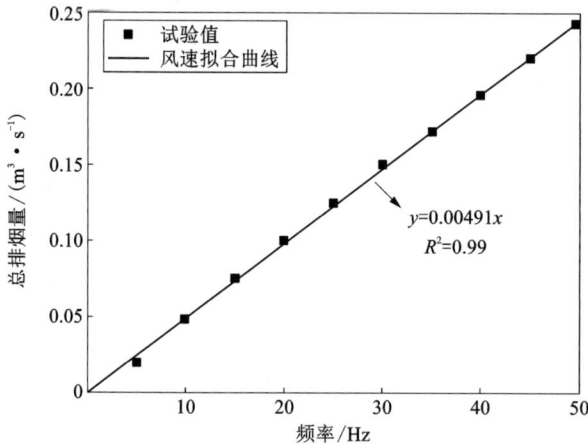

图2-5 频率与总排烟量的变化曲线

$$y = 0.00491x \tag{2-16}$$

式中：y——总排烟量，m^3/s；
　　　x——变频器频率，Hz。

2.3　数据采集系统及测点布置

2.3.1　温度采集及测点布置

1. 温度采集仪器

在缩尺寸模型试验中，采用 K 型热电偶(见图 2-6)来测量温度分布情况，并通过温度采集记录仪(见图 2-7)进行数据的收集与输出。试验中采用的温度采集记录仪为深华轩 MT-X 多路温度采集记录仪，每台仪器可接 64 个热电偶，其测温范围为-100~1000 ℃，精度较高，每隔 1 s 进行温度数据的采集。

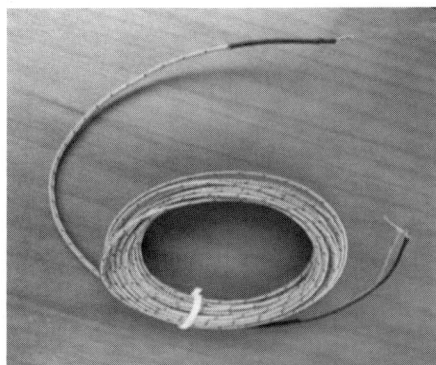

图 2-6　K 型热电偶

图 2-7　温度采集记录仪

2. 温度测点布置

试验中的温度均通过热电偶测得，热电偶布置情况如图 2-8 所示。试验采用测温范围为-100~1000 ℃的 K 型热电偶(直径为 2 mm)进行温度测定，并通过接线端子将热电偶与 MT-X 多路温度采集记录仪进行连接输出数据。设备与仪器经多次试验验证，可靠性较高。车辆段内列车发生火灾时，消防车道内烟气主要聚集在车道顶部，因此本模型采用车道上方测点局部加密的布置方法。结合预试验效果，本模型在板地下方 15 mm 处设置水平方向间距为 90 mm 的热电偶，在车道中心线上设置竖直方向间距为 25 mm、50 mm 的热电偶。

(a) 板地下方热电偶分布

(b) 竖直方向热电偶分布

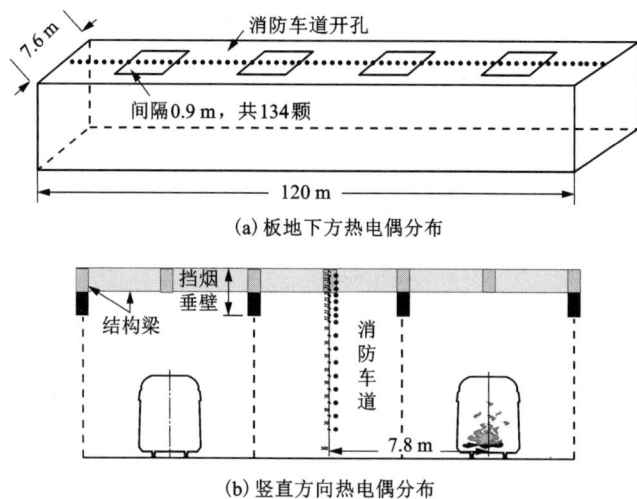

图 2-8　模型热电偶分布情况

2.3.2　风亭排烟口风速测定

试验中风亭排烟口风速通过风速采集仪测定，为了更加准确地得到风亭排烟口风速，在风亭排烟口断面上布置 5 个风速测点，以测得风亭排烟口断面平均风速，如图 2-9 所示。

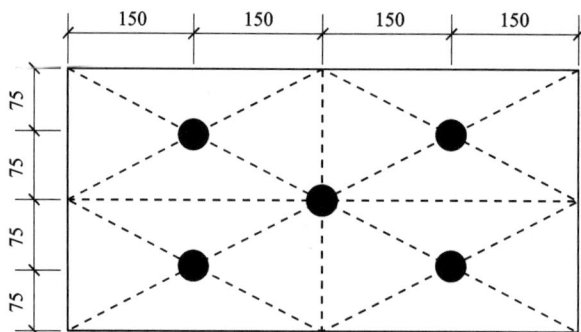

图 2-9　风亭排烟口风速测点布置情况(单位: mm)

2.3.3　CO 浓度采集及测点布置

1. CO 浓度采集系统

盖下车辆基地火灾时排出的 CO 气体是危害上盖建筑居民安全与健康的重要因素之一，因此，测量火灾烟气中的 CO 浓度是十分有必要的。在缩尺寸模型试验中，CO 浓度的测量采用泵吸便携式 CO 气体检测仪，如图 2-10 所示。通过测量风亭排烟口处的 CO 浓度以及上盖建筑外立面的 CO 浓度，分析得到建筑与风亭不同间距下 CO 浓度对上盖建筑的影响程度。

2. CO 浓度测点布置

试验中的 CO 浓度测点布置在风亭排烟口与建筑外立面上，具体布置情况如图 2-11 所

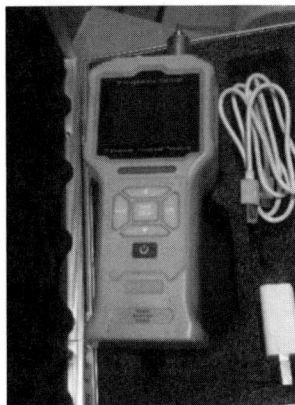

图 2-10　CO 浓度气体检测仪

示。上盖建筑与风亭总共分为 3 个区域，最底下为高 700 mm 的汽车库，中间为高 500 mm 的上盖建筑架空层，最上面区域为上盖建筑外立面。为测得排出的 CO 浓度对上盖建筑不同位置的影响，在上盖建筑外立面上布置 4 个测点，分别在正对风亭排烟口上沿处水平面的上盖建筑外立面中部、左部、右部和中上部。此外，为测得总排出的 CO 浓度值，在风亭排烟口中心点处布置 1 个 CO 浓度测点。

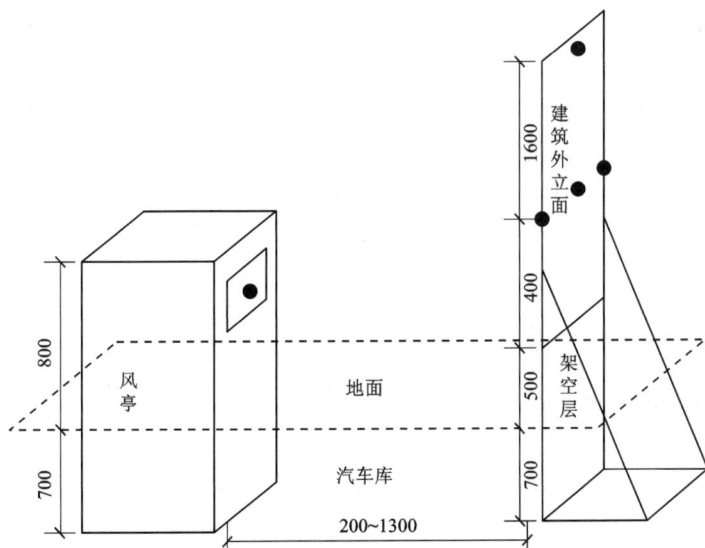

图 2-11　CO 测点布置情况（单位：mm）

第3章

带上盖车辆基地盖下消防车道特殊消防设计

车辆基地消防车道是指车辆基地发生火灾时，供消防车通行、停靠的道路。根据《地铁设计防火标准》（GB 51298—2018），当车辆基地内每线列位在两列或者两列以上，或运用库各自总宽大于150 m时，车辆基地内需要设置部分消防车道。带上盖车辆基地内部空间通透，难以设置防火分隔，发生火灾后，火势容易迅速发展，而且运用库与消防车道之间仅用挡烟垂壁做防烟分隔，烟气容易蔓延至消防车道，影响消防车通行、停靠以及灭火救援作业的顺利开展。因此，如何保证消防车道的消防安全需求，具有重要研究价值。

在国内，仅有北京市地方标准《城市轨道交通车辆基地上盖综合利用工程设计防火标准》（DB11/1762—2020）4.3.4条对车辆基地消防车道顶部开孔率作出了规定，规定车辆基地消防车道顶部开孔率不应小于25%。河北省地方标准《雄安新区地下空间消防安全技术标准》[DB13（J）8330—2019]8.2.1条对地下消防车道顶部开孔率作出了规定，其对消防车道顶部开孔率的规定值与北京市地方标准一致。但未有国家规范对车辆基地消防车道顶部开孔率进行统一规定，且对消防车道自然开孔设置要求也无明确规定。

消防车道的开孔率对保证车辆基地消防车道在火灾下的安全需求具有重要意义，消防车道顶部开孔的目的在于尽快排出车辆基地消防车道上方的烟气，防止烟气在消防车道上方集聚，即使有集聚，也要让烟气层保持在消防车顶部人员操作空间以上。

3.1 消防车道安全需求判定标准

为评价本设计相关措施对保证消防车道安全性的作用，本章根据本车辆基地和消防车道的火灾危险性和空间特性等，设定相应的火灾场景，模拟火灾发展和烟气的运动规律，当运用库发生火灾时，获得相应范围内消防车道中的火灾烟气参数，进而定量评价车道的安全性。

现行国家标准《建筑防烟排烟系统技术标准》（GB 51251—2017）第 4.6.2 条规定，安全疏散所需的最小清晰高度"应按本标准第 4.6.9 条的规定计算确定"，计算方式如下：

走道、室内空间净高不大于 3 m 的区域，其最小清晰高度不宜小于其净高的 1/2，其他区域的最小清晰高度应按下式计算：

$$H_q = 1.6 + 0.1H \qquad\qquad (3-1)$$

式中：H_q——最小清晰高度，m；

$\qquad$ H——建筑空间净高，m。

消防车道主要用于消防车辆行驶和停靠作业，其安全性较建筑内其他空间要求较高，不仅要满足相邻运用库等空间在人员疏散方面的安全需求，而且要保证在一定时间内火灾烟气不能影响消防救援人员的停留和操作安全。因此，需在标准规定的基础上相应提高各类火灾烟气参数的判定标准。本车辆基地消防车道净空高度为 9.5 m，按式（3-1）计算最小清晰高度为 2.55 m，考虑到消防车通行的最低安全高度不小于 4 m，结合在灭火救援中人员可能会在消防车上进行操作的情况，可以拟按最小清晰高度 6 m 进行控制。

3.2　消防车道设置情况

车辆基地内消防车道主要分为三种类型：盖板外消防车道、有自然排烟条件的消防车道及无自然排烟条件的消防车道。消防车道位于盖下时，具备自然排烟条件的消防车道如何确定自然排烟方案，不具备自然排烟条件的消防车道如何确定机械排烟方案，使其满足火灾情况下的安全需求，成为本项目消防车道特殊消防设计的难点。

本车辆基地自然排烟消防车道与运用库之间的梁下挡烟垂壁高度为 0.8 m，机械排烟消防车道与运用库之间的梁下挡烟垂壁高度为 1.6 m。

3.3　消防车道自然排烟试验研究

3.3.1　工况设置

在运用库火灾情况下，设置 3 个梁下挡烟垂壁高度、2 个空间高度、5 个开孔率（见表 3-1），以研究不同因素对消防车道自然排烟效果的影响。

表 3-1 运用库火灾工况设置

工况	挡烟垂壁高度/m	火源位置	空间高度 H/m	开孔率 N/%
1~10	1.2	运用库	9.5/7.5	0
				5
				10
				15
				25
11~20	2.0	运用库	9.5/7.5	0
				5
				10
				15
				25
21~30	2.8	运用库	9.5/7.5	0
				5
				10
				15
				25

3.3.2 运用库火灾下车道顶部开孔率设置研究

1. 挡烟垂壁高度对自然排烟效果的影响

（1）消防车道内温度随时间变化规律

在 0~400 s 时间内，烟气温度快速上升至测点峰值，在 400 s 后，温度基本在最大值附近波动，基本不发生明显变化。取 400~1200 s 阶段平均值为测点峰值，选取 3 个测点进行分析，其中测点 1 为离火源最近距离处热电偶，测点 2 为离火源 4.5 m 处热电偶，测点 3 为离火源 9 m 处热电偶。在开孔率为 0% 时，不同挡烟垂壁高度下，测点 1 的最高温度在 50~100 ℃。随着挡烟垂壁高度的增加，消防车道内温度越来越低，离火源距离越远，烟气温度越低，开孔率越大。在开孔率大于 5% 后，不同挡烟垂壁高度下，测点 3 的温度均维持在 37 ℃ 左右。空间高度为 9.5 m 时，温度随时间变化曲线及试验图片如图 3-1、图 3-2 所示；在空间高度为 7.5 m 时，消防车道内温度随时间变化规律与空间高度为 9.5 m 时类似。

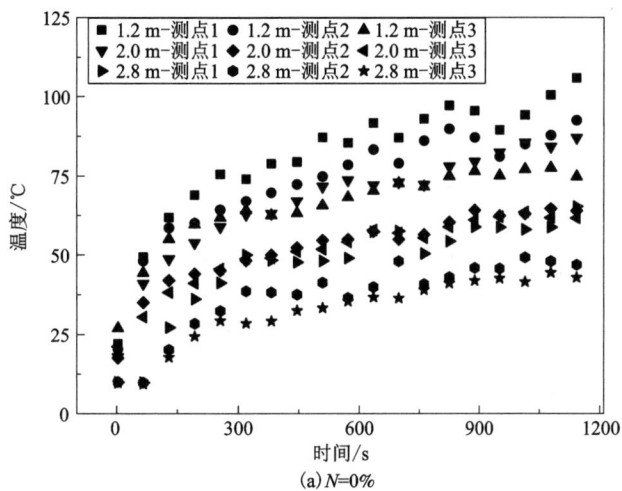

(a) N=0%

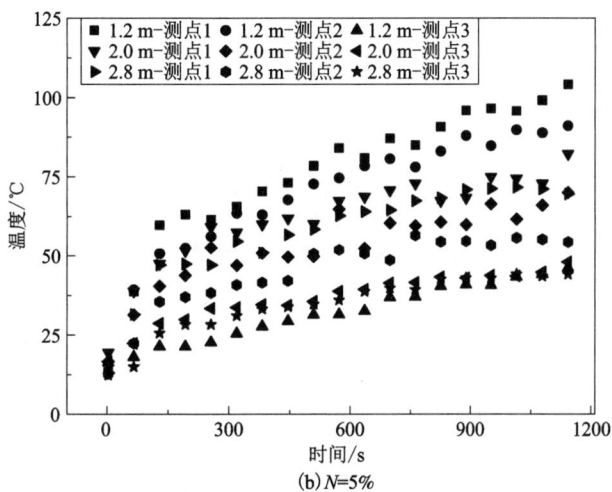

(b) N=5%

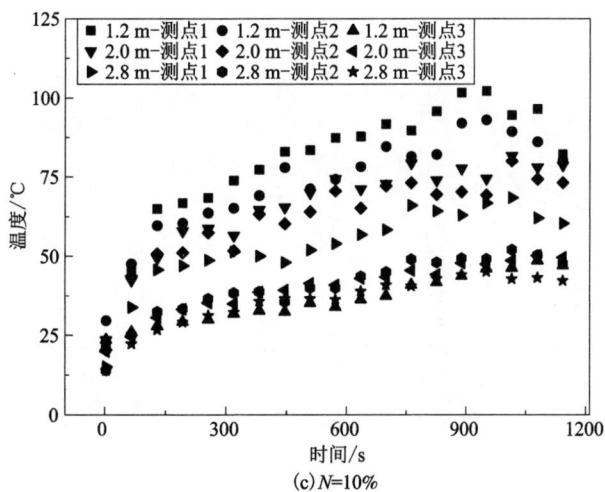

(c) N=10%

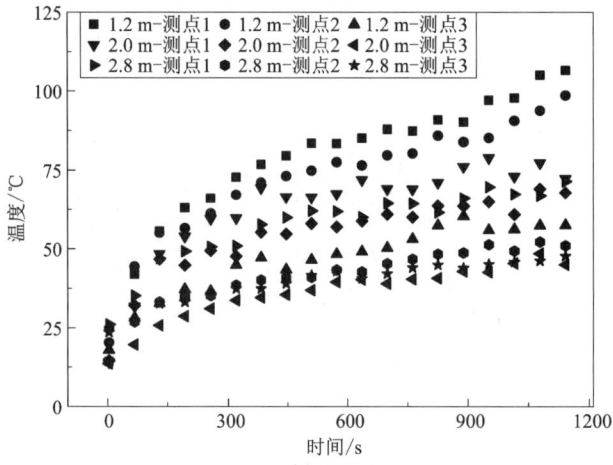

(d) N=15%

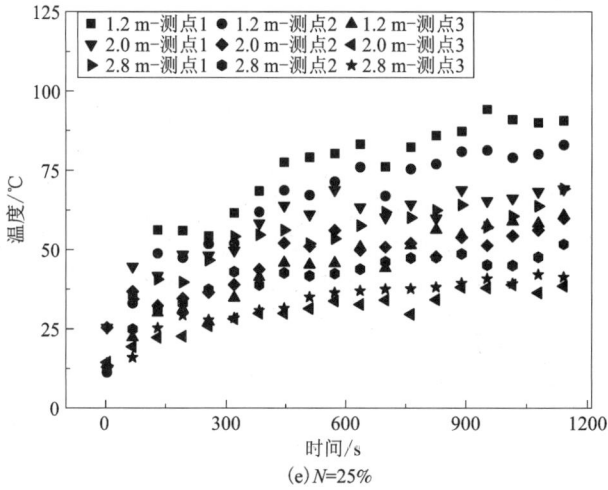

(e) N=25%

图 3-1　H=9.5 m 时温度随时间变化曲线

图 3-2　不同挡烟垂壁高度下试验

（2）消防车道内温度随空间变化规律

1）消防车道上方水平方向温度变化规律

在空间高度为 9.5 m 时，挡烟垂壁高度越高，蔓延至消防车道内的烟气温度越低，温度曲线呈凸状向前发展的原因是，烟气在蔓延的过程中遇到梁格，在梁格与板相接处形成小范围无烟区，导致温度骤降，如图 3-3 所示。当温度越高，温度曲线越陡；温度越低，温度曲线越平缓。

图 3-3　梁格附近低温区形成

不同挡烟垂壁高度下消防车道上方温度最高为 67.9~103.8 ℃。随着挡烟垂壁高度的增加，温度降低，随着与火源距离的增加，温度降低。当挡烟垂壁高度为 1.2~2.0 m，开孔率为 5%~15% 时，开孔前温度在 50~100 ℃，相对于开孔率为 0% 时变化幅度较小；当开孔率为 25% 时，不同挡烟垂壁高度下开孔后温度在30 ℃ 以下，相对于开孔率为 0% 时明显降低，且在与火源距离 25 m 位置温度曲线接近。当挡烟垂壁高度为 2.8 m，开孔率达到 10% 后，温度曲线变化较小。空间高度为 9.5 m 时，温度随空间变化曲线如图 3-4 所示；在空间高度为 7.5 m 时，不同挡烟垂壁高度对消防车道自然排烟效果的影响规律与空间高度为 9.5 m 时类似。

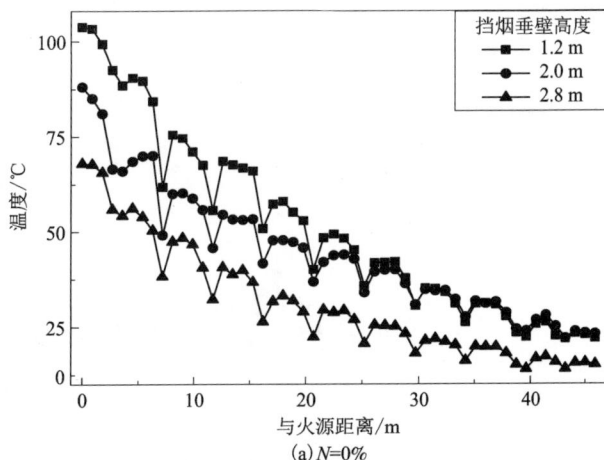

(a) $N=0\%$

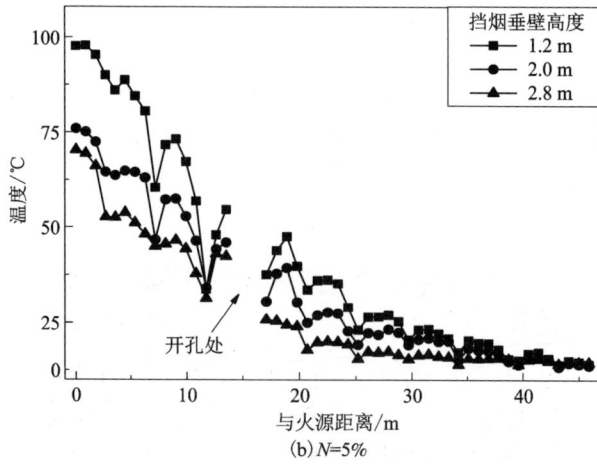

(b) N=5%

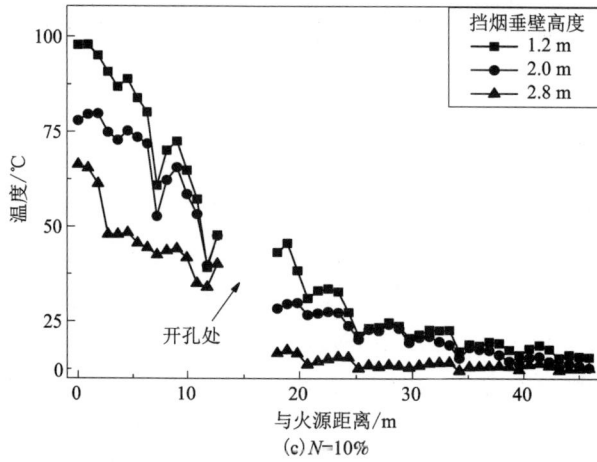

(c) N=10%

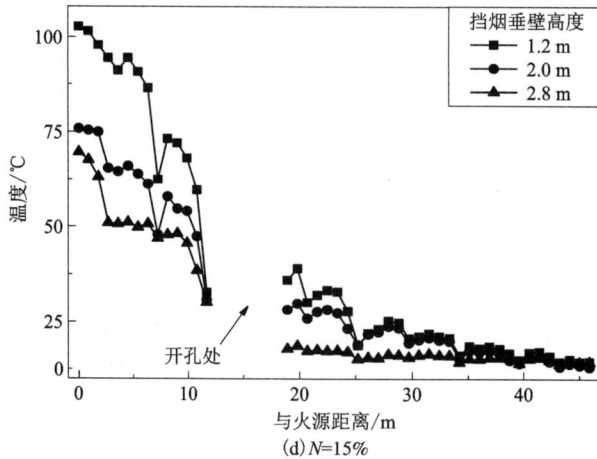

(d) N=15%

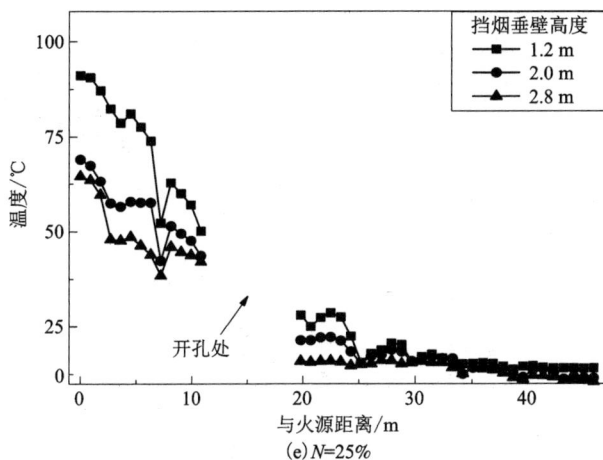

图 3-4 $H=9.5$ m 时温度随空间变化曲线

2) 消防车道内竖直方向温度变化规律

当运用库火灾发生，空间高度为 9.5 m 时，不同挡烟垂壁高度下，离火源 13.5 m 处消防车道内最高温度在 28~50 ℃。挡烟垂壁高度越低，消防车道内竖直方向温度越高，随着开孔率的增大，温度降低。挡烟垂壁高度为 2.8 m 时，在开孔率达到 10% 后，竖直方向温度变化不大，且相对于其他挡烟垂壁高度时的温度较低。当开孔率达到 25% 时，不同挡烟垂壁高度下温度均低于 30 ℃。空间高度为 9.5 m 时，竖直方向温度变化曲线如图 3-5 所示；在空间高度为 7.5 m 时，不同挡烟垂壁高度对消防车道内竖直方向温度变化规律的影响与空间高度为 9.5 m 时类似。

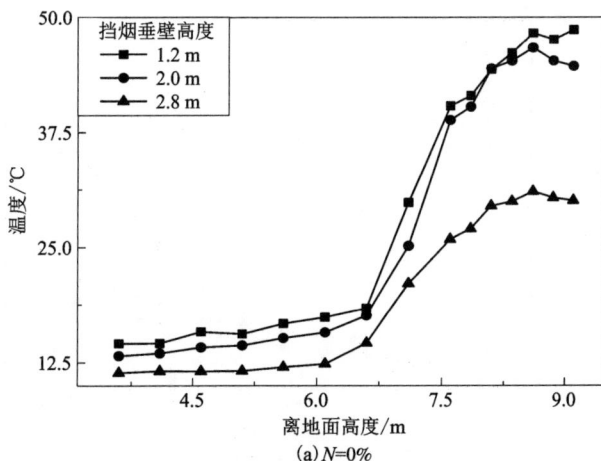

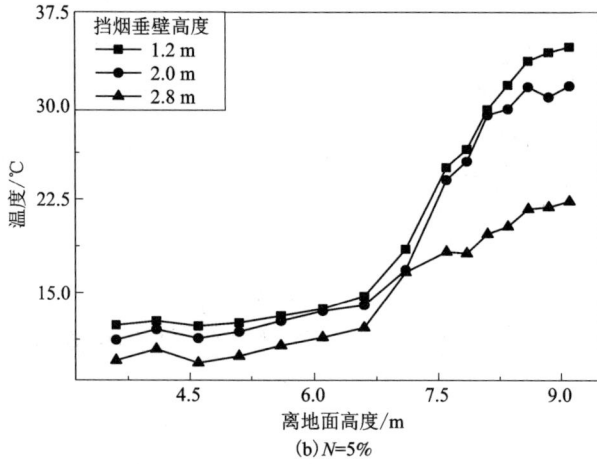

(b) N=5%

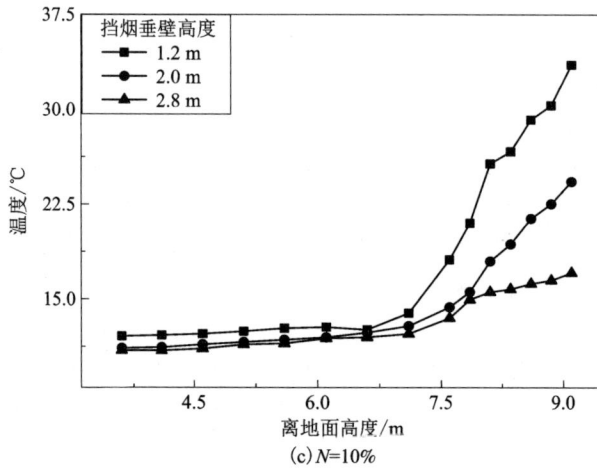

(c) N=10%

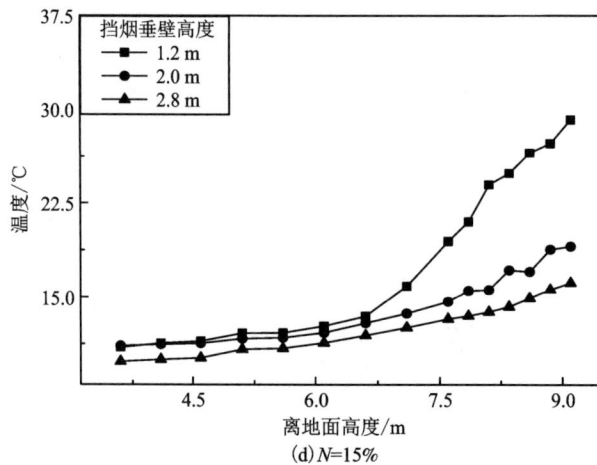

(d) N=15%

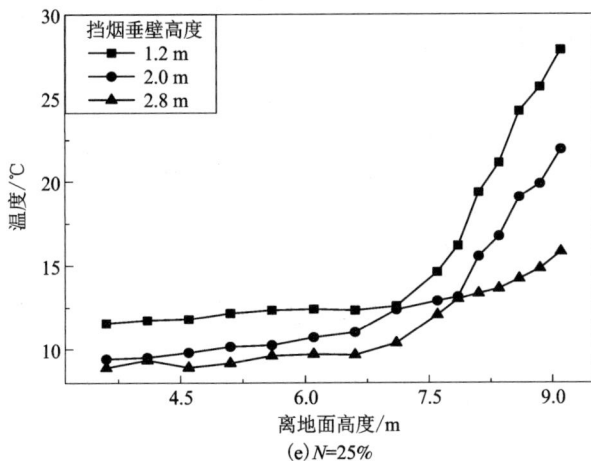

(e) N=25%

图 3-5　H=9.5 m 时离火源 13.5 m 处竖直温度变化曲线

2. 空间高度对自然排烟效果的影响

（1）消防车道内温度随时间变化规律

运用库火灾下，在挡烟垂壁高度为 1.2 m 时，不同空间高度下的最高温度为 80~150 ℃。空间高度越高，温度越低。相对于开孔率为 0% 时的温度，开孔后温度明显降低；在开孔率达到 5% 后，不同空间高度下测点 3 的温度下降至 25 ℃，且不同空间高度下测点 3 温度曲线接近。在挡烟垂壁高度为 1.2 m 时，温度随时间变化曲线及试验图片如图 3-6、图 3-7 所示；在挡烟垂壁高度为 2.0 m 时，不同空间高度对自然排烟效果的影响规律与挡烟垂壁高度为 1.2 m 时类似。

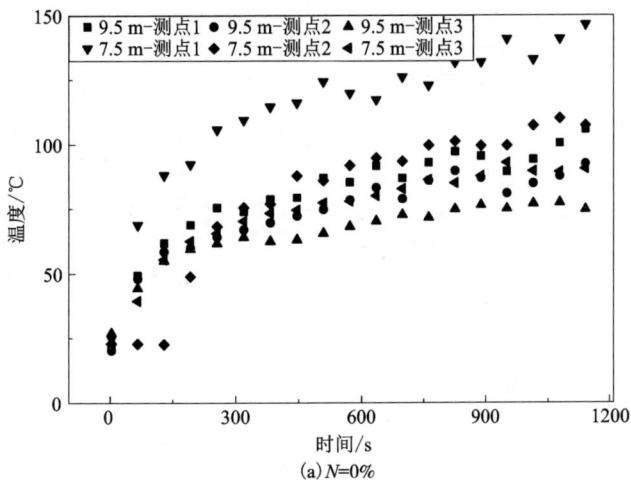

(a) N=0%

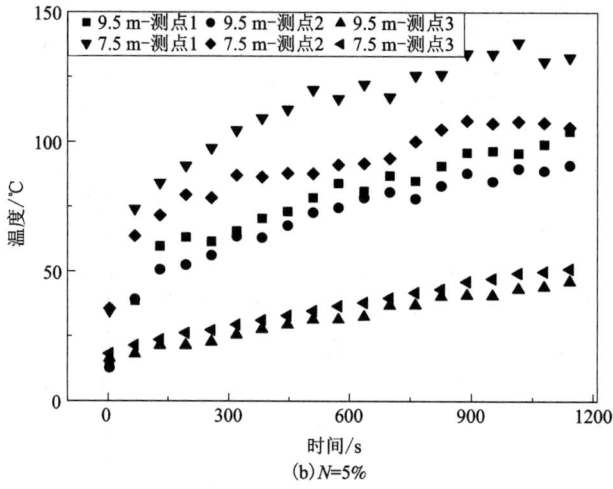

(b) N=5%

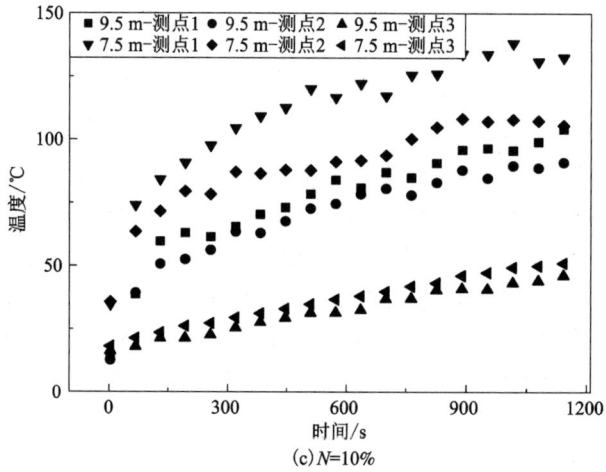

(c) N=10%

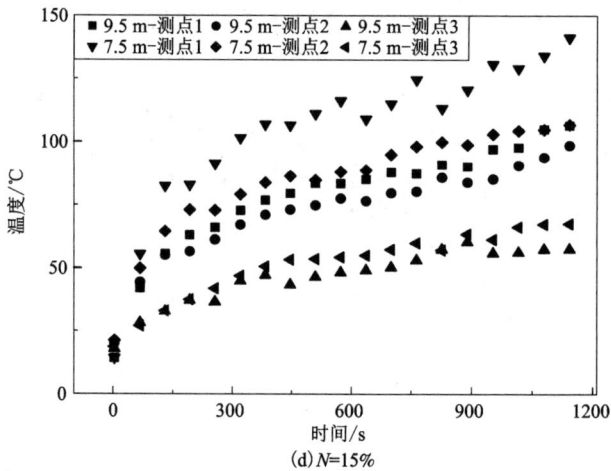

(d) N=15%

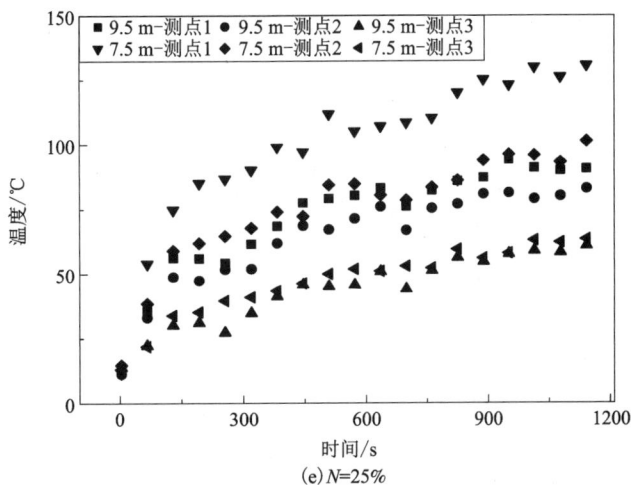

图 3-6 挡烟垂壁高度为 1.2 m 时温度随时间变化曲线

图 3-7 不同空间高度下试验

当运用库火灾发生，挡烟垂壁高度为 2.8 m 时，空间高度越高，温度越高，这是因为当挡烟垂壁高度较高时，空间高度越高，由运用库蔓延至消防车道的烟气越多，温度越高。挡烟垂壁高度为 2.8 m 时，温度随时间变化曲线如图 3-8 所示。

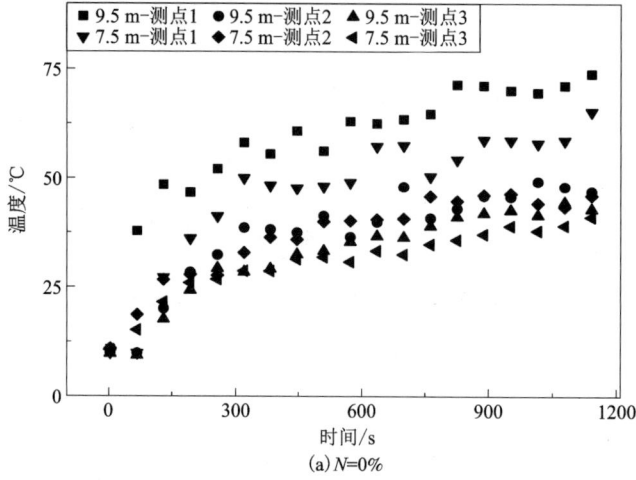

(a) $N=0\%$

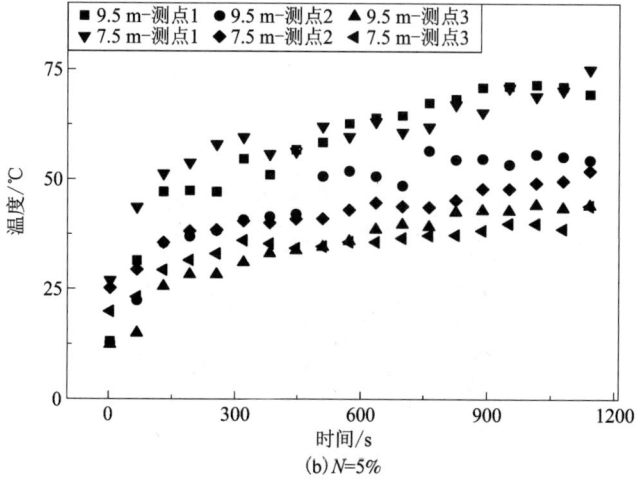

(b) $N=5\%$

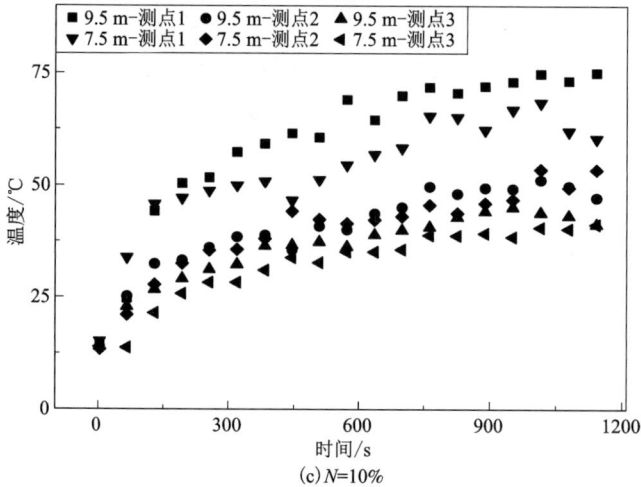

(c) $N=10\%$

(d) $N=15\%$

(e) $N=25\%$

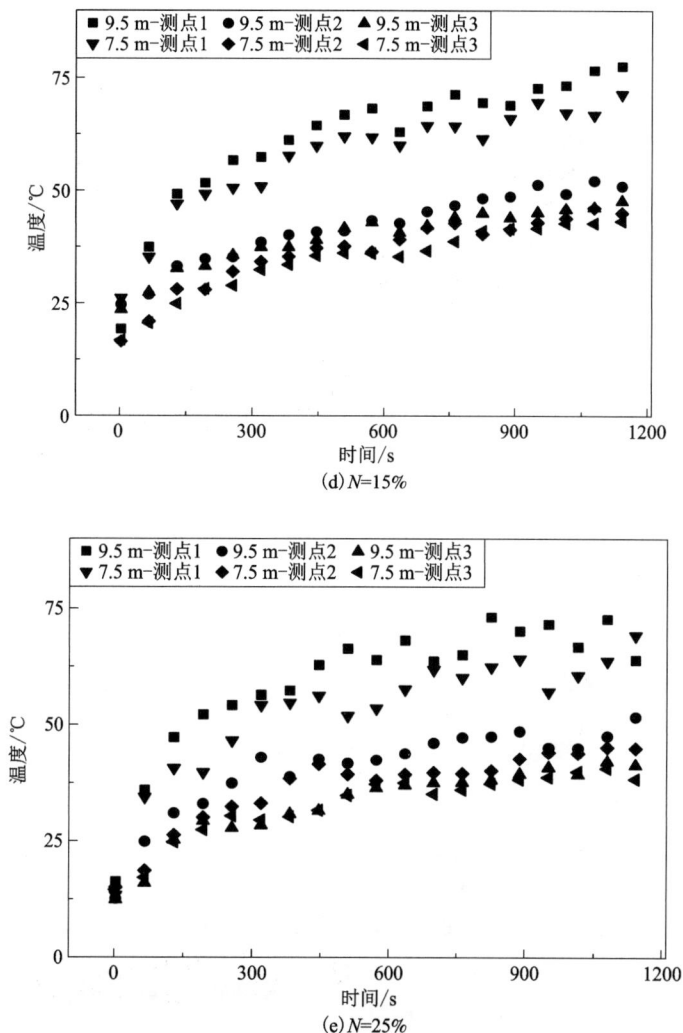

图 3-8　挡烟垂壁高度为 2.8 m 时温度随时间变化曲线

（2）消防车道内温度随空间变化规律

1）消防车道上方水平方向温度变化规律

在挡烟垂壁高度为 1.2 m 时，不同空间高度下的最高温度在 90~150 ℃。在相同开孔率下，空间高度越低，温度越高，烟气温度曲线下降速率越快；开孔率越大，烟气温度越低。在开孔率为 5%~15% 时，烟气温度曲线接近；在开孔率增大至 25% 后，排烟效果继续优化，且温度均在 30 ℃以下。挡烟垂壁高度为 1.2 m 时，温度随空间变化曲线如图 3-9 所示；挡烟垂壁高度为 2.0 m 时，不同空间高度对自然排烟效果的影响规律与挡烟垂壁高度为 1.2 m 时类似。

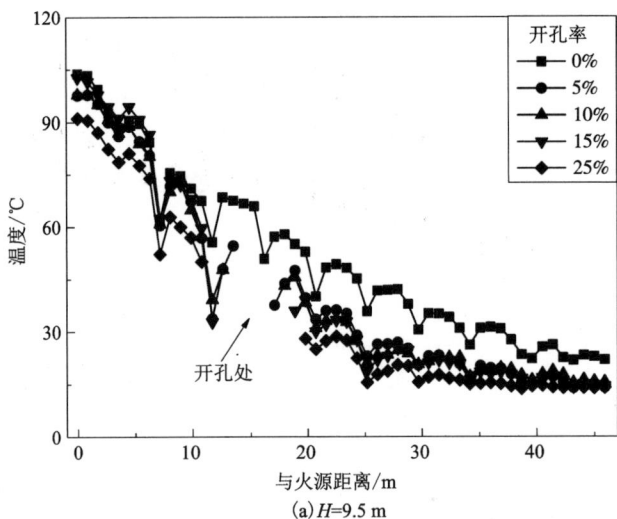

(a) H=9.5 m

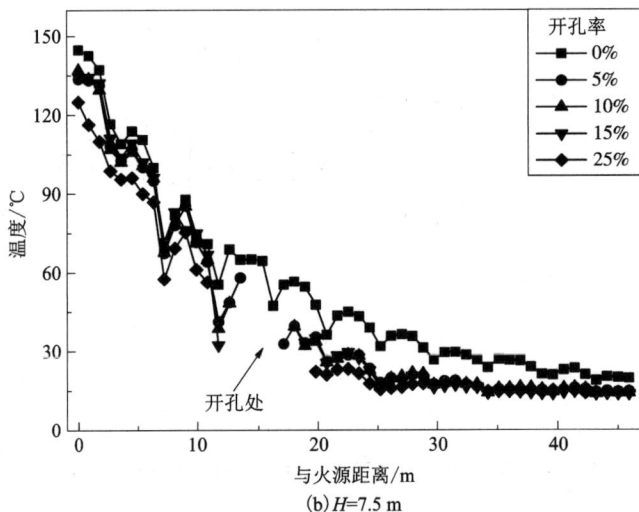

(b) H=7.5 m

图 3-9 挡烟垂壁高度为 1.2 m 时温度随空间变化曲线

在挡烟垂壁高度为 2.8 m 时，不同空间高度下的最高温度在 37.5~80 ℃。在火源附近，空间高度越低，烟气温度越高；在离火源 10 m 后，空间高度越低，烟气温度越低。离火源 10 m 后的烟气蔓延规律与挡烟垂壁高度为 1.2~2.0 m 时完全相反。这是因为在较高的空间高度下，烟气向上蔓延时卷吸冷空气量较多，导致大量烟气下沉越过挡烟垂壁继续蔓延至消防车道；而在较低的空间高度下，冷空气补充较少，烟气速度较大，在较高的挡烟垂壁的阻隔下，更多烟气在运用库内蔓延,少量烟气蔓延至消防车道,导致空间高度较低时消防车道内烟气温度较低。在开孔率为 5%~15% 时,烟气温度曲线接近;在开孔率增大至 25% 后,排烟效果继续优化。挡烟垂壁高度为 2.8 m 时,温度随空间变化曲线如图 3-10 所示。

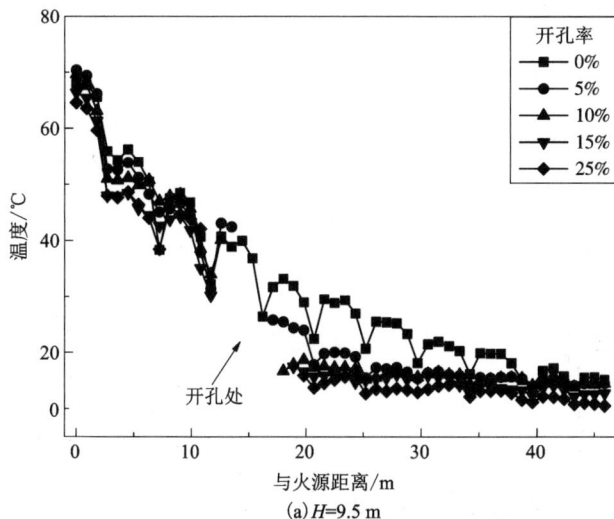

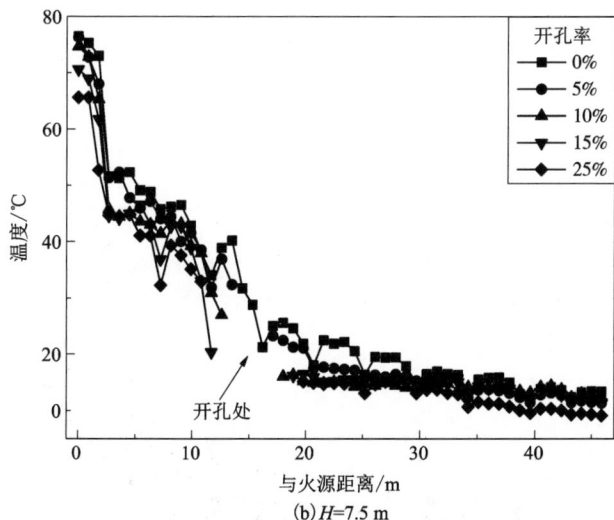

图 3-10　挡烟垂壁高度为 2.8 m 时温度随空间变化曲线

2)消防车道内竖直方向温度变化规律

当运用库火灾发生,挡烟垂壁高度为 1.2 m 时,不同空间高度下,离火源 13.5 m 处消防车道内最高温度在 45 ℃ 左右。以离地面高度为 6.6 m 处为界线,离地面越近，各空间高度温度分布曲线越近；离地面越远，随着开孔率的增大，消防车道内竖直方向温度变低，且在开孔率相同的情况下，空间高度越高，消防车道内竖直方向温度越高。当开孔率为 25% 时，竖直方向温度最高为 15~27 ℃。挡烟垂壁高度为 1.2 m 时距离火源 13.5 m 处热电偶树的温度变化曲线如图 3-11 所示；当挡烟垂壁高度为 2.0~2.8 m 时，温度变化规律与挡烟垂壁高度为 1.2 m 时类似。

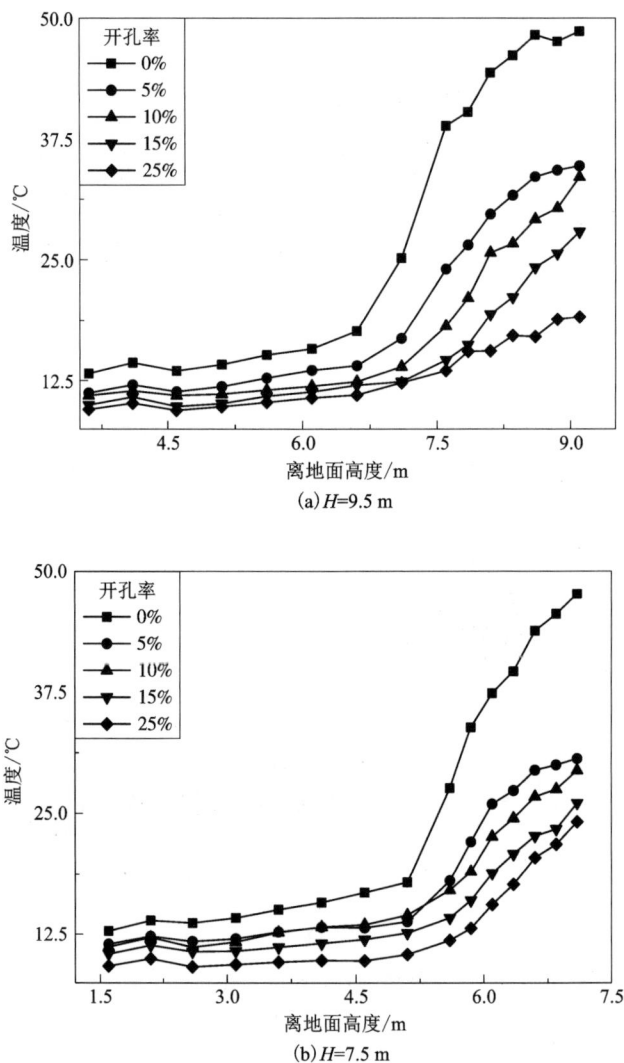

(a) H=9.5 m

(b) H=7.5 m

图 3-11 挡烟垂壁高度为 1.2 m 时距离火源 13.5 m 处热电偶树的温度变化

3.3.3　消防车道火灾下车道顶部开孔率设置研究

1. 挡烟垂壁高度对自然排烟效果的影响

(1) 消防车道内温度随时间变化规律

当消防车道发生火灾，空间高度为 9.5 m 时，火源附近区域的温度为 200 ℃左右。随着挡烟垂壁高度的增加，烟气温度升高，这一规律与运用库发生火灾时完全相反，是因为当消防车道发生火灾时，挡烟垂壁高度越高，就有越多的烟气蓄积在消防车道内，导致烟气温度越高。开孔率为 5%～25% 时，随着开孔率的增大，火源附近的温度(测点 1、测点 2)降低幅度较小，离火源较远处温度(测点 3)降低较明显。空间高度为 9.5 m 时，温度随时间变化曲线如图 3-12 所示；空间高度为 7.5 m 时，挡烟垂壁高度对自然排烟效果的影响规律与空间高度为 9.5 m 时类似。

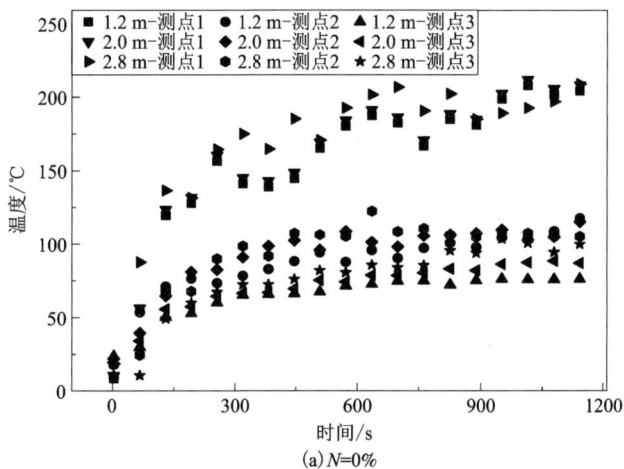

(a) N=0%

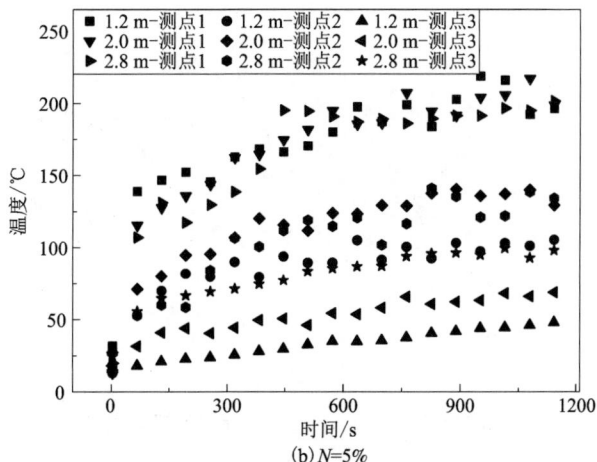

(b) N=5%

(c) N=10%

(d) N=15%

(e) N=25%

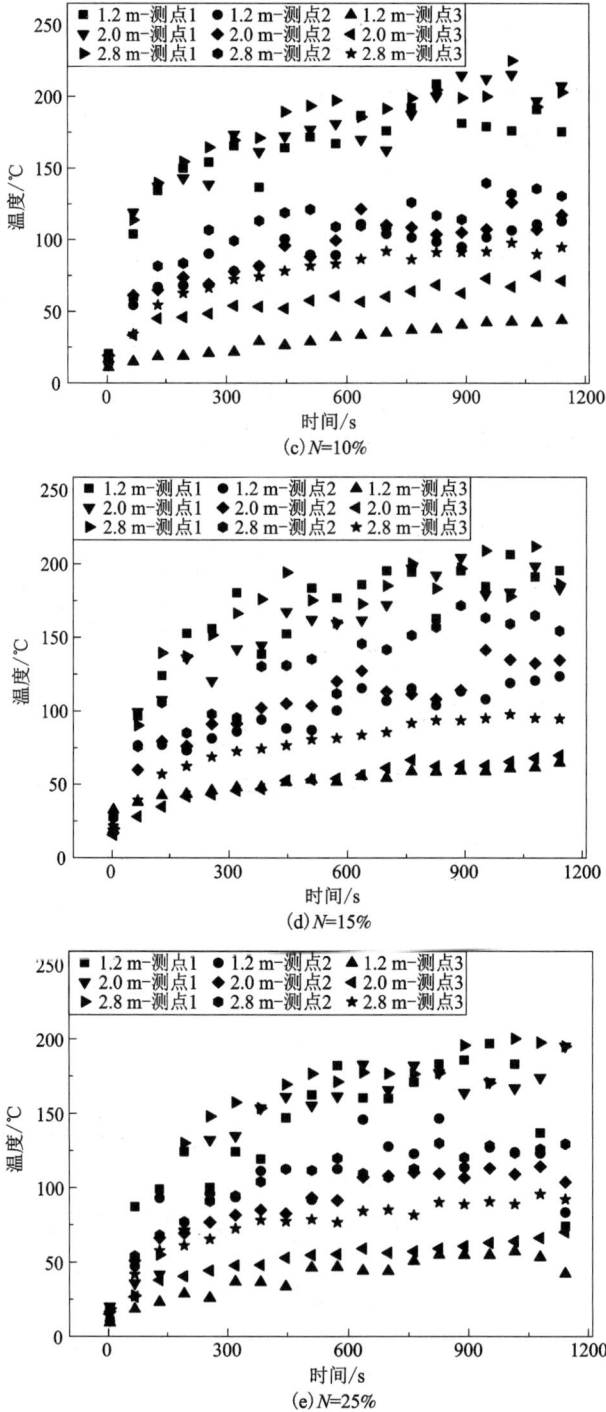

图 3-12　*H*=9.5 m 时温度随时间变化曲线

(2)消防车道内温度随空间变化规律

1)消防车道上方水平方向温度变化规律

空间高度为 9.5 m 时,不同挡烟垂壁高度下的最高温度在 200 ℃左右。挡烟垂壁高度越高,烟气温度越高,随着与火源距离的增加,烟气温度降低;随着开孔率的增大,烟气温度降低。相对于开孔前,开孔率越大,开孔后温度降低得越明显。在开孔率大于 10%后,不同挡烟垂壁高度下的温度曲线接近。在开孔率为 25%时,烟气温度进一步降低至 25 ℃以下,且温度曲线值接近,这一结果说明,在一定的开孔率下,与运用库火灾相比,消防车道发生火灾时,开孔后的烟气温度更低。空间高度为 9.5 m 时,温度随空间变化曲线如图 3-13 所示;空间高度为 7.5 m 时,挡烟垂壁高度对自然排烟效果的影响规律与空间高度为 9.5 m 时类似。

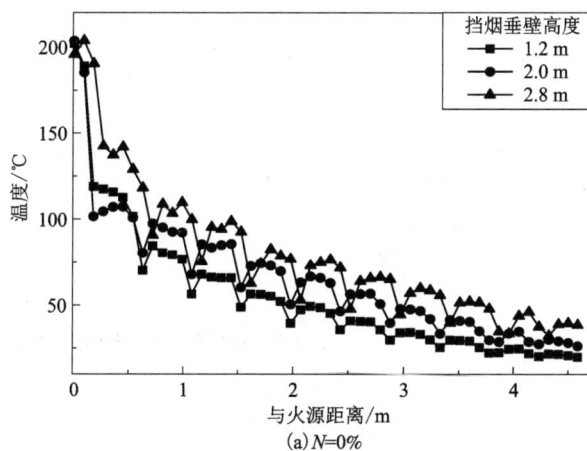

(a)N=0%

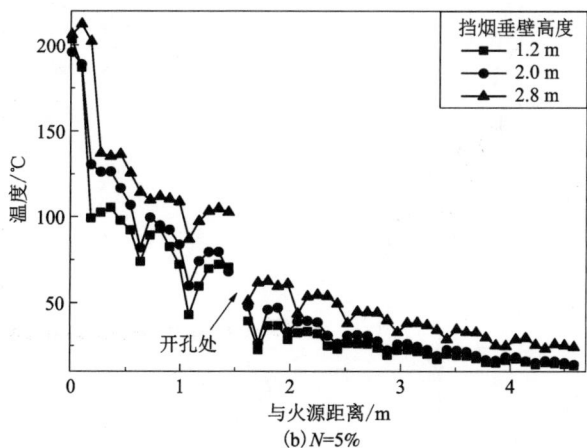

(b)N=5%

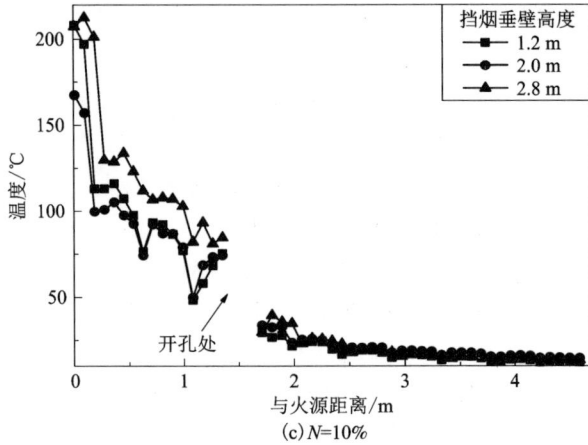

(c) N=10%

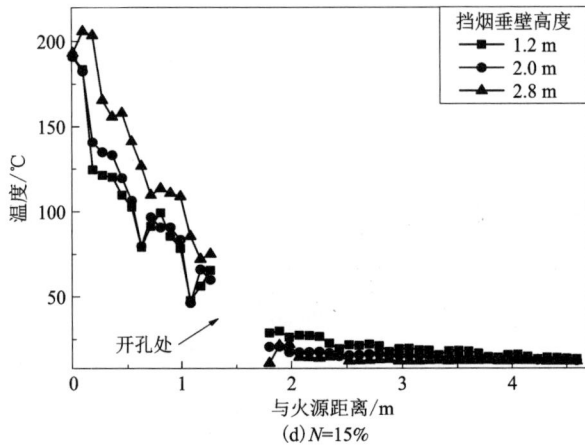

(d) N=15%

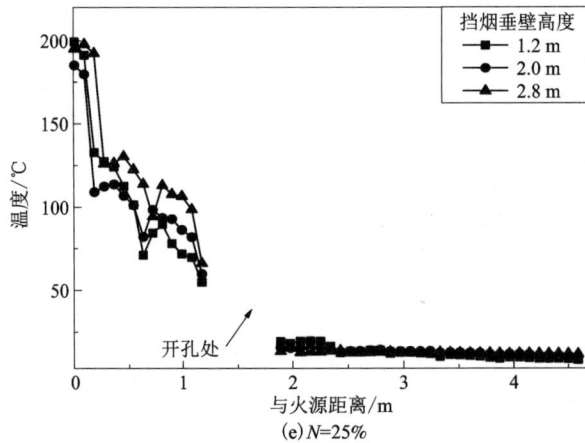

(e) N=25%

图 3-13 $H=9.5\,\text{m}$ 时温度随空间变化曲线

2）消防车道内竖直方向温度变化规律

当消防车道发生火灾，空间高度为 9.5 m 时，在不同挡烟垂壁高度下，离火源 13.5 m 处，开孔率为 0% 时，消防车道内最高温度在 50~75 ℃。挡烟垂壁高度越高，消防车道内竖直方向温度越高，随着开孔率增大，温度明显降低。当开孔率达到 25% 后，不同挡烟垂壁高度下竖直方向温度均低于 20 ℃。空间高度为 9.5 m 时，距离火源 13.5 m 处热电偶树的温度变化曲线如图 3-14 所示；空间高度为 7.5 m 时，挡烟垂壁高度对消防车道内竖直方向温度变化规律的影响与空间高度为 9.5 m 时类似。

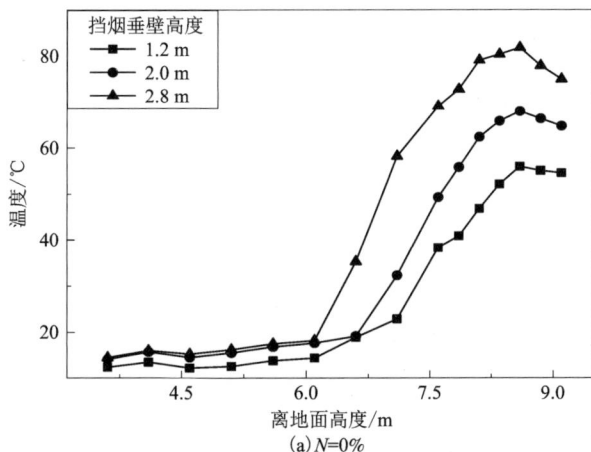

(a) $N=0\%$

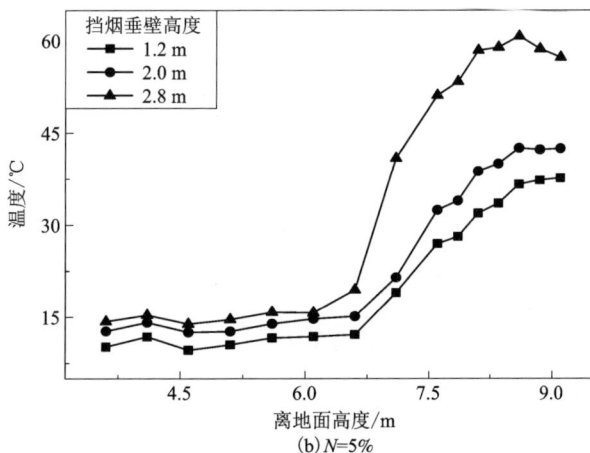

(b) $N=5\%$

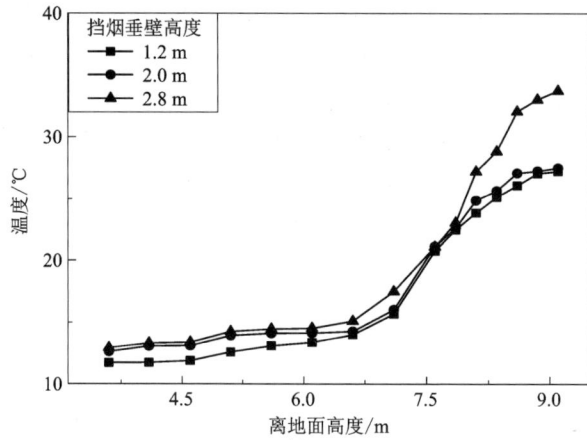

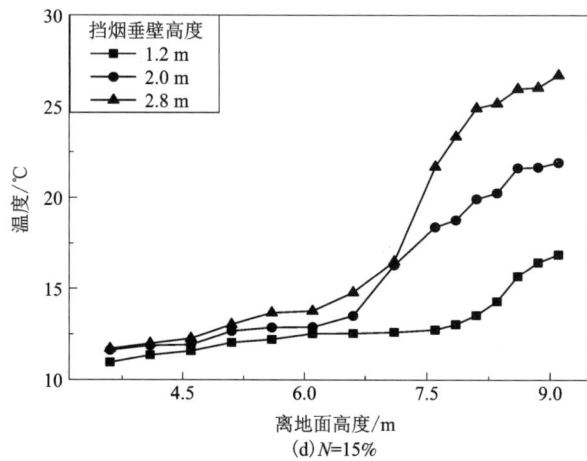

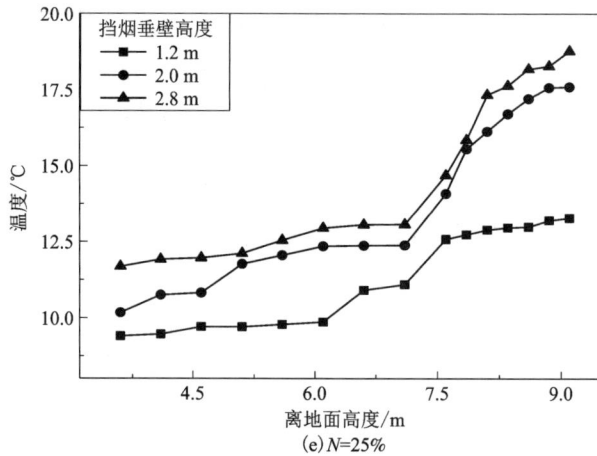

图 3-14 $H=9.5$ m 时距离火源 13.5 m 处热电偶树的温度变化

2. 空间高度对自然排烟效果的影响

（1）消防车道内温度随时间变化规律

当消防车道发生火灾,挡烟垂壁高度为 2.8 m 时,火源附近最高温度在 150~350 ℃。随着空间高度的降低,测点 1 至测点 3 处温度显著升高,且空间高度从 9.5 m 降低至 7.5 m 时,测点 1 温度升高幅度较大;随着开孔率的增大,各测点温度降低,但降低的幅度较小。挡烟垂壁高度为 2.8 m 时,温度随时间变化曲线如图 3-15 所示;当挡烟垂壁高度为 1.2 m、2.0 m 时,规律与挡烟垂壁高度为 2.8 m 时类似。

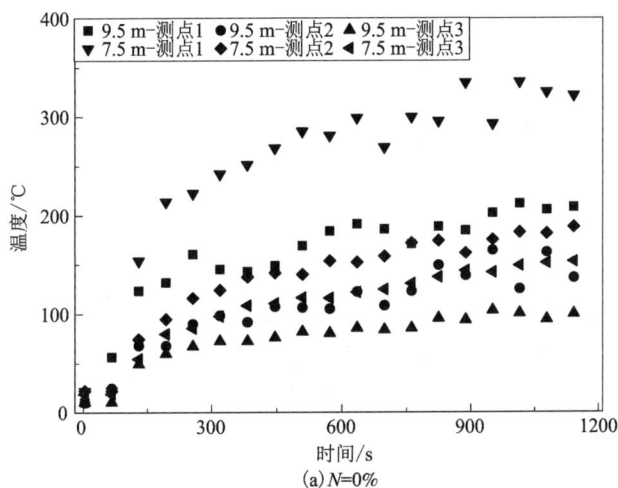
(a) $N=0\%$

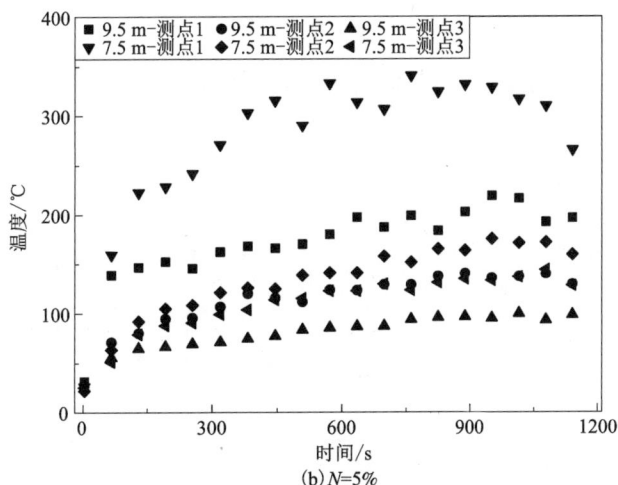
(b) $N=5\%$

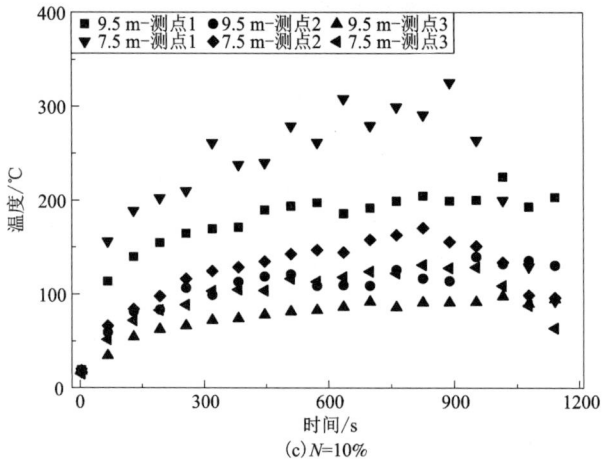

(c) N=10%

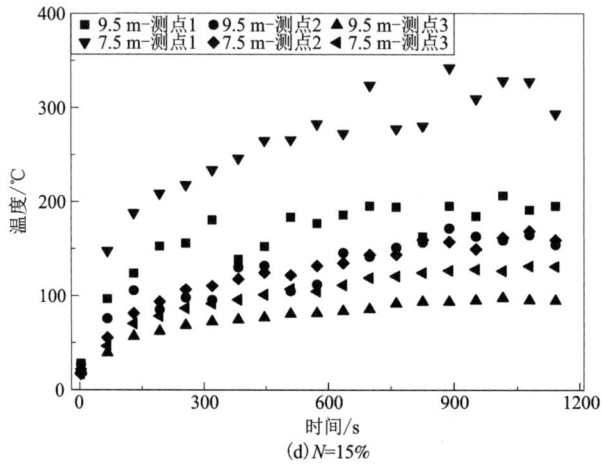

(d) N=15%

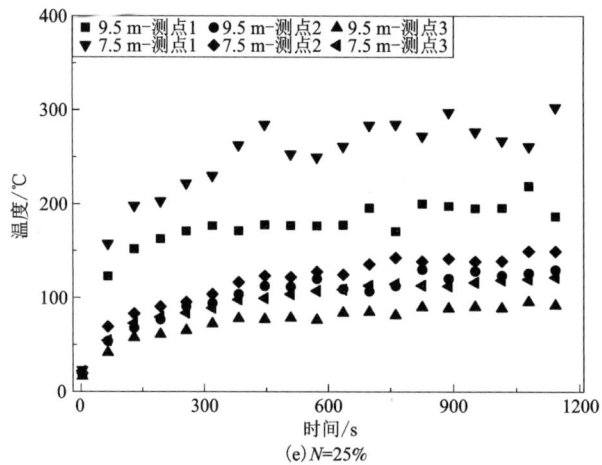

(e) N=25%

图 3-15　挡烟垂壁高度为 2.8 m 时温度随时间变化曲线

（2）消防车道内温度随空间变化规律

1）消防车道上方水平方向温度变化规律

挡烟垂壁高度为 2.8 m 时，不同空间高度下的温度在 200～300 ℃。消防车道发生火灾时，同一开孔率下，空间高度越低，温度越高。在开孔率达到 15% 后，不同空间高度下，开孔后的温度曲线接近。挡烟垂壁高度为 2.8 m 时，温度随空间变化曲线如图 3-16 所示；当挡烟垂壁高度为 1.2 m、2.0 m 时，规律与挡烟垂壁高度为 2.8 m 时类似。

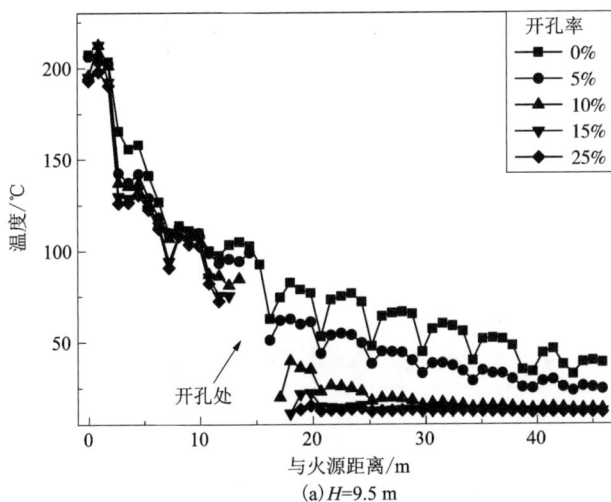

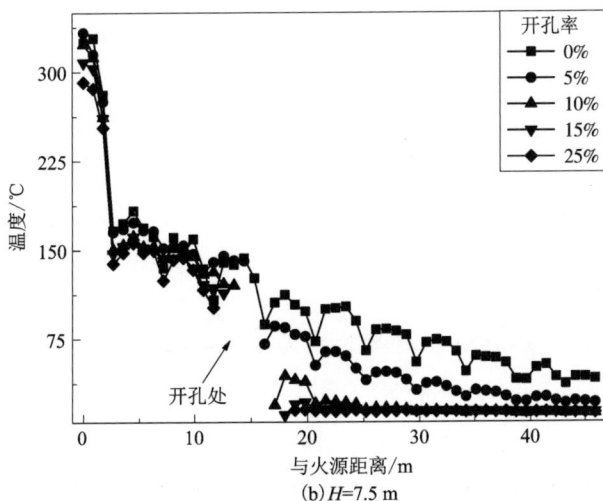

图 3-16　挡烟垂壁高度为 2.8 m 时温度随空间变化曲线

2)消防车道内竖直方向温度变化规律

挡烟垂壁高度为 2.8 m 时，不同空间高度下，距离火源 13.5 m 处竖直方向最高温度在 90~120 ℃。随着空间高度的降低，竖直方向温度升高；开孔率越大，在相同空间高度下，温度越低。在开孔率达到 15% 后，不同空间高度下竖直方向烟气温度均小于 20 ℃。挡烟垂壁高度为 2.8 m 时，距离火源 13.5 m 处热电偶树的温度变化曲线如图 3-17 所示；挡烟垂壁高度为 1.2 m、2.0 m 时，规律与挡烟垂壁高度为 2.8 m 时类似。

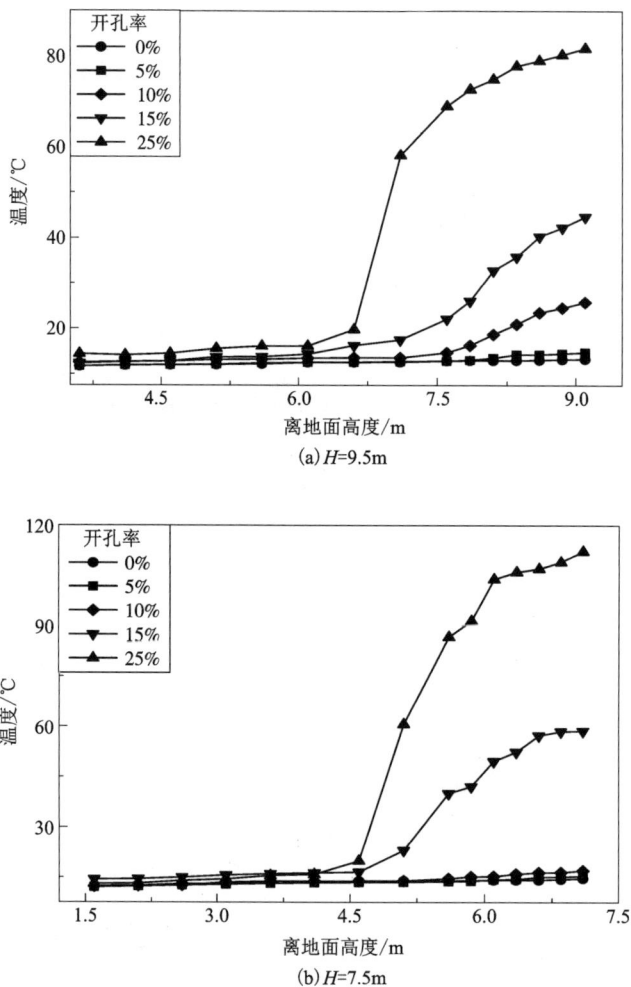

(a) H=9.5m

(b) H=7.5m

图 3-17 挡烟垂壁高度为 2.8 m 时距离火源 13.5 m 处热电偶树的温度变化

3.4　数值模拟模型建立

本项目采用 FDS 场模型进行火灾烟气的运动预测分析。FDS 是由 NIST
(National Institute of Standards and Technology，美国国家标准技术研究所)开发的
计算机场模拟软件。它是一种以火灾中流体运动为主要模拟对象的计算流体力学
(CFD)模型，适用于火灾引起的烟气和热传输规律的研究。由于 FDS 的功能强
大，模拟结果可靠性高，目前已被越来越多的业内人士采用。

1. 几何模型建立

模型长 150 m，宽 84.4 m，高 9.5 m，梁高 1.2 m，排烟管道顶部位于结构梁
下沿，四周为开敞区域。柱尺寸为 0.8 m×0.8 m，沿着轨道方向柱间距为 9 m，垂
直于轨道方向柱间距为 9 m 与 7.6 m。火源及模型边界条件设置情况如下：①火
源类型采用快速火；②火源功率取 7.5 MW；③模拟区域四周设置为"Open"边界，
模拟中边界条件设置为混凝土材料；④环境温度设置为 20 ℃，大气压强为
0.1013 MPa。建立的具体几何模型如图 3-18 所示。

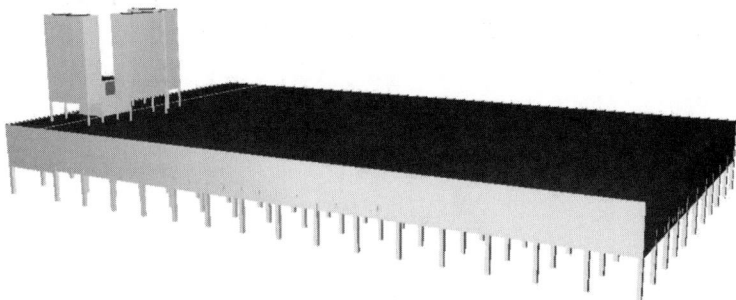

图 3-18　华南某带上盖车辆基地 FDS 计算模型

在 FDS 数值模拟中，一方面，为了正确描述流场中每一位置的物理量变化，
必须使网格尺度足够密。另一方面，必须兼顾计算机的资源，太密的网格系统将
造成网格数目太多，而导致计算时间太久，甚至难以计算下去；相反，若网格系
统分布太过稀疏，可能导致无法正确描述流场的分布，甚至产生不合理的结果。
因此，如何适当地划分计算区域的网格，就显得尤为关键。

根据 FDS 使用手册可知，当网格尺寸 d 取值在[$D*/16$, $D*/4$]范围时，模
拟结果准确性较高。其中，$D*$ 为火灾的特征直径，表示为：

$$D^* = \left(\frac{\dot{Q}}{\rho_\infty c_p T_\infty \sqrt{g}} \right)^{\frac{2}{5}}$$

式中：D^*——火灾特征直径；

$\quad\quad \dot{Q}$——总热释放率，kW；

$\quad\quad \rho_\infty$——环境空气密度，kg/m³，此处取 1.204 kg/m³；

$\quad\quad c_p$——环境空气比热容，kJ/(kg·K)，此处取 1.005 kJ/(kg·K)；

$\quad\quad T_\infty$——环境空气温度，K，此处为 293 K；

$\quad\quad g$——重力加速度，m/s²，此处取 9.81 m/s²。

通过计算可知 $D^* = 2.14$，在本项目中，利用 FDS 进行数值模拟计算时，网格大小为 0.25~0.55 m 时，在综合考虑经济性与保证满足工程计算精度，兼顾计算机性能的情况下，确定网格划分方法如下：采用非均匀网格划分方法，火源附近网格尺寸为 0.2 m×0.2 m×0.2 m，远离火源位置网格尺寸为 0.4 m×0.4 m×0.4 m。

2. 数值模拟可靠性验证

为方便数值模拟的大量开展，通过建立带上盖车辆基地原尺寸数值模型，对无排烟情况下盖板下方温度分布的模拟值和试验值进行对比分析，对比情况如图 3-19 所示。由两者结果可看出，整体变化趋势一致，说明数值模拟准确性较高，可以有效地开展关于带上盖车辆基地火灾烟气蔓延的研究。

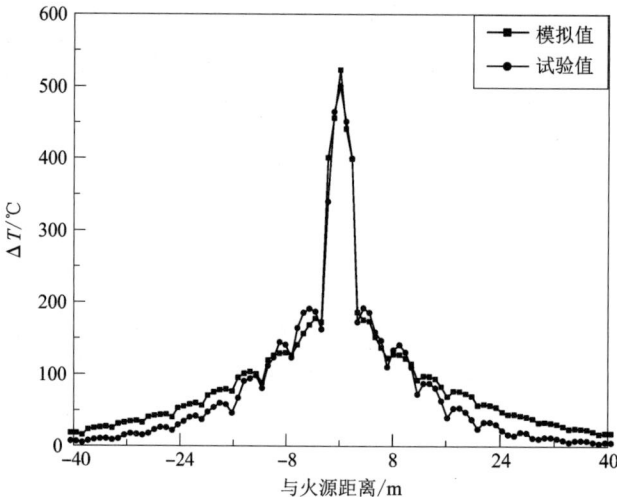

图 3-19　盖板下方温度分布试验与模拟对比

3.5　顶部开孔优化方案研究

3.5.1　工况设置

在运用库火灾情况下,影响运用库开孔率设置的因素有运用库与消防车道之间挡烟垂壁高度、空间高度等,在一定的开孔率下,影响消防车道自然排烟效果的有开孔纵横比和开孔间距等因素。

根据规范,消防车道设置 5%、25%、37% 三个开孔率,并增加 0%、10% 和 15% 两个开孔率进行对比,设置 1.2 m、2.0 m、2.8 m 三个梁下挡烟垂壁高度,以研究运用库与消防车道之间的梁下挡烟垂壁高度对车辆基地消防车道自然排烟效果的影响;设置 7.5 m 和 9.5 m 两个空间高度,以研究不同空间高度对自然排烟效果的影响;设置两个火源位置,以研究不同火源位置对消防车道自然排烟效果的影响,具体工况如表 3-2 所示。

表 3-2　工况设置

工况	梁下挡烟垂壁高度/m	火源位置	空间高度 H/m	开孔率 N/%
1~12	1.2 m	运用库	9.5/7.5	0
				5
				10
				15
				25
				37
13~24	2.0 m	运用库	9.5/7.5	0
				5
				10
				15
				25
				37

续表3-2

工况	梁下挡烟垂壁高度/m	火源位置	空间高度 H/m	开孔率 N/%
25~36	2.8 m	运用库	9.5/7.5	0
				5
				10
				15
				25
				37

列车与消防车道有两种位置关系，一是平行于地铁列车线路，二是与地铁列车线路平交。当列车放置位置平行于车辆基地消防车道时，最不利火源位置为离消防车道最近的轨道；当列车放置位置平交于车辆基地消防车道时，最不利工况为列车在运行过程中发生火灾，恰好停在运用库与咽喉区之间的消防车道。空间高度为 H，运用库与消防车道之间的挡烟垂壁高度为 z，车辆基地消防车道侧视图如图 3-20 所示。

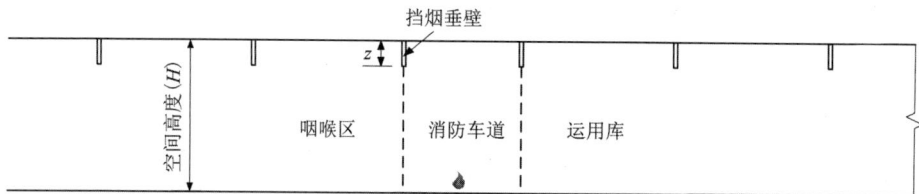

图 3-20　车辆基地消防车道侧视图

在开孔率一定的情况下，设置 0.647、1、1.5、1.875 四个纵横比，以研究不同纵横比对自然排烟效果的影响。在一定的开孔率及开孔纵横比下，选取两个排烟开口，设置 2H、3H、4H、5H、6H、7H 六个开孔间距，以研究不同开孔间距对自然排烟效果的影响。设置纵横比和开孔间距的工况较清晰，不再列表进行说明。

3.5.2　不同消防车道顶部开孔率排烟效果研究

1. 运用库火灾下烟气参数分析

（1）消防车道内烟气层高度

设置 3 个烟气层高度测点，分别在离火源中心最近处（火源处测点），离火源中心 10 m 处（火源与开孔之间测点）和离火源中心 45 m 处（开孔后测点），以便于观察消防车道内烟气层下降高度。空间高度为 9.5 m 时，不同挡烟垂壁高度均满足消防车通行所需空间的要求；随着挡烟垂壁高度的增加，同一测点烟气层高度升高，随着开孔率的增大，烟气层高度升高。在挡烟垂壁高度设置成 1.2 m 时，当开孔率大于 37%，消防车道内烟气层高度均满足消防救援作业的空间要求。挡烟垂壁高度设置成 2.0 m 和 2.8 m 时，当开孔率大于 25%，消防车道内烟气层高度均满足消防救援作业的空间要求；当开孔率大于 10%，在离火源中心 10 m 处烟气层高度满足消防救援作业的空间要求 如图 3-21 所示。

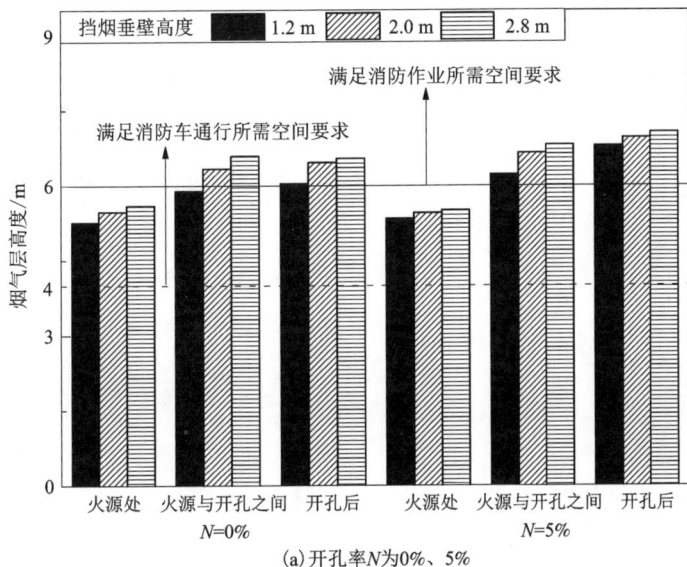

(a) 开孔率N为0%、5%

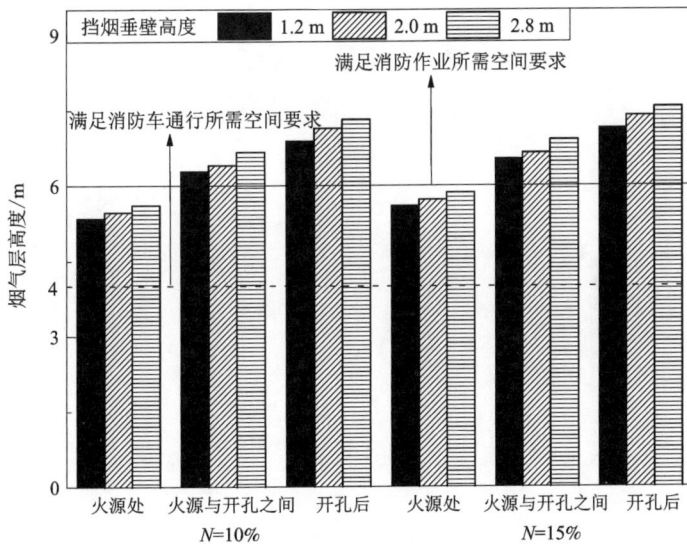

(b) 开孔率N为10%、15%

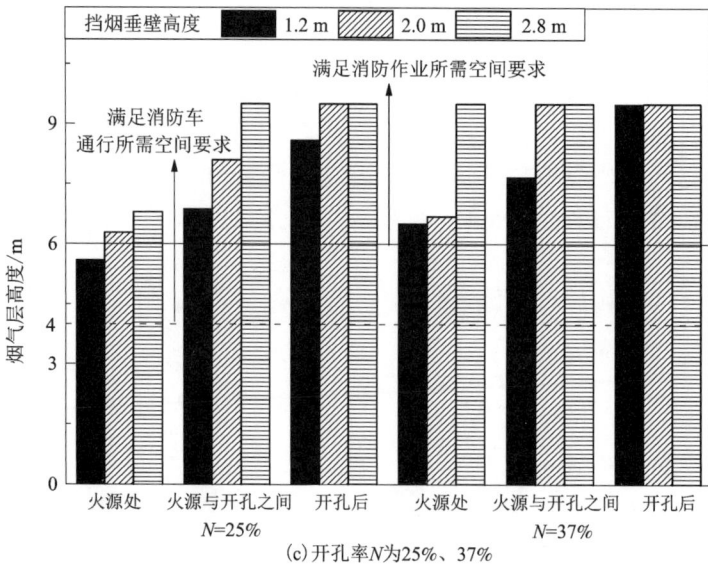

(c) 开孔率N为25%、37%

图3-21 H=9.5 m 时烟气层高度

在空间高度为7.5 m时，不同挡烟垂壁高度均满足消防车通行所需的空间要求。在挡烟垂壁高度为1.2 m时，当开孔率大于37%，离火源中心10 m处烟气层高度满足消防救援作业的空间要求。在挡烟垂壁高度为2.0 m时，当开孔率大于25%，以及在挡烟垂壁高度为2.8 m时，当开孔率大于15%，消防车道内烟气层高度均满足消防救援作业的空间要求，如图3-22所示。

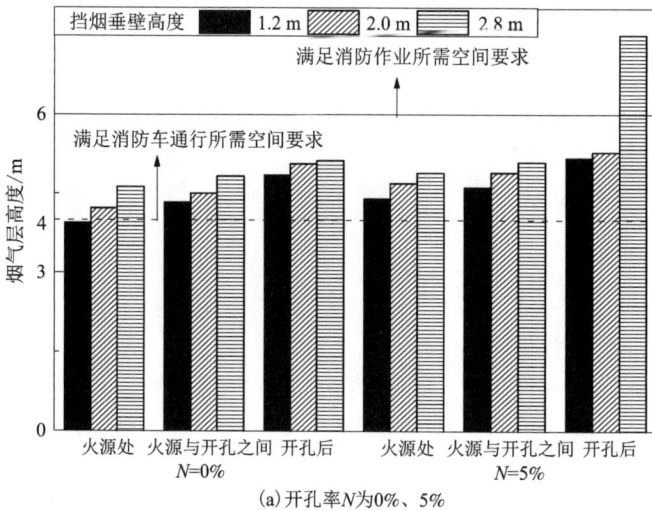

(a) 开孔率N为0%、5%

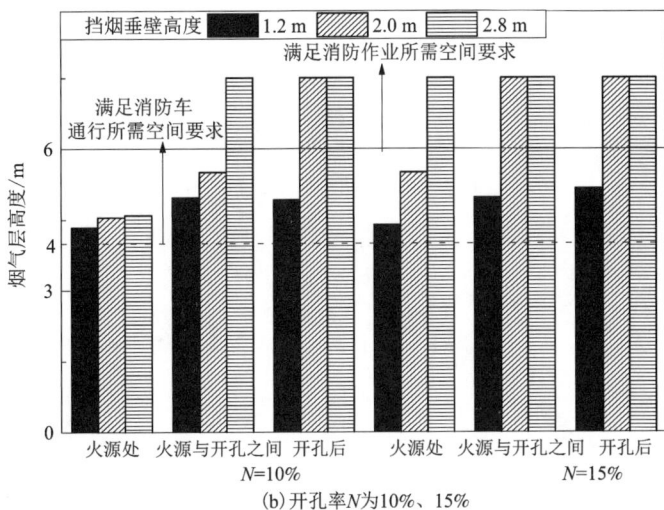

(b) 开孔率 N 为 10%、15%

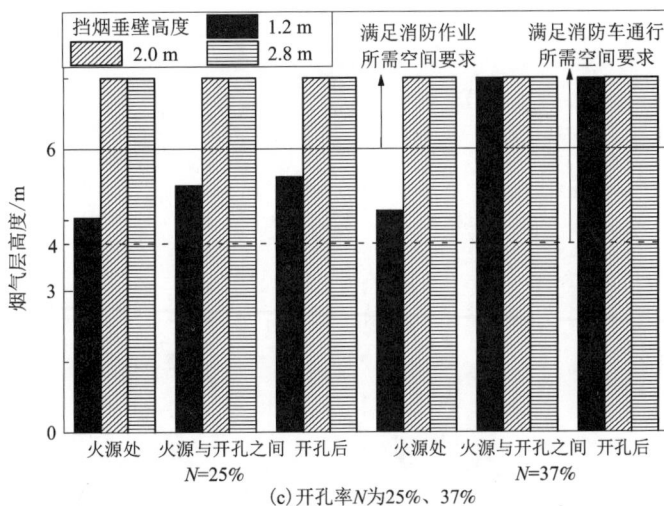

(c) 开孔率 N 为 25%、37%

图 3-22 $H = 7.5$ m 时烟气层高度

（2）消防车道内烟气温度分布规律

在空间高度为 9.5 m 时，不同挡烟垂壁高度下烟气温度在 20~65 ℃。挡烟垂壁高度越高，不同开孔率下温度变化幅度越大。挡烟垂壁高度设置成 1.2 m 时，各开孔率下温度变化幅度较小，这是因为当运用库与消防车道之间挡烟垂壁高度较低时，大量烟气越过挡烟垂壁在消防车道内蔓延，导致车道内温度相对较高。

挡烟垂壁高度设置成 2.0 m 和 2.8 m 时，当开孔率增大至 25% 后，温度曲线变化较小。空间高度为 9.5 m 时不同开孔率对温度分布的影响如图 3-23 所示。

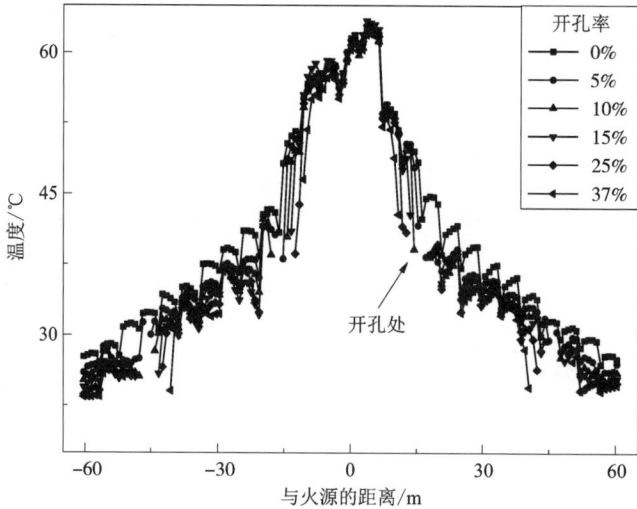

(a) 挡烟垂壁高度 1.2 m

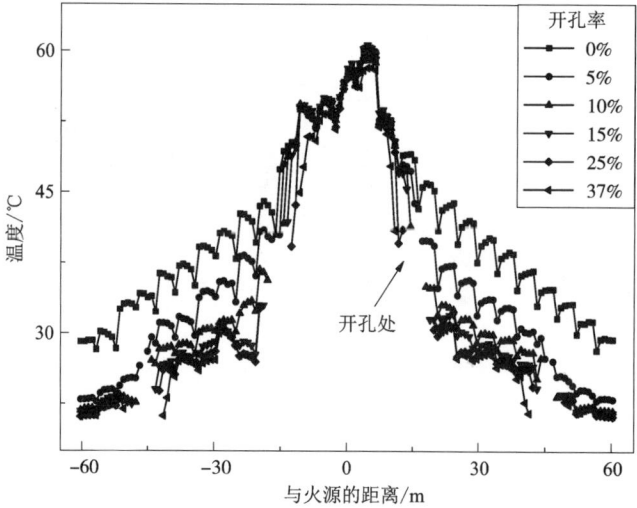

(b) 挡烟垂壁高度 2.0 m

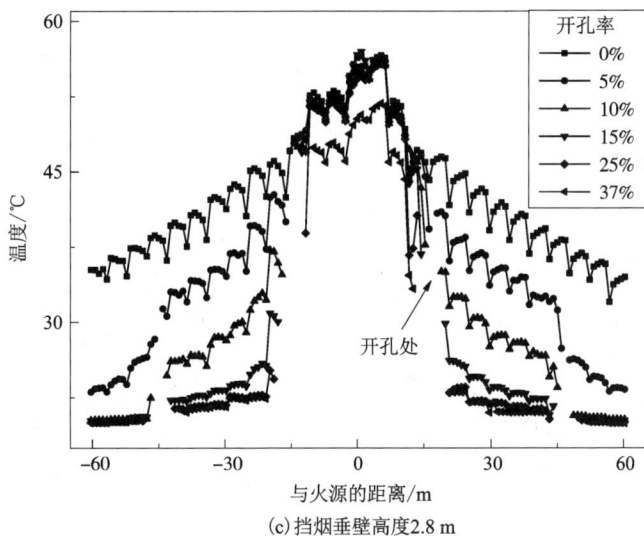

(c) 挡烟垂壁高度2.8 m

图 3-23　*H* = 9.5 m 时不同开孔率对温度分布的影响

在空间高度为 7.5 m 时,不同挡烟垂壁高度下烟气温度在 20~75 ℃,当挡烟垂壁高度设置成 1.2 m,各开孔率下温度变化下降幅度较小;挡烟垂壁高度设置成 2.0 m 和 2.8 m 时,当开孔率增大至 15%后,温度曲线变化较小。空间高度为 7.5 m 时不同开孔率对温度分布的影响如图 3-24 所示。

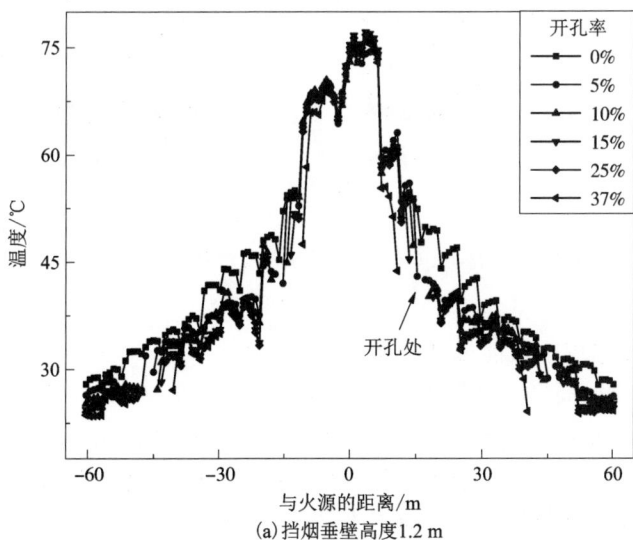

(a) 挡烟垂壁高度1.2 m

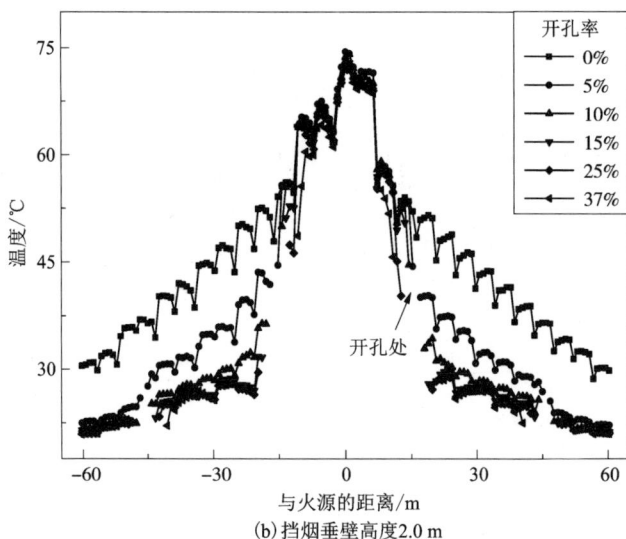

(b)挡烟垂壁高度2.0 m

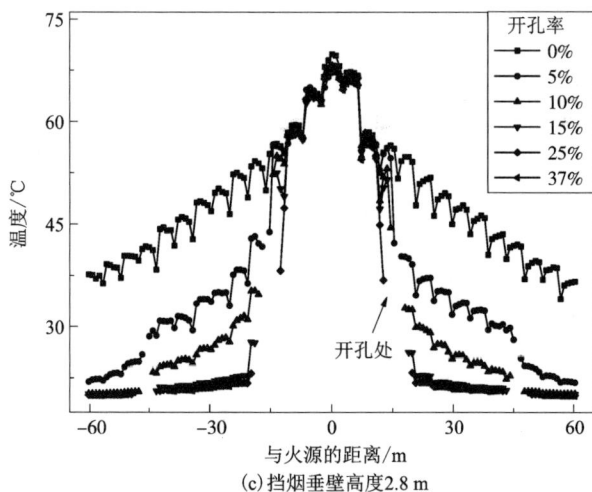

(c)挡烟垂壁高度2.8 m

图3-24 H=7.5 m 时不同开孔率对温度分布的影响

（3）消防车道内烟气能见度分布规律

不同挡烟垂壁高度下烟气能见度在 6~30 m。同一开孔率下，随着挡烟垂壁高度增加，能见度升高；随着空间高度的增加，能见度提高。在消防车道内 6 m 高度处，火源附近能见度为 6 m，离火源较远处能见度均为 30 m，且随着开孔率的增大，火源附近能见度提高，如图 3-25~图 3-30 所示。

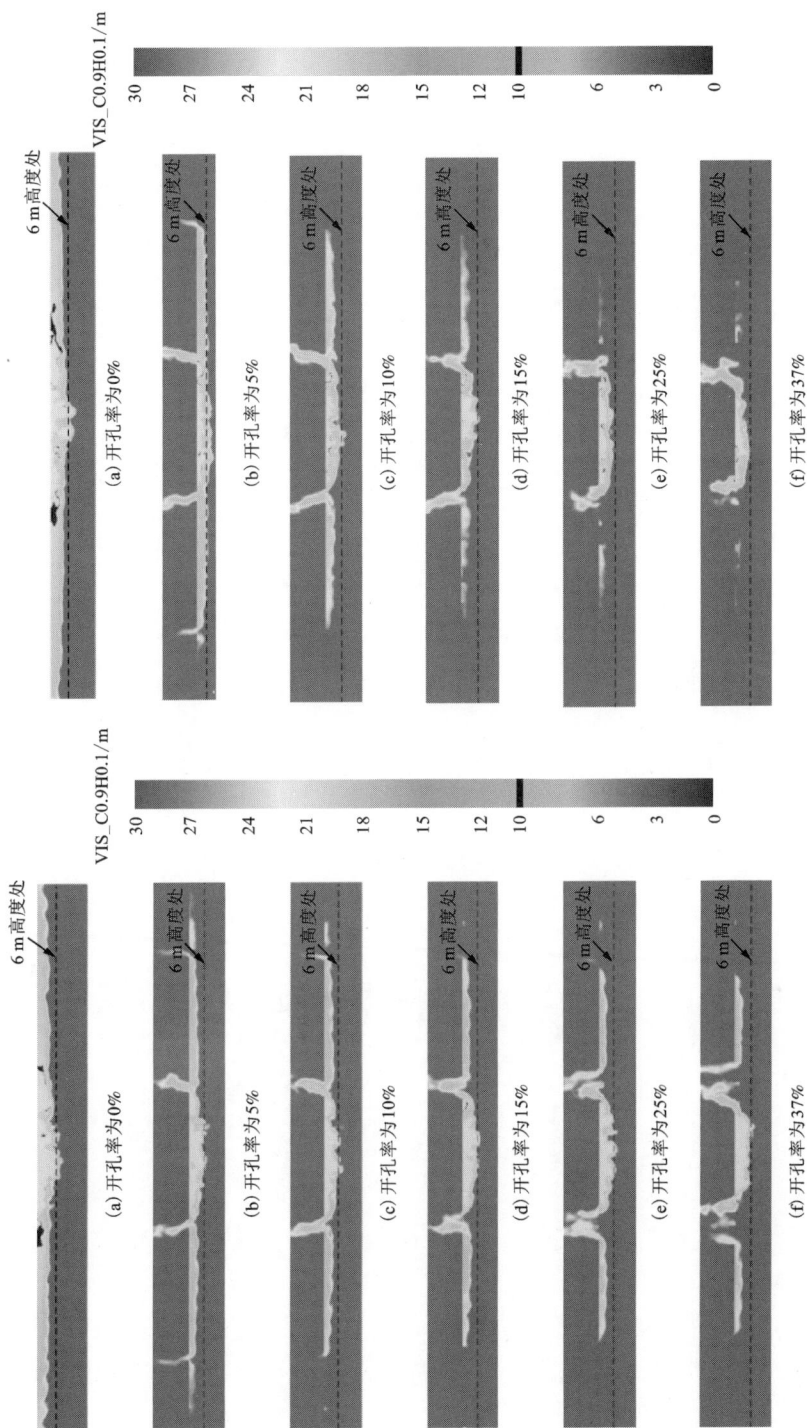

图 3-26 挡烟垂壁高度为 2.0 m 时烟气能见度分布云图 (*H*=9.5 m)

图 3-25 挡烟垂壁高度为 1.2 m 时烟气能见度分布云图 (*H*=9.5 m)

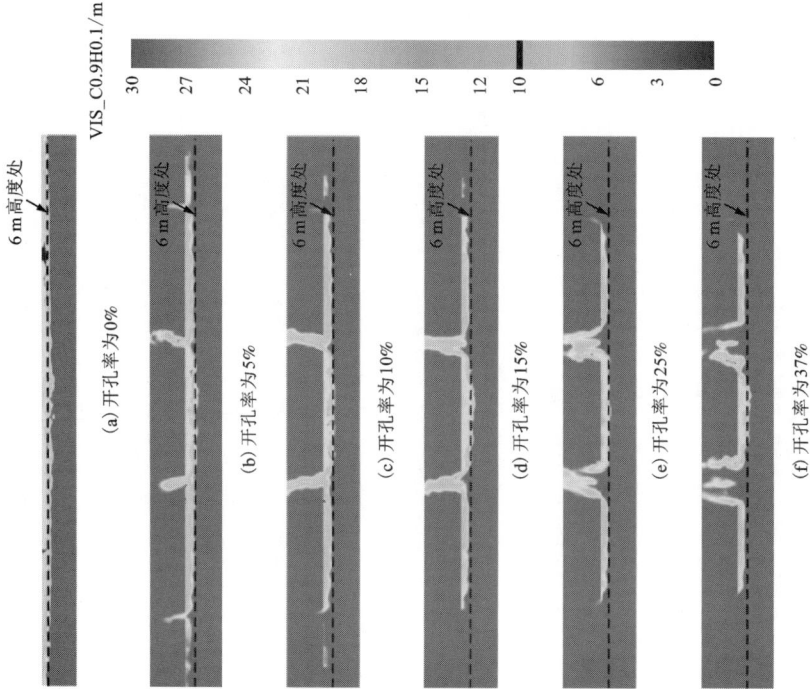

图3-27 挡烟垂壁高度为2.8 m时烟气能见度分布云图（H=9.5 m）　图3-28 挡烟垂壁高度为1.2 m时烟气能见度分布云图（H=7.5 m）

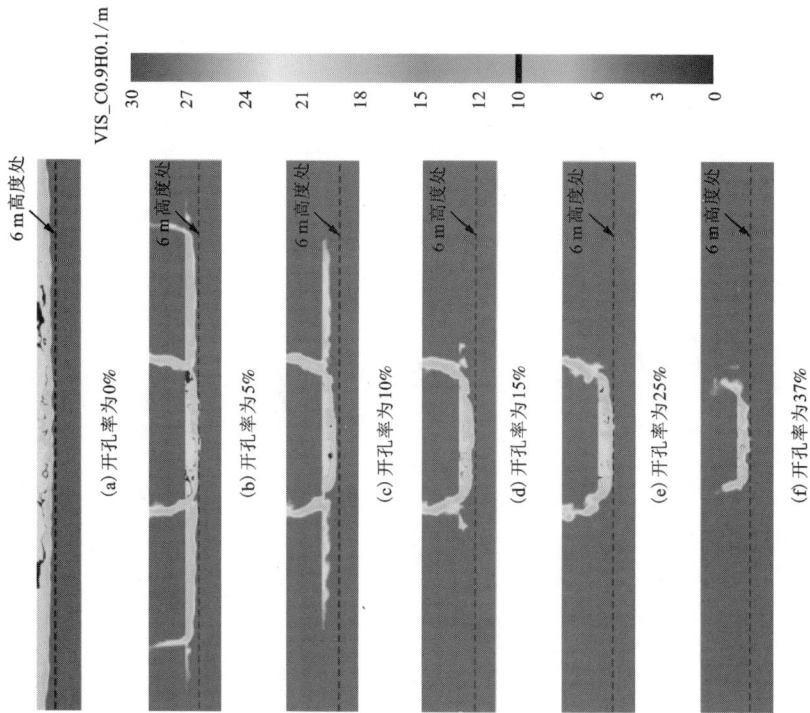

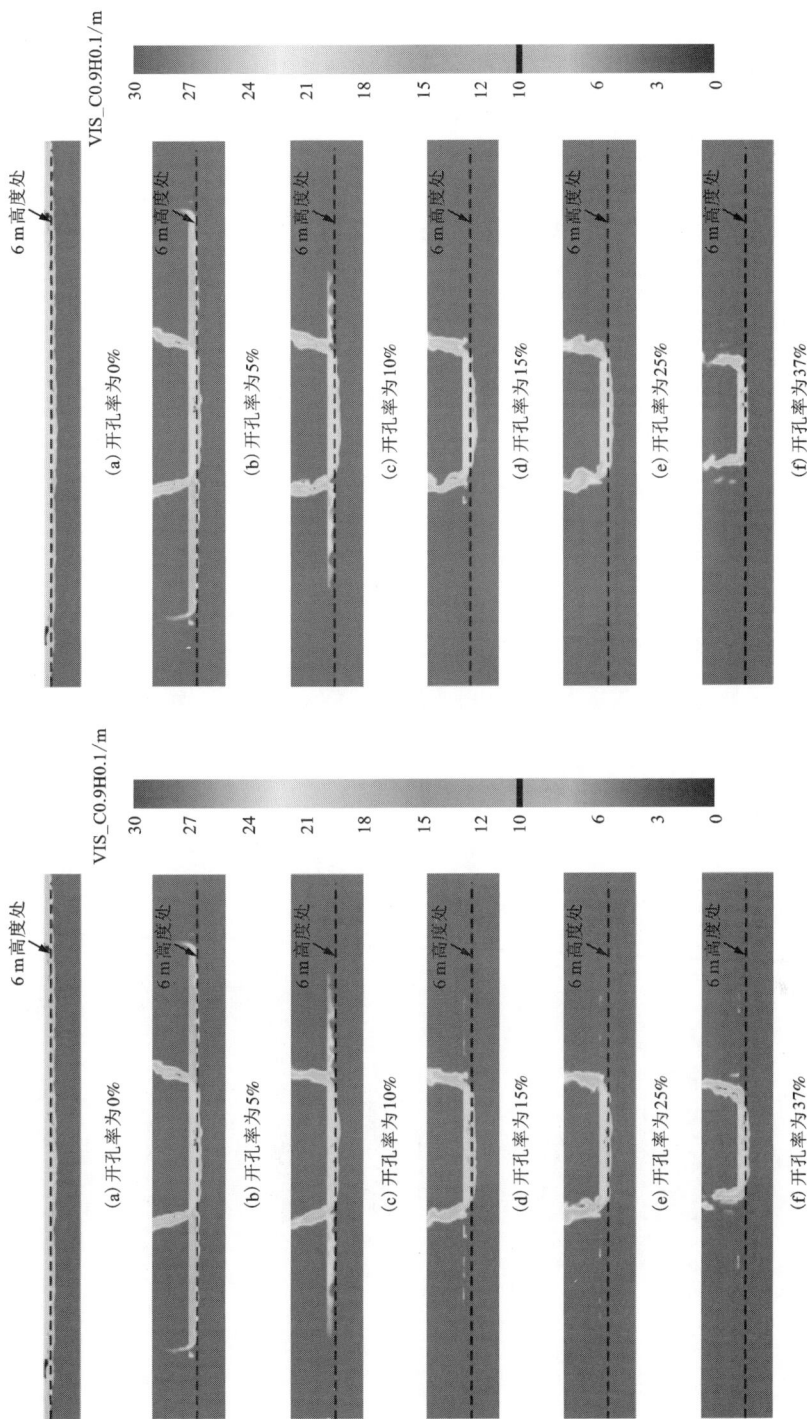

图3-30　挡烟垂壁高度为2.8 m时烟气能见度分布云图 (*H*=7.5 m)

图3-29　挡烟垂壁高度为2.0 m时烟气能见度分布云图 (*H*=7.5 m)

当挡烟垂壁高度为 1.2 m 时，在空间高度为 9.5 m 和 7.5 m，开孔率达到 37% 后，烟气能蔓延到第二个开孔前，且开孔率达到 15% 后，烟气自然排烟效果基本不变。当挡烟垂壁高度为 2.0 m 时，在空间高度为 9.5 m 后，以及空间高度为 7.5 m，开孔率达到 15% 后，仅有少量的烟气会蔓延过第一个开孔，烟气自然排烟效果基本不变。当挡烟垂壁高度为 2.8 m 时，在空间高度为 9.5 m 和 7.5 m，开孔率达到 15% 后，烟气不会蔓延过第一个开孔，烟气自然排烟效果基本不变。

2. 消防车道火灾下烟气参数分析

（1）消防车道内烟气层高度

设置 3 个烟气层高度测点，分别在离火源中心最近处（火源处测点），离火源中心 10 m 处（火源与开孔之间测点）和离火源中心 45 m 处（开孔后测点），以便于观察消防车道内烟气层下降高度。空间高度为 9.5 m 时，随着挡烟垂壁高度的增加，同一测点烟气层高度升高，随着开孔率的增大，烟气层高度升高。不同挡烟垂壁高度下，当开孔率大于 25% 后，消防车道内烟气层高度均满足消防车通行所需的空间要求。在挡烟垂壁高度设置成 1.2 m 时，当开孔率大于 37% 后，以及在挡烟垂壁高度设置成 2.0 m 和 2.8 m 时，当开孔率大于 25% 后，消防车道内 10 m 处烟气层高度均满足消防救援作业的空间要求，如图 3-31 所示。

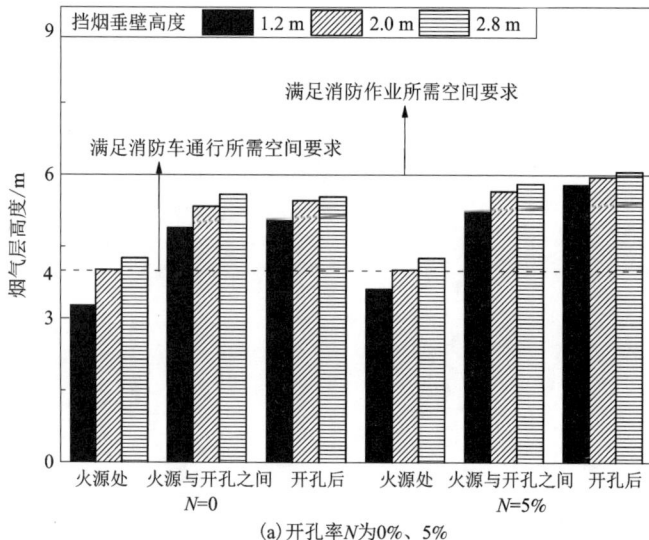

（a）开孔率N为0%、5%

(b) 开孔率 N 为 10%、15%

(c) 开孔率 N 为 25%、37%

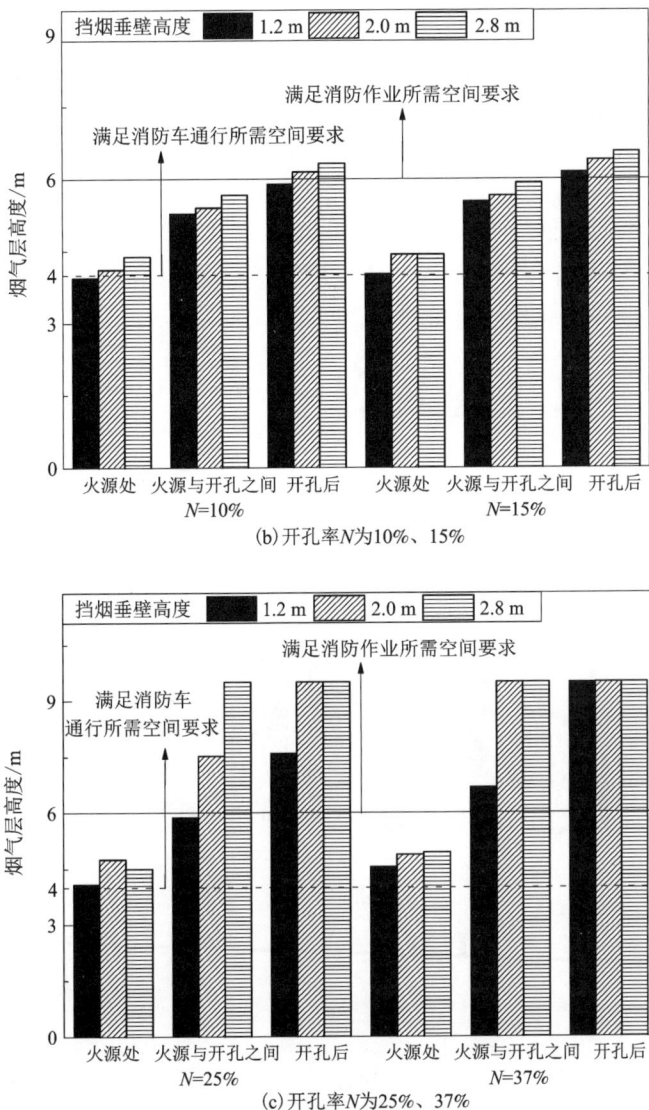

图 3-31　$H = 9.5$ m 时烟气层高度

当空间高度为 7.5 m 时，在挡烟垂壁高度为 1.2 m 和 2.0 m，开孔率大于 37%后，以及在挡烟垂壁高度为 2.8 m，开孔率大于 25%后，离火源中心 10 m 处烟气层高度满足消防车通行所需空间的要求。在挡烟垂壁高度为 1.2 m，开孔率大于 25%后，以及在挡烟垂壁高度为 2.0 m，开孔率大于 15%后，以及在挡烟垂壁高度为 2.8 m，开孔率大于 10%后，消防车道内烟气层高度均满足消防救援作业的空间要求，如图 3-32 所示。

（2）消防车道内烟气温度分布规律

在空间高度为9.5 m时，不同挡烟垂壁高度下烟气温度在20~75 ℃。随着开孔率的增大，温度降低；挡烟垂壁高度越高，不同开孔率下温度变化幅度越大。挡烟垂壁高度设置成1.2 m时，当开孔率为5%，温度大幅度降低；开孔率大于5%后，各开孔率下温度变化幅度较小。挡烟垂壁高度设置成2.0 m时，开孔率增大至25%后，温度曲线变化较小。挡烟垂壁高度设置成2.8 m时，当开孔率为37%时，第一个开孔后温度接近设置的初始温度20 ℃；开孔率大于15%后，第二个开孔后温度曲线变化较小，如图3-33所示。

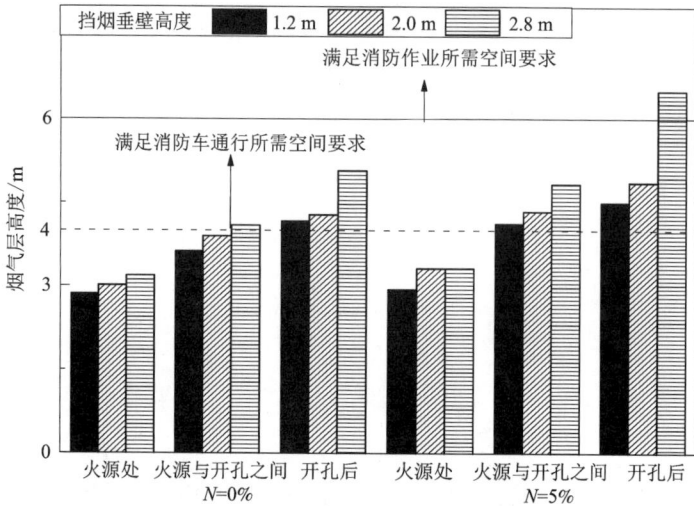

(a) 开孔率N为0%、5%

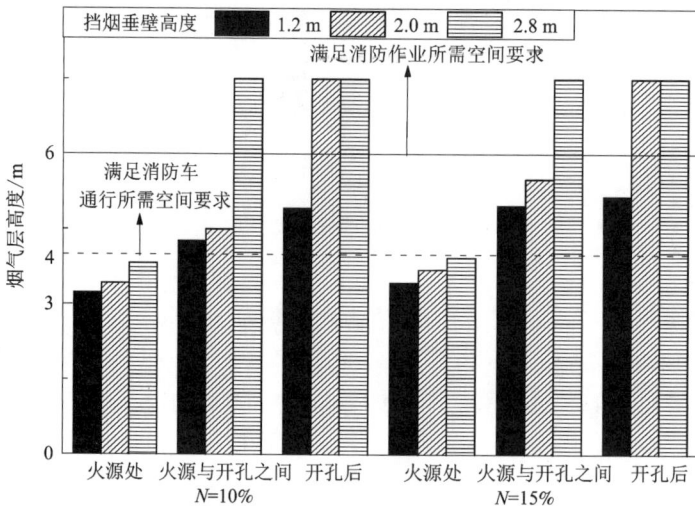

(b) 开孔率N为10%、15%

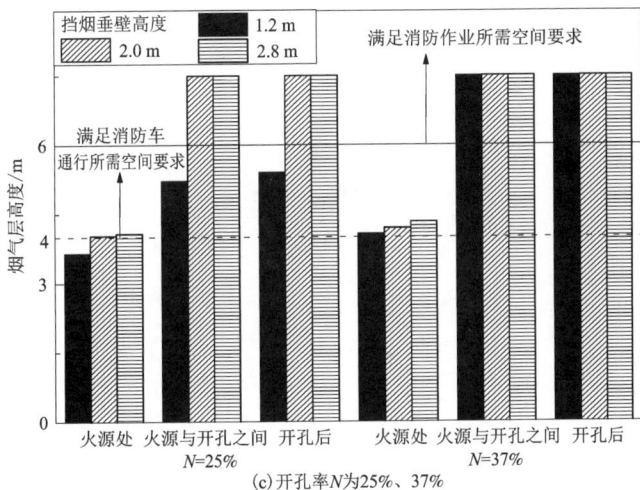

(c) 开孔率N为25%、37%

图 3-32 $H = 7.5$ m 时烟气层高度

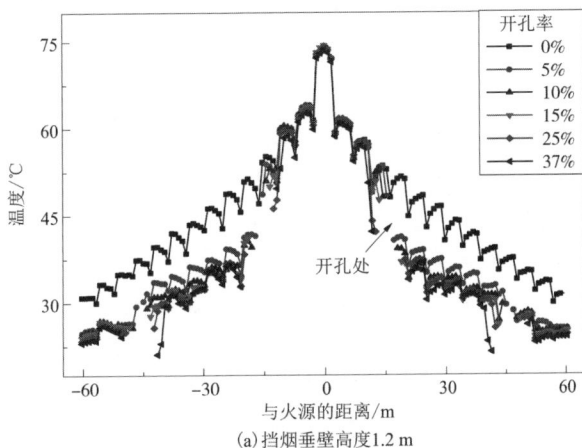

(a) 挡烟垂壁高度1.2 m

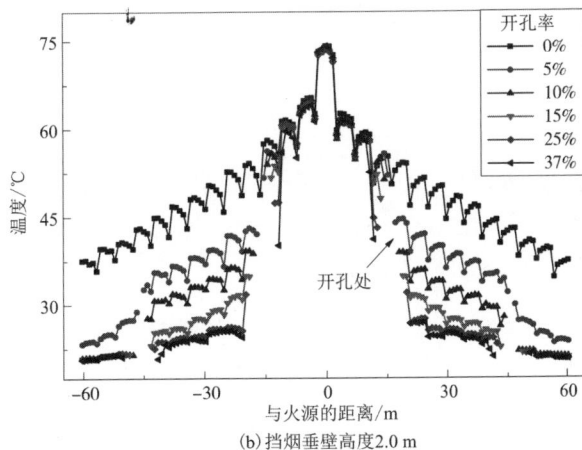

(b) 挡烟垂壁高度2.0 m

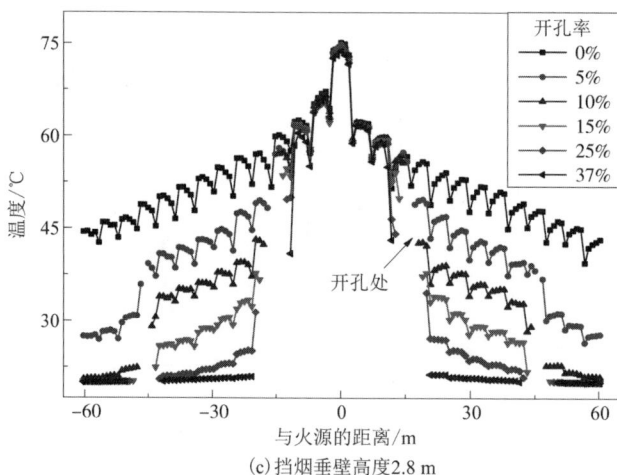

(c)挡烟垂壁高度2.8 m

图3-33 H=9.5 m 时不同开孔率对温度分布的影响

在空间高度为7.5 m时,不同挡烟垂壁高度下烟气温度在20~95 ℃。当挡烟垂壁高度设置成1.2 m,各开孔率下温度变化幅度较小。当挡烟垂壁高度设置成2.0 m,开孔率增大至15%后,以及当挡烟垂壁高度设置成2.8 m,开孔率增大至25%后,温度曲线变化较小,如图3-34所示。

(3)消防车道内烟气能见度分布规律

不同挡烟垂壁高度下烟气能见度在0~30 m。同一开孔率下,随着挡烟垂壁高度增加,能见度降低;随着空间高度的增加,能见度提高。当空间高度为9.5 m时,在消防车道内6 m高度处,不同挡烟垂壁高度下非火源处能见度均为30 m;当空间高度为7.5 m时,在消防车道内6 m高度处,不同挡烟垂壁高度下能见度均为6~30 m,随着开孔率增大,能见度提高,如图3-35~图3-40所示。

挡烟垂壁高度为1.2 m时,当空间高度为9.5 m 和7.5 m,开孔率达到37%后,烟气能蔓延到第二个开孔前,且开孔率达到25%后,烟气自然排烟效果基本不变。挡烟垂壁高度为2.0 m时,当空间高度为9.5 m 和7.5 m,开孔率达到25%后,烟气不会蔓延过第一个开孔,烟气自然排烟效果基本不变。挡烟垂壁高度为2.8 m时,当空间高度为9.5 m 和7.5 m,开孔率达到25%后,烟气不会蔓延过第一个开孔,烟气自然排烟效果基本不变。

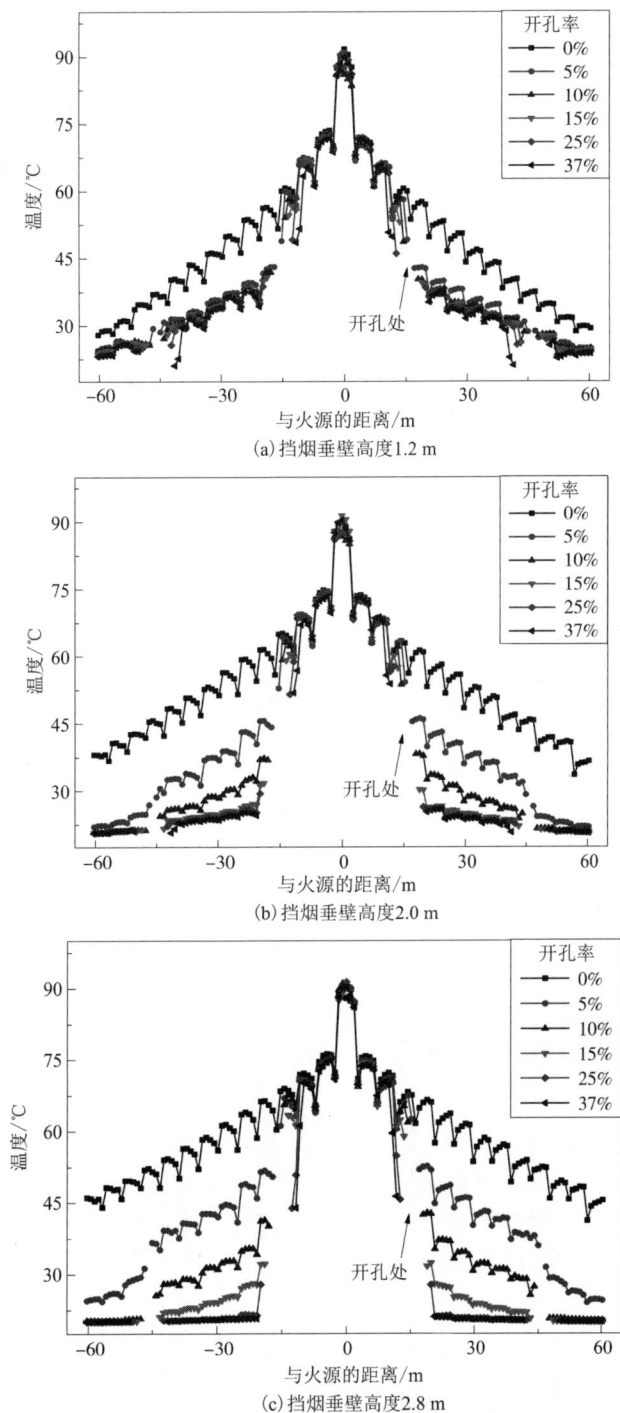

图 3-34　*H* = 7.5 m 时不同开孔率对温度分布的影响

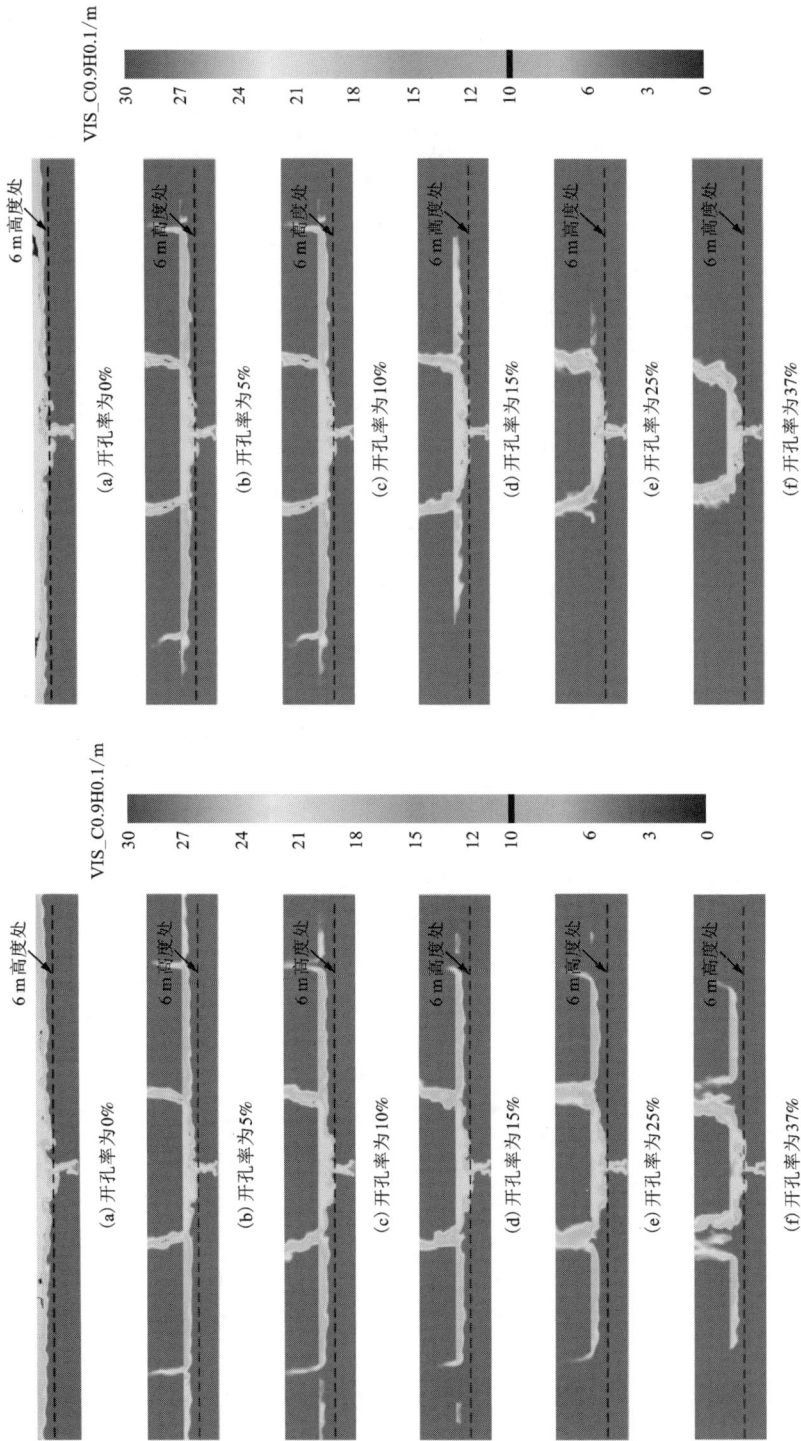

图3-36 挡烟垂壁高度为2.0 m时烟气能见度分布云图 (*H*=9.5 m)

图3-35 挡烟垂壁高度为1.2 m时烟气能见度分布云图 (*H*=9.5 m)

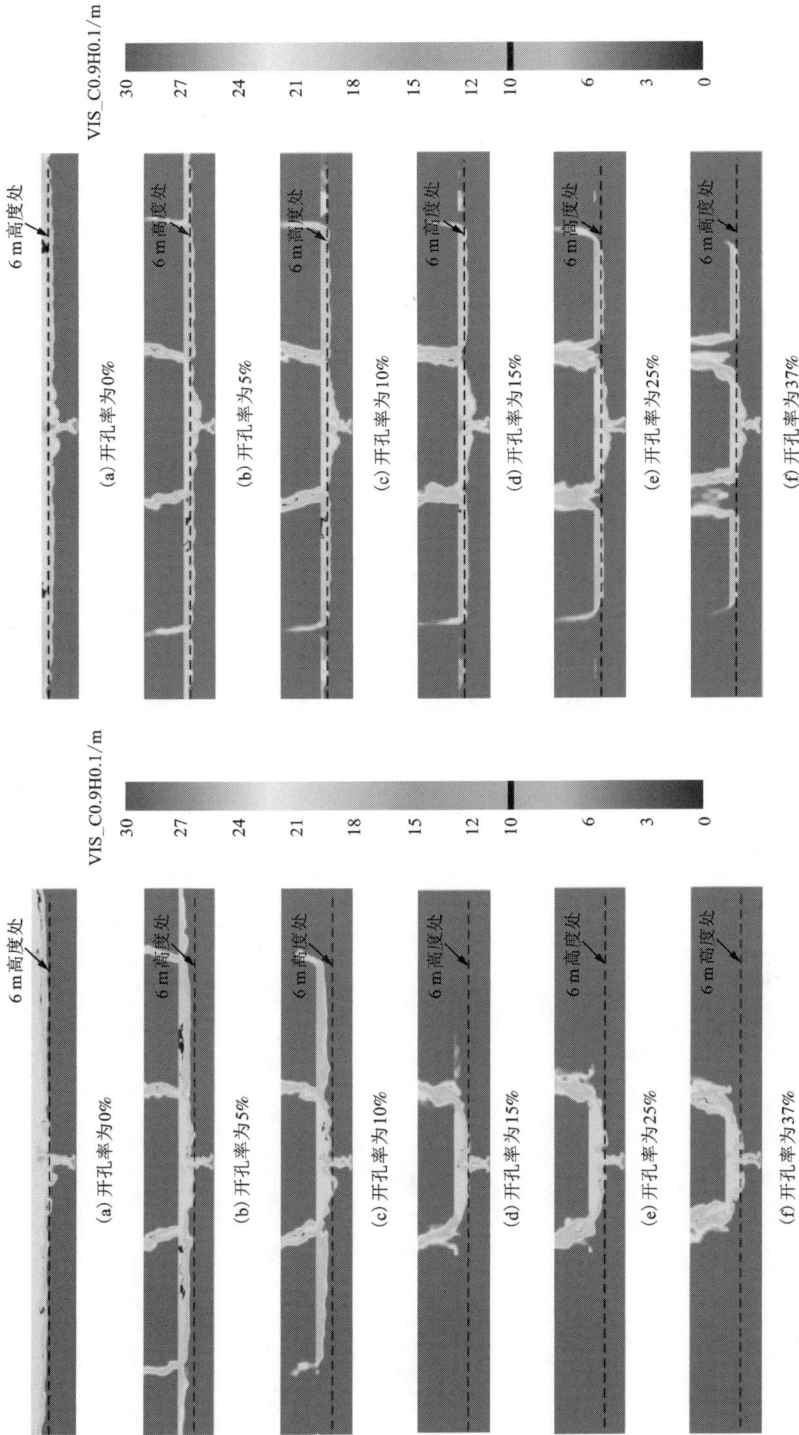

图 3-38 挡烟垂壁高度为 1.2 m 时烟气能见度分布云图 (H=7.5 m)

图 3-37 挡烟垂壁高度 2.8 m 时烟气能见度分布云图 (H=9.5 m)

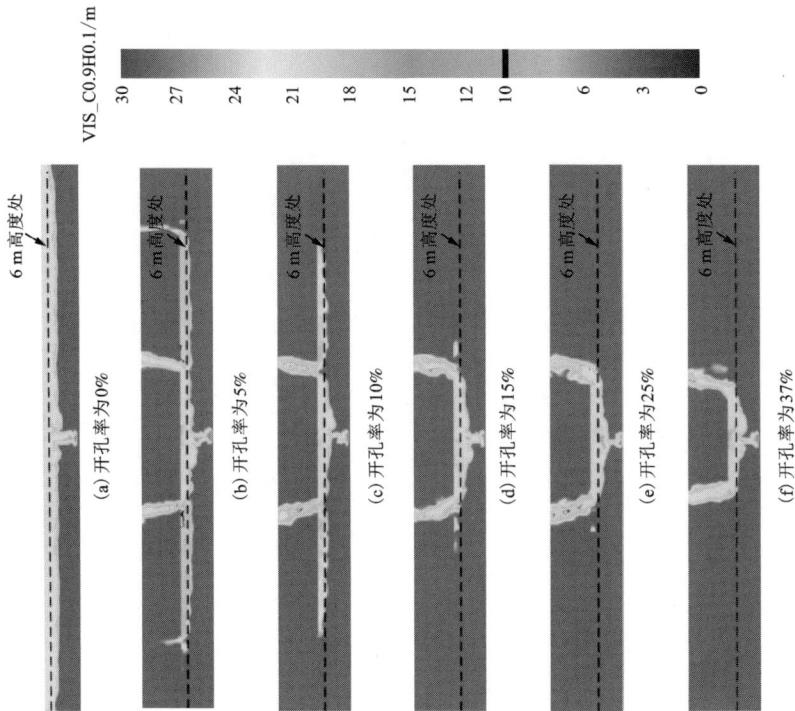

图3-39　挡烟垂壁高度为2.0 m时烟气能见度分布云图（H=7.5 m）　图3-40　挡烟垂壁高度为2.8 m时烟气能见度分布云图（H=7.5 m）

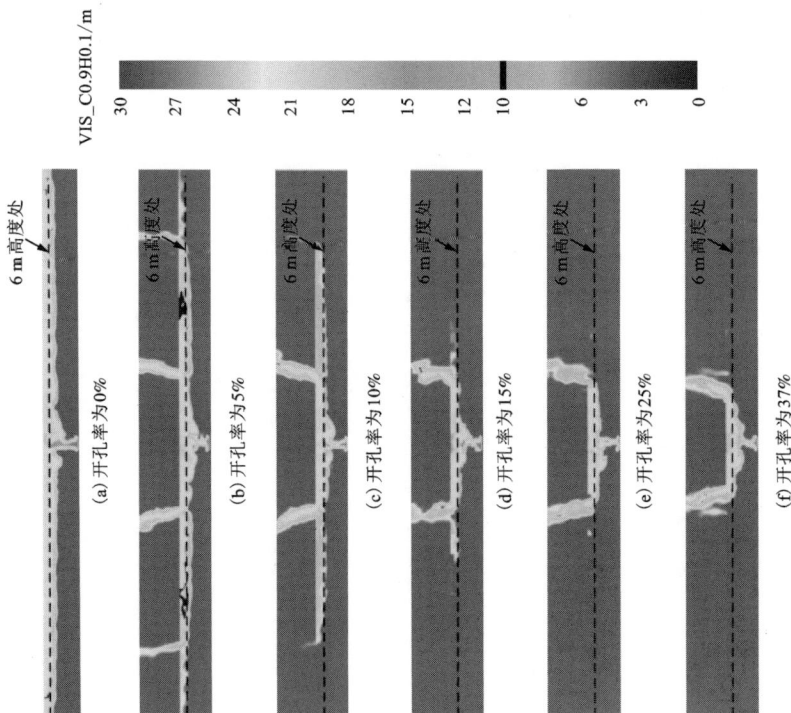

3.5.3　不同开孔纵横比下烟气分布特性分析

1. 消防车道内烟气层高度分布规律

不同开孔纵横比下烟气层高度分布规律如图 3-41 所示。随着开孔纵横比的减小，烟气层高度上升。在不同纵横比下，离火源较近的烟气层高度均满足消防救援作业所需空间的要求。

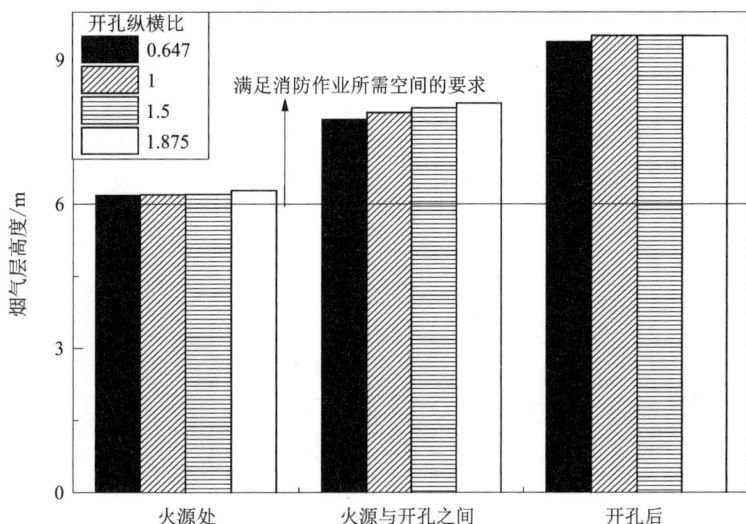

图 3-41　不同开孔纵横比下烟气层高度分布规律

2. 消防车道内烟气温度分布规律

(1)消防车道内烟气温度曲线图

不同开孔纵横比下烟气温度分布曲线图如图 3-42 所示。在不同开孔纵横比下，消防车道内烟气温度为 20~65 ℃。随着开孔纵横比的增加，消防车道内离火源最近的两个开孔之间烟气温度稍有降低，这是因为开孔纵横比越大，沿消防车道长度方向的开孔尺寸越大，烟气在消防车道长度方向的蔓延距离缩短，排出速度加快。当开孔纵横比大于 1.5 后，开孔后的烟气温度增加，这是因为开孔纵横比越大，烟气越容易越过开孔向开孔下游蔓延。

(2)消防车道内烟气温度分布云图

不同开孔纵横比下烟气温度分布云图如图 3-43 所示。随着开孔纵横比的增加，消防车道内烟气温度降低，各个开孔纵横比下，烟气蔓延范围变化较小。

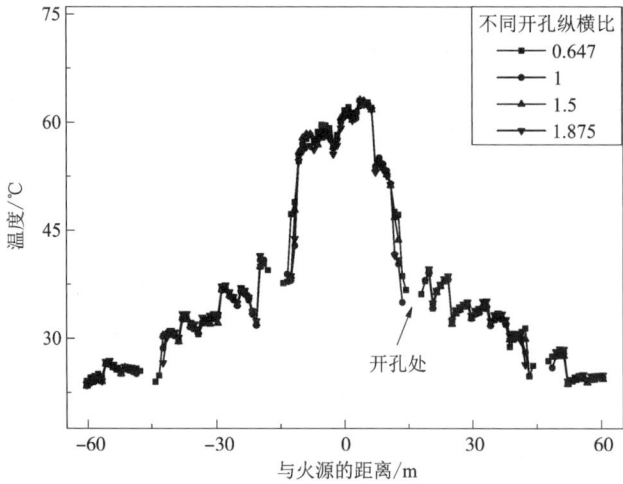

图 3-42　不同开孔纵横比下烟气温度分布曲线图

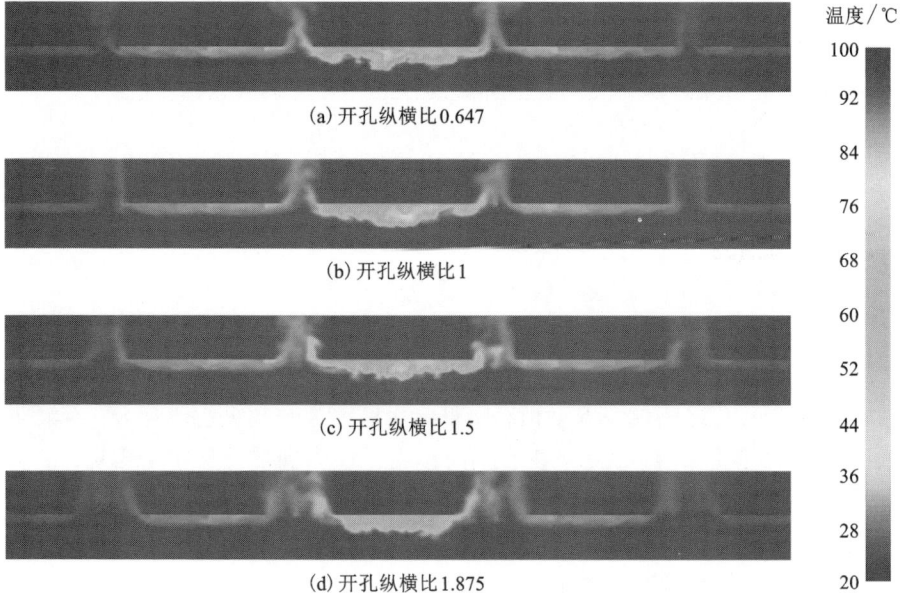

(a) 开孔纵横比 0.647

(b) 开孔纵横比 1

(c) 开孔纵横比 1.5

(d) 开孔纵横比 1.875

图 3-43　不同开孔纵横比下烟气温度分布云图

3. 消防车道内烟气能见度分布规律

不同开孔纵横比下烟气能见度分布云图如图 3-44 所示。随着开孔纵横比增加，消防车道内能见度范围变化较小，能见度为 10 m 的范围基本保持不变，且不同纵横比下消防车道内 6 m 高度处能见度均为 30 m。

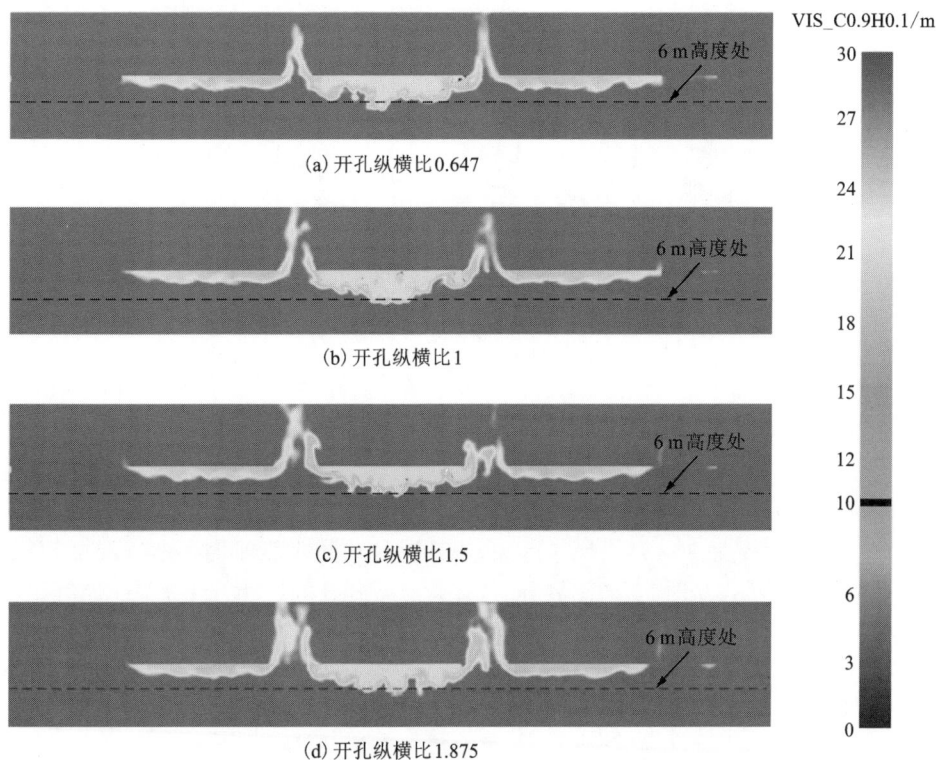

图 3-44　不同开孔纵横比下烟气能见度分布云图

3.5.4　不同开孔间距下排烟效果分析

1. 消防车道内烟气层高度分布规律

不同开孔间距下烟气层高层分布规律如图 3-45 所示。在不同开孔间距下，开孔后烟气层高度相对于开孔前有明显提升，且开孔间距为 $2H \sim 6H$ 时烟气层高度变化接近。在火源处，开孔间距由 $2H$ 增加至 $4H$ 时，烟气层高度明显增加，当开孔间距大于 $6H$ 后，烟气层高度反而降低，是因为开孔间距越大，烟气掺混冷空气越多，烟气温度下降，从而导致烟气下沉。

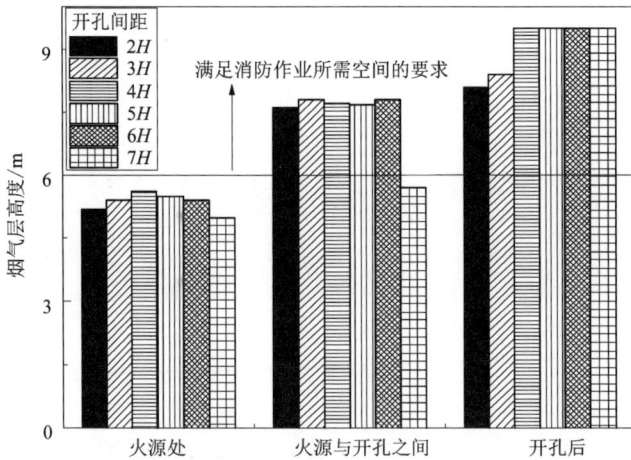

图 3-45　不同开孔间距下烟气层高度分布规律

2. 消防车道内烟气温度分布规律

(1) 消防车道内烟气温度曲线图

不同开孔间距下烟气温度曲线图如图 3-46 所示。在不同开孔间距下，消防车道内烟气层温度为 20~75 ℃。可以看出，当开孔间距较小时，烟气温度较低，当开孔间距为 2H~6H 时，烟气温度曲线接近，当开孔间距大于 6H 后，烟气温度明显升高。

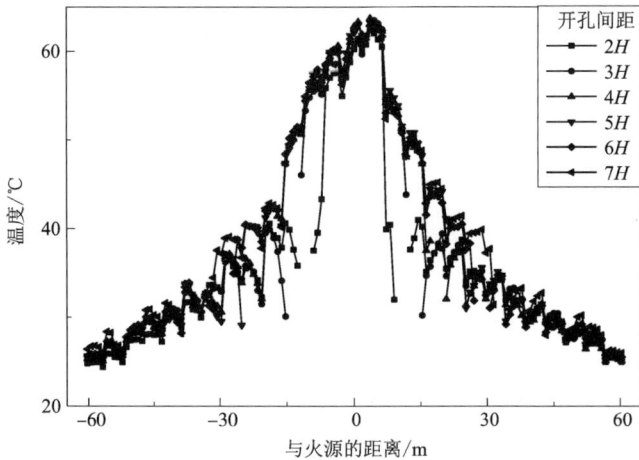

图 3-46　不同开孔间距下烟气温度曲线图

（2）消防车道内烟气温度分布云图

不同开孔间距下烟气温度分布云图如图 3-47 所示。开孔间距大于 4H 后，随着烟气蔓延至开孔的距离增加，开孔附近烟气温度降低至 40 ℃左右，出现直接排出空气的现象。开孔间距由 2H 增加至 4H 时，开孔前烟气温度为 50~80 ℃的范围增大，当开孔间距大于 4H 后，开孔前烟气温度为 50~80 ℃的范围基本保持不变。

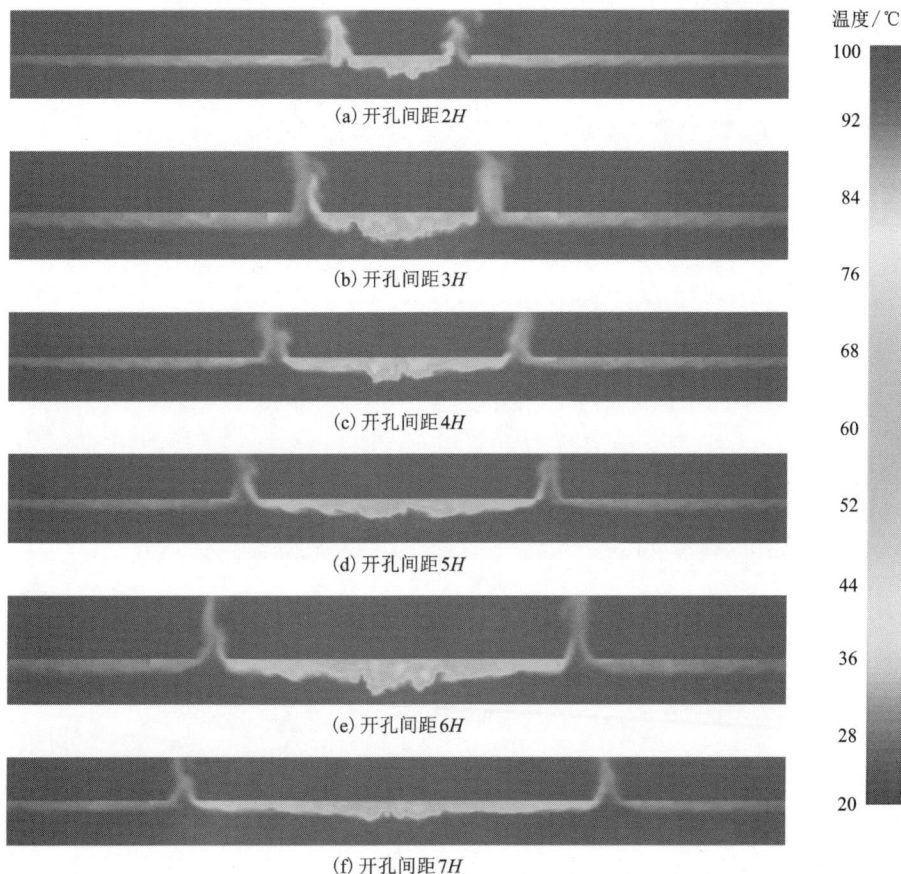

(a) 开孔间距 2H

(b) 开孔间距 3H

(c) 开孔间距 4H

(d) 开孔间距 5H

(e) 开孔间距 6H

(f) 开孔间距 7H

图 3-47　不同开孔间距下烟气温度分布云图

3.消防车道内烟气能见度分布规律

不同开孔间距下烟气能见度分布云图如图 3-48 所示。在不同的开孔间距下，6 m 高度处能见度均为 30 m。当开孔间距大于 4H 后，孔后能见度明显提高，且随着开孔间距的增加，孔后能见度提高。开孔间距由 2H 增加至 4H 时，烟气能见度为 10 m 的范围增大，当开孔间距位于 4H~6H 时，烟气能见度为 10 m 的范围基本不变，当开孔间距大于 6H 后，烟气能见度为 10 m 的范围增大。

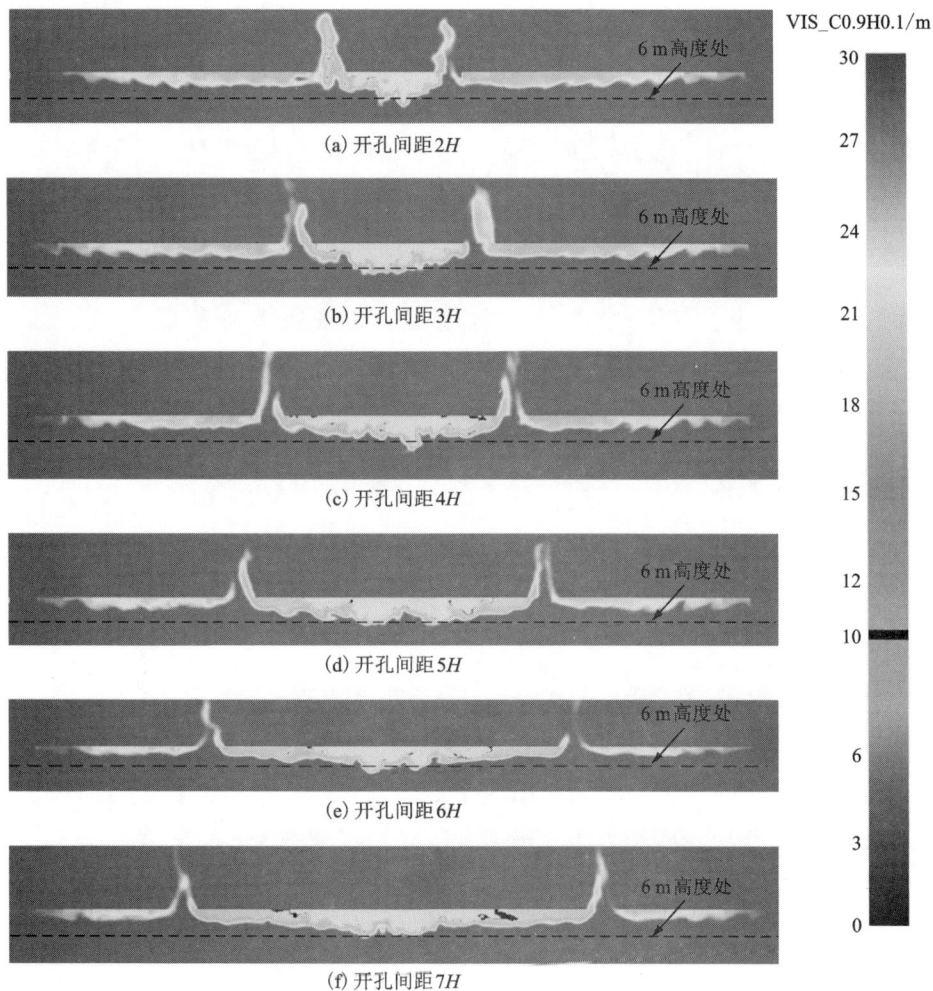

图 3-48　不同开孔间距下烟气能见度分布云图

3.6　侧边开孔优化方案研究

3.6.1　工况设置

依据《建筑设计防火规范(2018 年版)》(GB 50016—2014)第 11.0.10 条文说明中外墙开口比例,设置 0%、10%、15%、25%、45%、70% 六个开孔率,以研究不同开孔率下消防车道内烟气分布情况,在一定开孔率的情况下,设置 1.8、4.1、6、13.5 四个开孔宽高比,以研究不同开孔尺寸对自然排烟效果的影响,在一定的开孔率及开孔宽高比下,设置离顶部盖板 0 m、0.4 m、0.8 m、1.2 m 四个开孔位置,以研究不同开孔位置对自然排烟效果的影响。在消防车道侧边敞开时,设置 0.5H、H、2H、3H 四个盖板边缘至消防车道的距离,以研究侧边全敞开时不同盖板边缘至消防车道的距离对自然排烟效果的影响。

3.6.2　消防车道侧边开孔率模拟结果分析

1.消防车道内烟气层高度分布规律

不同侧边开孔率下烟气层高度分布规律如图 3-49 所示。设置 3 个烟气层高度测点,分别为火源处、离火源 10 m 处和离火源 45 m 处,在不同侧边开孔率下,随着开孔率的增加,烟气层高度增加,当开孔率增加至 15% 后,离火源 45 m 处烟气层高度满足消防作业所需空间的要求,当开孔率增加至 25% 后,离火源 10 m 处烟气层高度满足消防作业所需空间的要求,当开孔率增加至 45% 后,火源处烟气层高度满足消防作业所需空间的要求。

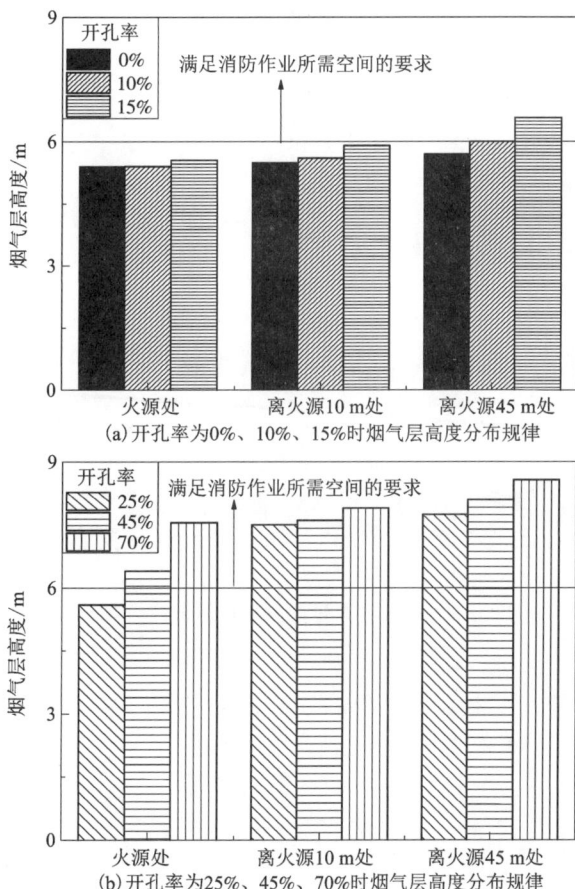

(a) 开孔率为0%、10%、15%时烟气层高度分布规律

(b) 开孔率为25%、45%、70%时烟气层高度分布规律

图 3-49　不同侧边开孔率下烟气层高度分布规律

2. 消防车道内烟气温度分布规律

不同侧边开孔率下烟气温度分布云图如图 3-50 所示。侧边排烟时，不同开孔率下消防车道顶部的温度为 30~80 ℃，且无论开孔率设置多大，消防车道上方均存在少量低温烟气。当开孔率由 0% 增加至 45% 时，随着开孔率的增加，消防车道内温度为 40~80 ℃ 的范围缩短，当开孔率大于 45% 后，消防车道内温度为 40~80 ℃ 的范围基本不变。

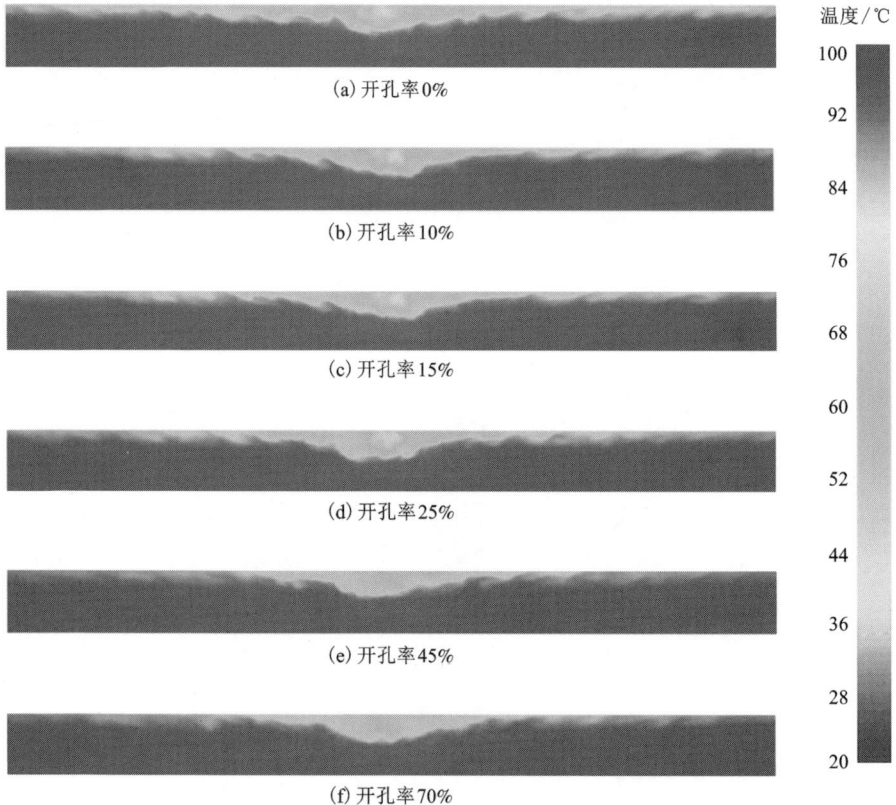

(a) 开孔率0%

(b) 开孔率10%

(c) 开孔率15%

(d) 开孔率25%

(e) 开孔率45%

(f) 开孔率70%

图 3-50 不同侧边开孔率下烟气温度分布云图

3. 消防车道内烟气能见度分布规律

不同侧边开孔率下能见度分布云图如图 3-51 所示。侧边排烟时，不同开孔率下消防车道内的 6 m 高度处能见度为 30 m，当开孔率由 0% 增加至 45% 时，能见度提高，能见度为 10 m 的范围缩小，当开孔率大于 45% 后，消防车道内能见度范围基本不变。

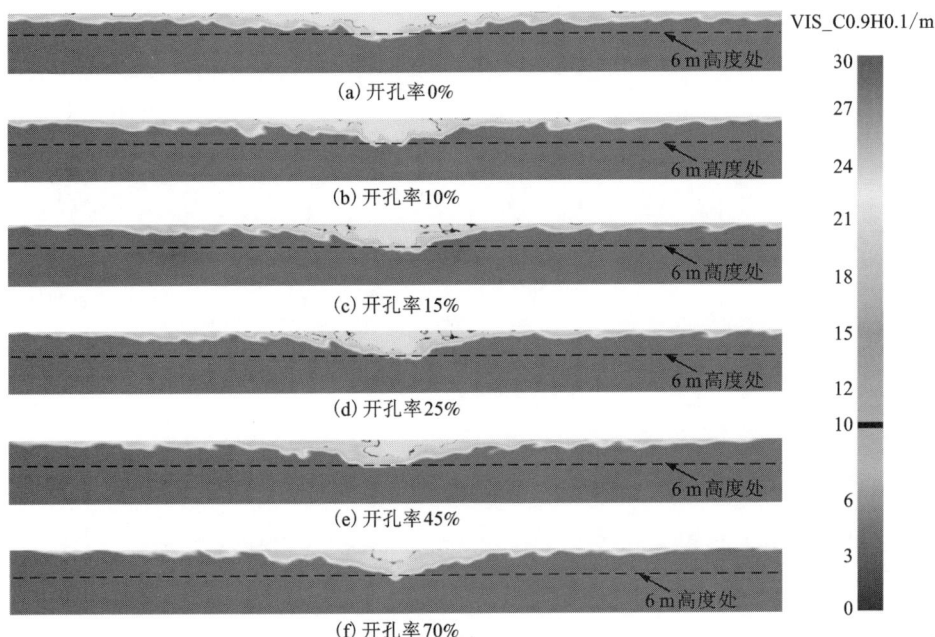

图 3-51　不同侧边开孔率下能见度分布云图

3.6.3　消防车道侧边开孔宽高比模拟结果分析

1. 消防车道内烟气层高度分布规律

不同侧边开孔宽高比下烟气层高度分布规律如图 3-52 所示。在不同开孔宽高比下，离火源 10 m 处的烟气层高度均满足消防作业所需空间的要求。随着宽高比的增加，烟气高度提高，当开孔宽高比大于 6 后，火源处烟气层高度满足消防作业所需空间的要求。

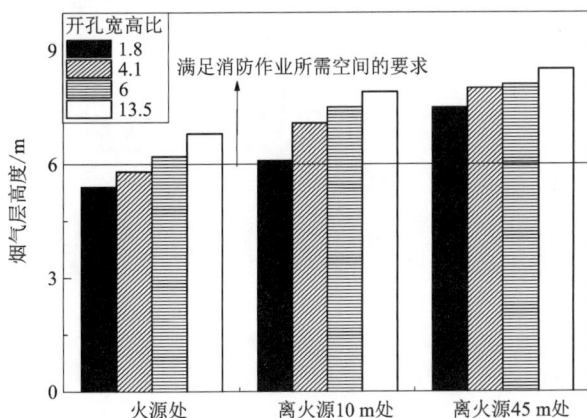

图 3-52　不同侧边开孔宽高比下烟气层高度分布规律

2. 消防车道内烟气温度分布规律

不同侧边开孔宽高比下烟气温度分布云图如图 3-53 所示。在不同的宽高比下，消防车道顶部的温度范围为 30~80 ℃。当宽高比不大于 6 时，随着宽高比的增加，烟气温度蔓延范围减小，当宽高比大于 6 后，烟气温度蔓延范围基本不变。

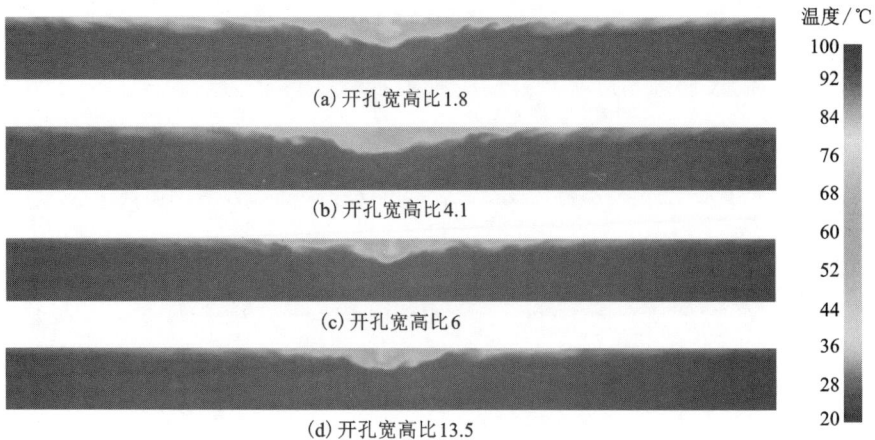

(a) 开孔宽高比 1.8

(b) 开孔宽高比 4.1

(c) 开孔宽高比 6

(d) 开孔宽高比 13.5

图 3-53　不同侧边开孔宽高比下烟气温度分布云图

3. 消防车道内烟气能见度分布规律

不同侧边开孔宽高比下烟气能见度分布云图如图 3-54 所示。侧边排烟时，不同宽高比下消防车道内的 6 m 高度处能见度为 30 m，当开孔宽高比由 1.8 增加至 6 时，能见度提高，能见度为 10 m 的范围缩小，当宽高比大于 6 后，消防车道内能见度范围基本不变。

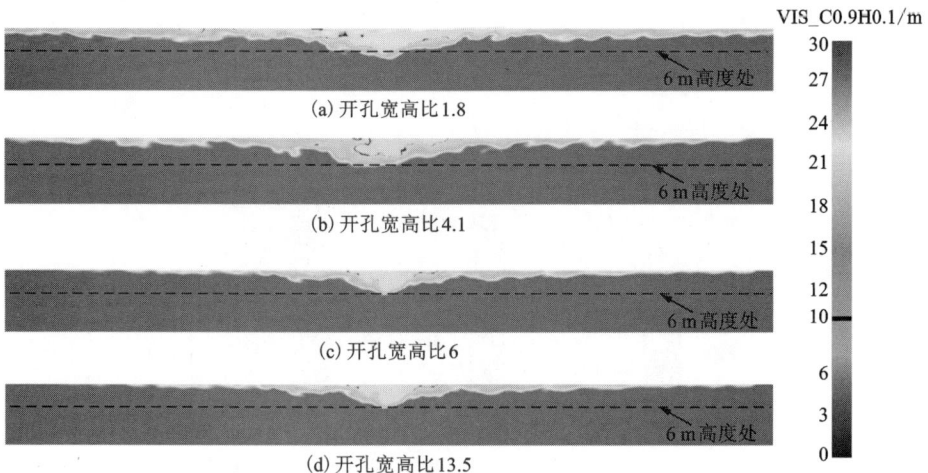

(a) 开孔宽高比 1.8

(b) 开孔宽高比 4.1

(c) 开孔宽高比 6

(d) 开孔宽高比 13.5

图 3-54　不同侧边开孔宽高比下烟气能见度分布云图

3.6.4　消防车道侧边开孔位置模拟结果分析

1. 消防车道内烟气层高度分布规律

不同侧边开孔位置下烟气层高度分布规律如图 3-55 所示。随着开孔位置离盖板距离的减小，烟气层高度提高，当开孔位置离盖板下缘 0.4 m 时，火源处烟气层高度满足消防作业所需空间的要求。

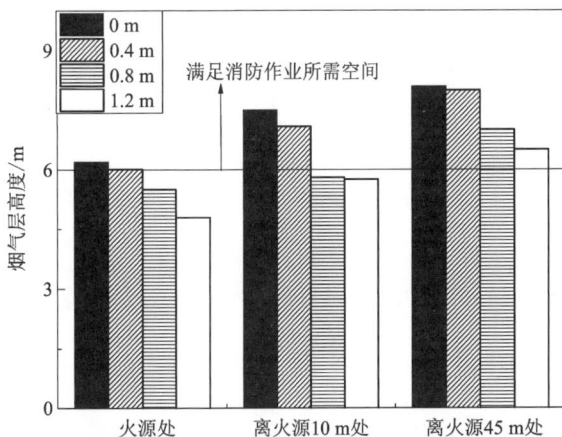

图 3-55　不同侧边开孔位置下烟气层高度分布规律

2. 消防车道内烟气温度分布规律

不同侧边开孔位置下烟气温度分布云图如图 3-56 所示。在不同的开孔位置下，消防车道顶部的温度范围为 30~80 ℃。随着开孔位置离盖板距离的减小，烟气温度蔓延范围减小，当开孔位置离盖板小于 0.4 m 后，烟气温度蔓延范围基本不变。

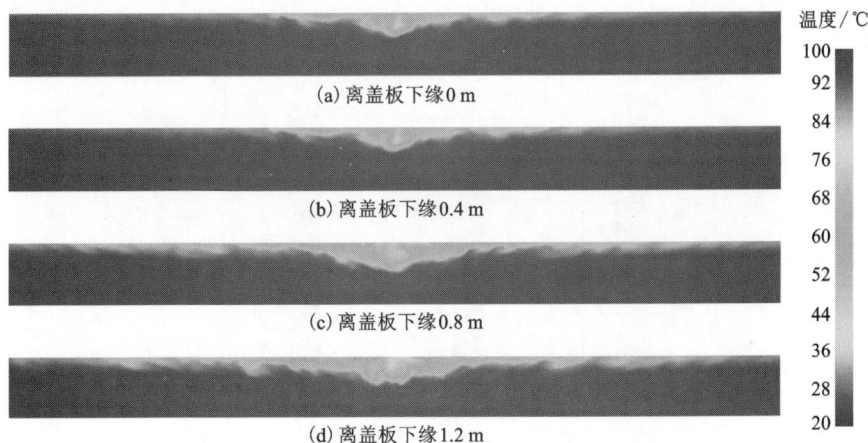

图 3-56　不同侧边开孔位置下烟气温度分布云图

3. 消防车道内烟气能见度分布规律

不同侧边开孔位置下烟气能见度分布云图如图 3-57 所示。侧边排烟时，不同开孔位置下消防车道内的 6 m 高度处能见度为 30 m，当开孔位置离盖板距离越近，能见度提高，能见度为 10 m 的范围缩小，当开孔位置离盖板小于 0.4 m 后，消防车道内能见度范围基本不变。

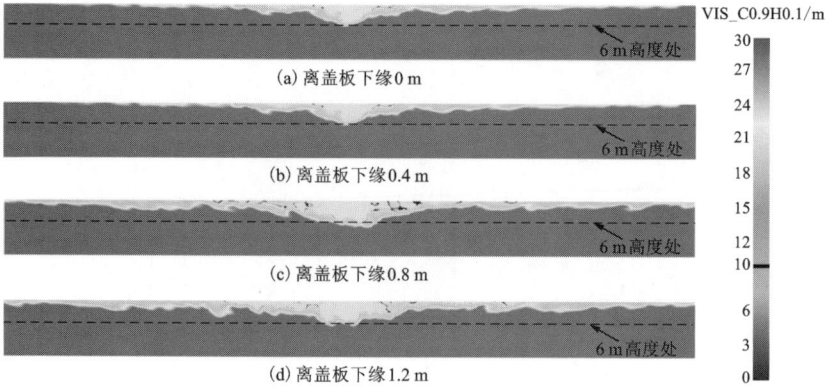

图 3-57　不同侧边开孔位置下烟气能见度分布云图

3.6.5　消防车道侧边全开敞时排烟模拟结果分析

1. 消防车道内烟气层高度分布规律

不同盖板边缘至消防车道的距离下烟气层高度分布规律如图 3-58 所示。随着盖板边缘至消防车道的距离增加，烟气层高度降低，但盖板边缘至消防车道的距离为 $0.5H \sim 3H$ 时，均满足消防作业的空间，而盖板边缘至消防车道的距离为 $2H \sim 3H$ 时，烟气层高度变化不大，这说明盖板边缘至消防车道的距离大于一定值时，对消防车道的影响基本不变，是因为盖板边缘至消防车道的距离增加时，烟气向四周蔓延范围增加，导致消防车道内烟气量基本保持一定。

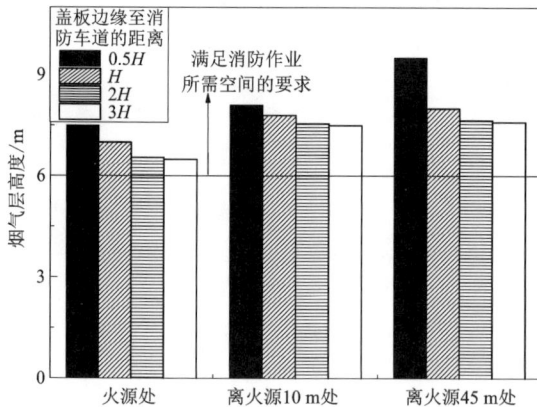

图 3-58　不同盖板边缘至消防车道的距离下烟气层高度分布规律

2. 消防车道内烟气温度分布规律

不同盖板边缘至消防车道的距离下消防车道温度分布云图如图 3-59 所示。在盖板边缘至消防车道的距离不同的情况下，消防车道内烟气温度为 20~60 ℃。随着盖板边缘至消防车道的距离增加，烟气蔓延范围增加，这说明当盖板边缘至消防车道的距离增加时，烟气排出速度减慢，从而导致烟气蔓延范围增大。

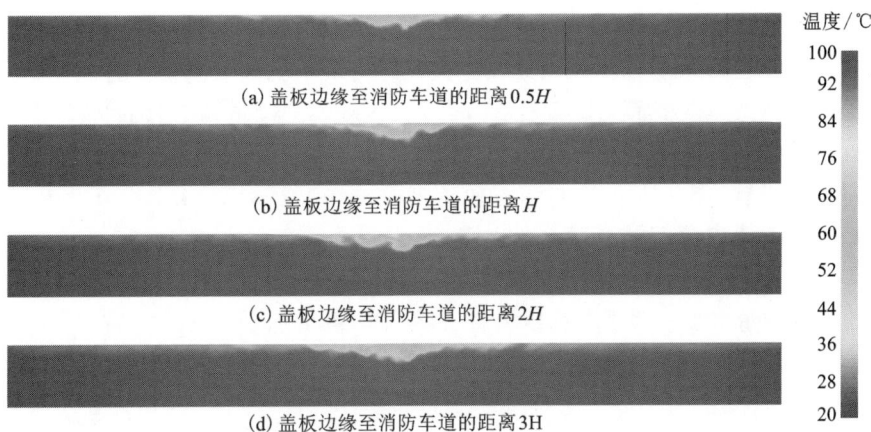

图 3-59　不同盖板边缘至消防车道的距离下消防车道温度分布云图

3. 消防车道内烟气能见度分布规律

不同排烟量下消防车道烟气能见度分布云图如图 3-60 所示。在盖板边缘至

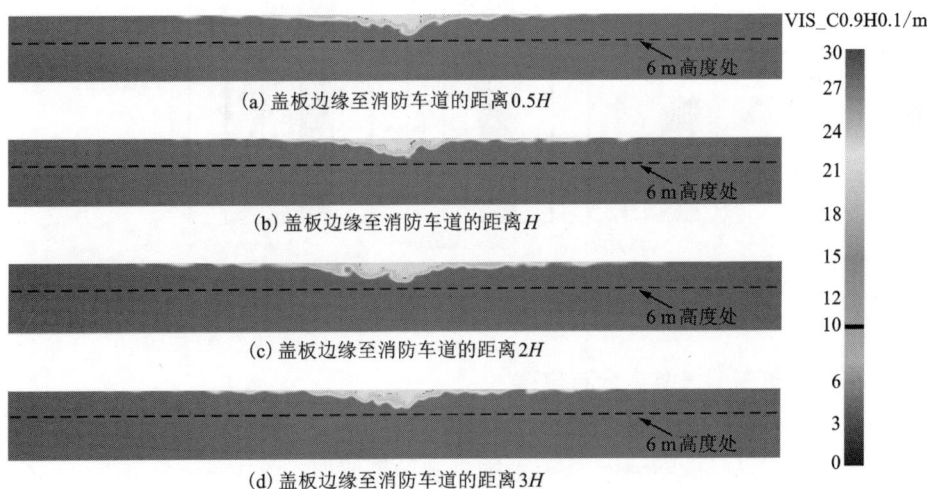

图 3-60　不同排烟量下消防车道烟气能见度分布云图

消防车道的距离不同的情况下，消防车道内 6 m 高度处能见度均为 30 m。随着盖板边缘至消防车道的距离增加，烟气低能见度范围增大，但变化幅度较小。

3.7 机械排烟优化方案研究

本项目消防车道机械排烟主要为运用库与咽喉区之间的消防车道，考虑当列车在离消防车道最近的列车轨道处发生火灾时为最不利火灾场景。为优化消防车道机械排烟方案，本小节主要设置 27 m³/s、33 m³/s、42 m³/s、53 m³/s 四个排烟量工况，以研究火灾情况下，消防车道合理的排烟量。消防车道机械排烟合理的排烟口高度设置、排烟口间距设置参照本书第 4 章 4.1.3 节、4.1.4 节。

1. 消防车道内烟气层高度分布规律

不同侧边开孔位置下烟气层高度分布规律如图 3-61 所示。在不同排烟量下，随着排烟量增加，烟气层高度升高。当排烟量增加至 33 m³/s 后，火源处烟气层高度能满足消防车通行所需空间的要求，且在离火源 10 m 处满足消防作业所需空间的要求。

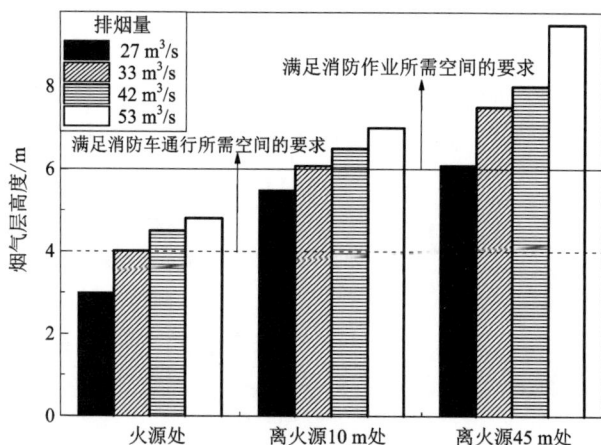

图 3-61 不同侧边开孔位置下烟气层高度分布规律

2. 消防车道内烟气温度分布规律

不同排烟量下消防车道温度分布云图如图 3-62 所示。在不同排烟量下，消防车道顶部的温度范围为 20~50 ℃。随着排烟量增加，烟气温度蔓延范围减小，当排烟量增加至 33 m³/s 后，烟气温度蔓延范围基本不变。

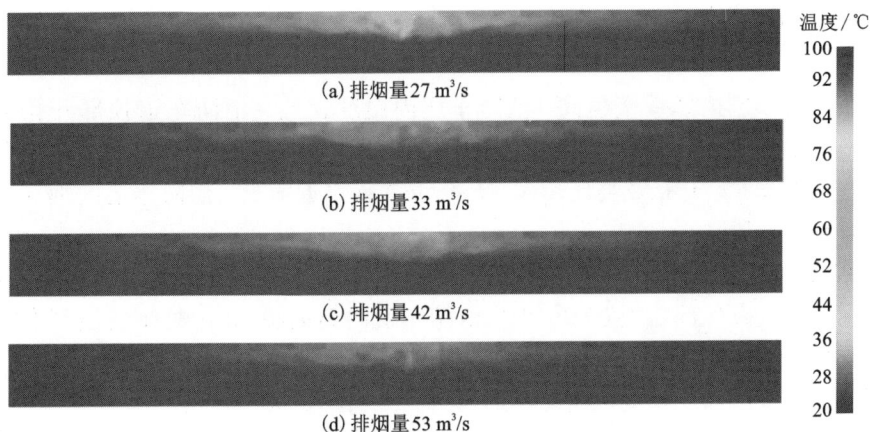

图 3-62　不同排烟量下消防车道温度分布云图

3. 消防车道内烟气能见度分布规律

不同排烟量下消防车道烟气能见度分布云图如图 3-63 所示。在不同排烟量下,不同排烟量下消防车道内的 6 m 高度处能见度为 30 m,且消防车道内能见度均大于 10 m。排烟量增加,能见度提高,当排烟量增加至 33~42 m³/s,消防车道内能见度范围基本不变,继续增加排烟量至 53 m³/s,能见度提高。

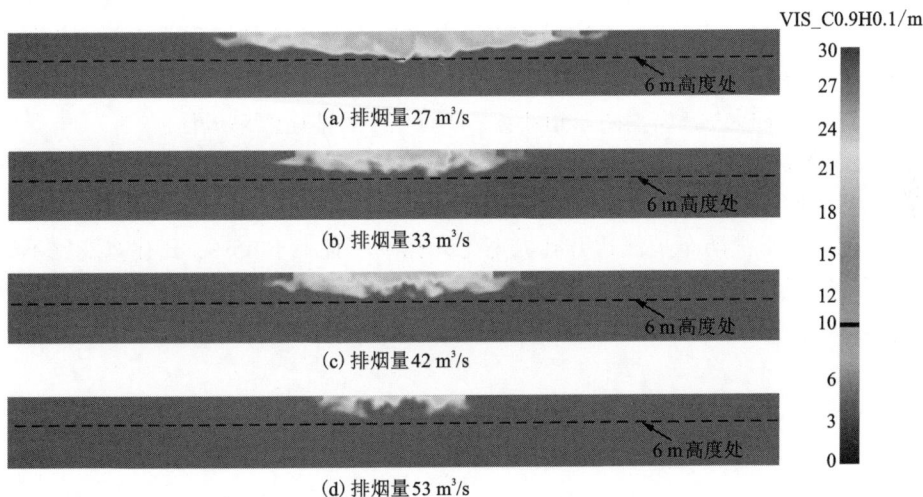

图 3-63　不同排烟量下消防车道烟气能见度分布云图

3.8　本章小结

①消防车道挡烟垂壁越高，消防车道内温度越低。消防车道顶部开孔率越大、开孔纵横比越小、开孔间距越小，消防车道内烟气蔓延范围越小。消防车道侧边开孔率越大、开孔宽高比越大、开孔位置越接近盖板，消防车道内烟气蔓延范围越小。

②当消防车道内机械排烟量设置成 27 m^3/s、排烟口间距设置成 4.5 m、排烟口高度设置成离顶部盖板 0.4 m 时，消防车道内离火源 10 m 处烟气层高度能够满足消防车通行所需空间的要求。消防车道内机械排烟量设置为 33 m^3/s 时，消防车道内烟气层高度均满足消防车通行所需空间的要求。

③空间高度为 9.5 m，挡烟垂壁高度设置成 1 m，开孔率增加至 37% 后，挡烟垂壁高度设置成 1.8 m 和 2.6 m 时，开孔率增加至 25% 后，消防车道内烟气层高度均满足消防救援作业空间的要求。顶部开孔时，纵横比小于 1.5，开孔间距小于 6H，且不大于 60 m 时自然排烟效果最佳。

④空间高度为 7.5 m，在挡烟垂壁高度为 1 m 时，开孔率增加至 37% 后，离火源 10 m 处烟气层高度满足消防救援作业空间的要求。在挡烟垂壁高度为 1.8 m 时，开孔率增加至 25% 后及在挡烟垂壁高度为 2.6 m 时，开孔率增加至 15% 后，消防车道内烟气层高度均满足消防救援作业空间的要求。

⑤侧边开孔，在运用库与消防车道之间梁下挡烟垂壁高度设置成 1.2 m 时，开孔率增加至 45% 后，消防车道内烟气层高度均满足消防救援作业空间；开孔宽高比大于 6，开孔位置离盖板下沿小于 0.4 m 时，自然排烟效果最佳。当侧边全开敞排烟时，盖板边缘离消防车道小于 3H 时，自然排烟效果最佳。

⑥建议盖下消防车道顶部开孔方案为开孔率不宜小于 25%，开孔纵横比不宜大于 1.5，开孔间距宜小于 6H，且不大于 60 m。

⑦推荐盖下消防车道侧边开孔方案为开孔率不宜小于 45%，开孔宽高比不宜小于 6，开孔位置离盖板下缘不宜大于 0.4 m，无法满足时开孔位置应尽量靠近盖板。盖下消防车道侧边全敞开时，盖板边缘离消防车道距离宜小于 3H。

第 4 章
带上盖车辆基地机械排烟系统设计

　　带上盖车辆基地机械排烟系统设计是否合理，直接关系到盖下空间发生火灾时烟气能否顺利排出及人员疏散的安全性。目前，针对带上盖车辆基地机械排烟系统的设计原则缺少详细统一的规定，国内各地区做法也不尽相同，因此有必要开展带上盖车辆基地机械排烟系统设计研究。本章将对带上盖物业开发的华南地区某车辆基地消防机械排烟系统设计开展研究。

4.1　带上盖车辆基地机械排烟系统试验研究

4.1.1　试验工况设计

　　通过缩尺寸试验研究，研究了车辆基地排烟量、排烟管道间距及排烟口距顶部高度对烟气蔓延的影响，讨论了同一位置的竖向温度受排烟量、排烟管道间距及排烟口距顶部高度的影响，得出车辆基地优化的机械排烟布置方案。不同排烟量试验工况如表 4-1 所示。不同排烟口距顶部高度试验工况如表 4-2 所示。不同排烟管道间距试验工况如表 4-3 所示。

表 4-1　不同排烟量试验工况表

工况编号	排烟量/($m^3 \cdot s^{-1}$)	排烟口距顶部高度/m	排烟管道间距/m
F01	27	0.4	6
F02	33	0.4	6
F03	42	0.4	6
F04	53	0.4	6
F05	67	0.4	6

表 4-2 不同排烟口距顶部高度试验工况表

工况编号	排烟量/(m³·s⁻¹)	排烟口距顶部高度/m	排烟管道间距/m
G01	42	0.4	6
G02	42	0.8	6
G03	42	1.2	6
G04	42	1.6	6

表 4-3 不同排烟管道间距试验工况表

工况编号	排烟量/(m³·s⁻¹)	排烟口距顶部高度/m	排烟管道间距/m
H01	42	0.4	6
H02	42	0.4	10
H03	42	0.4	15

4.1.2 合理排烟量

盖下车辆基地为大跨度高大空间结构,在宽度方向有多股列车车道,多列地铁列车并行摆放,某一地铁车辆火灾时,火羽流在浮力的作用下,沿竖直方向运动至最高顶棚位置处,一部分烟气形成横向和纵向的顶棚射流,另一部分烟气通过排烟口排出,因此在不同排烟量下,烟气的温度纵向分布特征有所差异。

盖下车辆基地内停放列车较多,经济价值高,而且空间高度较高,需采用机械排烟方式进行排烟,但是过大排烟量将会对经济造成巨大负荷,过小排烟量则会抑制烟气的排放,因此分析盖下车辆基地合理排烟量极为重要。

不同排烟量下盖板下方温度分布如图 4-1 所示,从图中可看出,随着排烟量

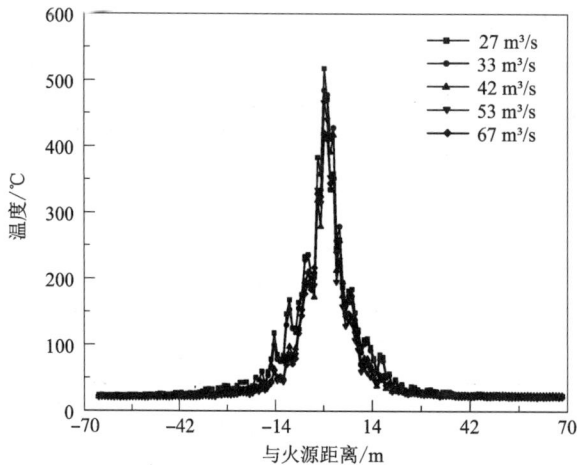

图 4-1 不同排烟量下盖板下方温度分布图

的增大,顶棚温度有所下降,当排烟量增大至 42 m³/s 时,继续增大排烟量,盖板下方温度变化较小。

　　不同排烟量下温升变化曲线如图 4-2 所示,从图中可看出,随着排烟量的增大,顶棚温度下降,说明增大排烟量,能有效地排出烟气产生的热量。

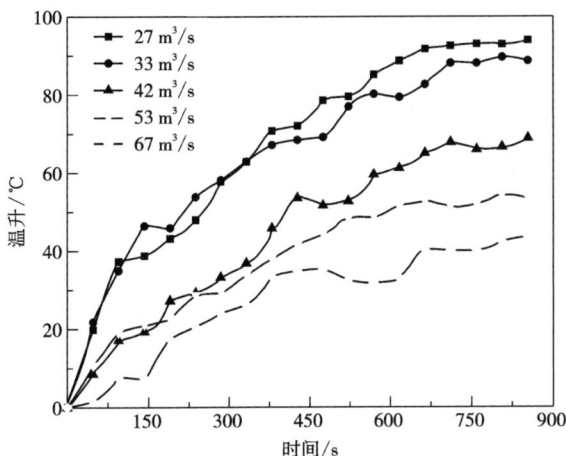

图 4-2　不同排烟量下温升变化曲线图

　　不同排烟量下距火源 17.1 m 处竖直方向温度分布如图 4-3 所示,从图中可以看出,排烟量增大,盖板下方温度下降,当排烟量增大至 42 m³/s 时,继续增大排烟量,竖向温度变化较小。不同排烟量的温度差值在逐渐缩小,说明距火源越远,烟气层高度越高。

　　不同排烟量下试验如图 4-4 所示。

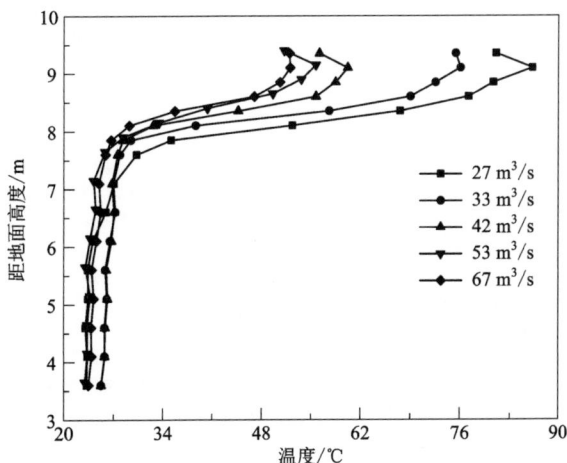

图 4-3　不同排烟量下距火源 17.1 m 处竖直方向温度分布图

图 4-4   不同排烟量下试验

4.1.3   合理排烟口高度

在合适的排烟量下，排烟口高度对烟气排放的效率有着至关重要的作用，因此，针对地铁车辆基地内机械排烟系统下不同排烟口高度进行分析。

不同排烟口高度盖板下方温度分布如图 4-5 所示，从图中可以看出，随着排烟口高度的下降，顶棚温度上升，不利于烟气的排放。

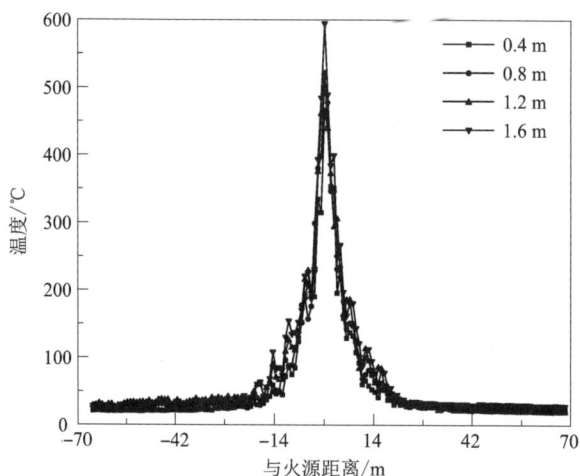

图 4-5   不同排烟口高度盖板下方温度分布图

不同排烟口高度下温升变化曲线如图 4-6 所示,从图中可看出,随着排烟口高度下降,顶棚温升变化增大,当排烟口到盖板距离从 0.4 m 下降至 0.8 m 时,其温升变化在初始平均温度值左右,说明在这变化区间对烟气排放的影响较小。

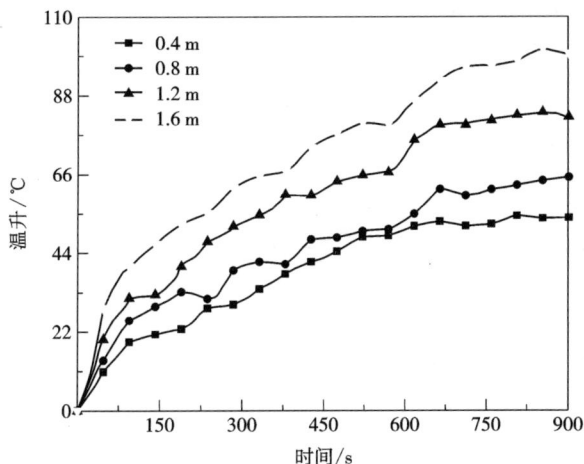

图 4-6　不同排烟口高度下温升变化曲线图

不同排烟口高度下距火源 17.1 m 处竖直方向温度分布如图 4-7 所示,从图中可以看出,随着排烟口高度下降,盖板下方温度上升,当排烟口高度下降至 0.8 m 时,继续下降排烟口高度,竖向温度变化较大,说明排烟口高度下降至 0.8 m 后,继续下降排烟口高度将不利于烟气的排放。

不同排烟口高度下试验如图 4-8 所示。

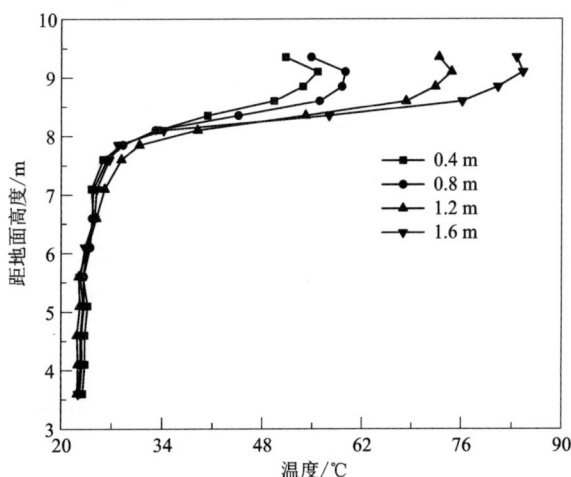

图 4-7　不同排烟口高度下距火源 17.1 m 处竖直方向温度分布图

图 4-8　不同排烟口高度下试验

4.1.4　合理排烟管道间距

在合适的排烟量与排烟口高度下，排烟管道间距是烟气排放的速度的影响因素之一，因此，针对地铁盖下车辆基地内机械排烟系统的不同排烟管道间距进行分析。

不同排烟管道间距盖板下方温度分布如图 4-9 所示，从图中可以看出，随着排烟管道间距的增大，盖板下方温度变化较小，说明当排烟管道间距低于 15 m 时，排烟管道间距对烟气排放的影响较小。

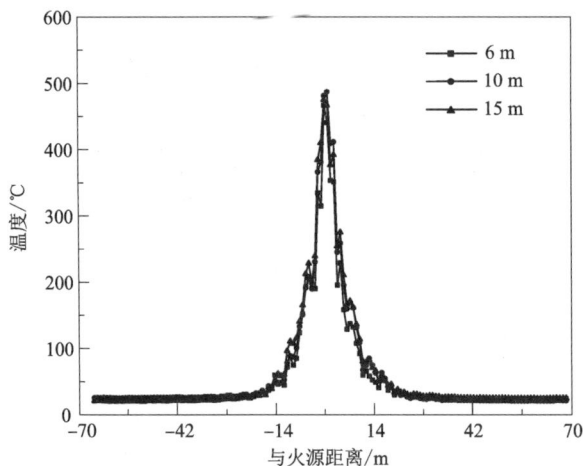

图 4-9　不同排烟管道间距盖板下方温度分布图

　　不同排烟管道间距下温升变化曲线如图 4-10 所示，从图中可看出，随着排烟管道间距的增大，顶棚温升变化增大，但是其变化低于 10 ℃，变化较小，说明在该变化区间内，排烟管道间距对烟气排放的影响较小。

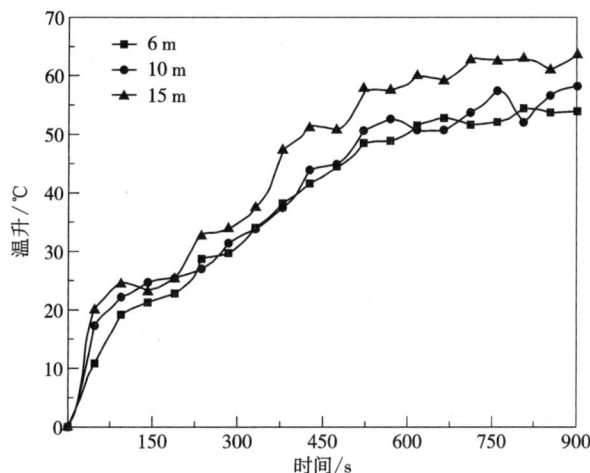

图 4-10　不同排烟管道间距下温升变化曲线图

　　不同排烟管道间距下距火源 17.1 m 处竖直方向温度分布如图 4-11 所示，从图中可以看出，随着排烟管道的增大，竖向温度上升，当排烟管道间距为 6 m 和 15 m 时，竖向温度变化较小，此时的排烟管道间距对烟气排放的影响较小。

　　不同排烟管道间距下试验如图 4-12 所示。

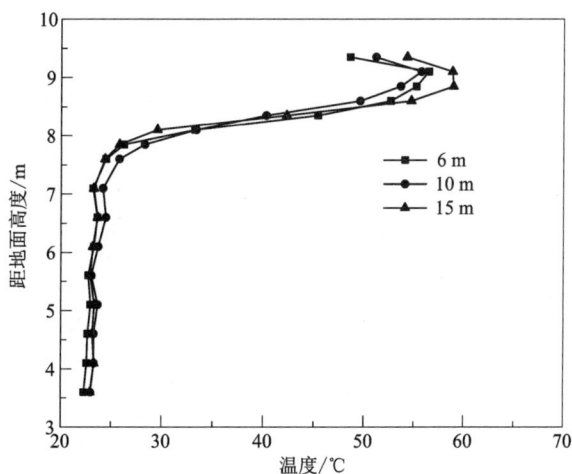

图 4-11　不同排烟管道间距下距火源 17.1 m 处竖直方向温度分布图

图 4-12　不同排烟管道间距下试验

4.2　带上盖车辆基地机械排烟系统数值模拟研究

《地铁设计防火标准》(GB 51298—2018)、《城市轨道交通上盖建筑设计标准》(DG/TJ 08-2263—2018 J 14245—2018)及《城市轨道交通车辆基地上盖综合利用工程设计防火标准》(DB11/1762—2020)规定，盖板下方车辆基地应设置机械排烟系统。此外，我国《建筑设计防火规范(2018 年版)》(GB 50016—2014)、《建筑防烟排烟系统技术标准》(GB 51251—2017)，对高于 6 m 的大空间建筑，没有提出一定要划分防烟分区的要求。既然大空间可不划分防烟分区，那么整个空间事实上就是一个防烟分区，一旦发生火灾，整个分区内的排烟系统都应当启动。这就产生了几个问题：一是距离火源处较远的排烟口无烟可排；二是所有风机同时启动给电网带来不利的冲击，既造成能源浪费，也可能对相关设备造成损坏，因此需对盖下高大空间进行机械排烟系统优化布置研究。

4.2.1　排烟系统布置正交试验分析

1. 正交试验表设计

正交试验设计是研究多因素水平的因素的一种设计方法，它是从全方位的试验工况中挑选出部分有代表性的工况进行试验，被选出来的试验工况具有均匀可比和整齐可比两大特性。

在经典的三因素四水平的试验工况中，若不运用正交试验设计的方法，将要做 71 组试验工况，运用正交试验设计的方法只需做 9 组试验工况，大大减少了试验次数，是一种快速、经济、有效的数学手段。其表示方法是 $L_9(3^4)$，具体表示方式如图 4-13 所示。

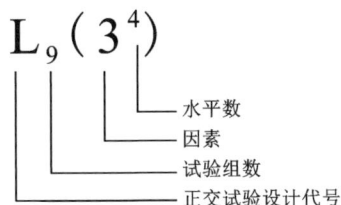

$$L_9(3^4)$$

- 水平数
- 因素
- 试验组数
- 正交试验设计代号

图 4-13　正交试验表表示方式

影响带上盖车辆基地机械排烟效果的因素有很多，如火源位置、排烟口数量、排烟口位置及排烟风速，但是很多因素具有较大的不确定性，所以本书仅选取排烟口距盖板高度、排烟口间距及排烟管道间距这三个可人为控制的因素作为研究对象来研究其对机械排烟效果的影响。

本正交试验表设计要得出固定排烟量下，机械排烟系统中排烟口距盖板高度、排烟口间距及排烟管道间距三个主要参数对机械排烟效率影响最显著的因素，并找出机械排烟系统布置的最优组合。采用 3 因素 3 水平进行正交试验，其设置的试验表如表 4-4、表 4-5 所示。

表 4-4　水平、因数列表

因素	水平		
	1	2	3
排烟口距盖板高度（A）	0.4	0.8	1.2
排烟管道间距（B）	6	10	15
排烟口间距（C）	4.5	9	13.5

表 4-5　正交试验表

试验号	列号			
	1（A）	2（B）	3（C）	组合水平
1	1	1	1	$A_1B_1C_1$
2	1	2	2	$A_1B_2C_2$
3	1	3	3	$A_1B_3C_3$

续表4-5

试验号	列号			
	1(A)	2(B)	3(C)	组合水平
4	2	1	2	$A_2B_1C_2$
5	2	2	3	$A_2B_2C_3$
6	2	3	1	$A_2B_3C_1$
7	3	1	3	$A_3B_1C_3$
8	3	2	1	$A_3B_2C_1$
9	3	3	2	$A_3B_3C_2$

2. 考核指标的选取

对机械排烟系统而言，排烟效率起决定性作用，排烟效率高，烟气排放的就越快，对建筑空间内人员的威胁和对建筑结构及设备的损坏的可能性就越小。因此对排烟系统各参数的交互作用要求比较高。综合考虑，在一定的排烟量下，选择排烟口距盖板高度、排烟管道间距及排烟口间距三个交互作用的参数下，以排烟效率作为考核指标，排烟效率越高，表示车辆基地内排烟效果越佳。

在火源上方和排烟口处设置 CO 质量流量通过面，分别测定火灾发生时所释放出来的总的 CO 质量流量及火灾烟气通过排烟口进行排放的 CO 质量流量，以此来获得不同排烟系统的布置下排烟效率的变化情况，具体的排烟效率计算方式如下所示

$$\eta = \frac{\sum CO_i}{CO_h} \times 100\% \tag{4-1}$$

式中：η——排烟效率；

CO_i——每个排烟口的 CO 质量流量，（$i=1, 2, \cdots, 48$），kg/s；

CO_h——总 CO 质量流量，kg/s。

3. 正交试验结果分析

关于正交试验结果分析的方法，常用的有直观分析法和方差分析法。直观分析法：根据计算出来的极差，或者选取的因素在各个水平上试验值的平均值，来判断选取的因素对正交试验结果的影响。方差分析法：相比于直观分析法，该方法能判断选用的因素对考核指标影响的显著性。通过正交试验方法的设计，考核指标的选取后得到正交试验分析的结果，具体如表 4-6 所示。

表 4-6　正交试验结果分析表

试验号	因素			
	排烟口距盖板高度 /m	排烟管道间距 /m	排烟口间距 /m	排烟效率 /%
1	0.4	6	4.5	64.27
2	0.4	10	9	43.82
3	0.4	15	13.5	31.08
4	0.8	6	9	36.88
5	0.8	10	13.5	32.49
6	0.8	15	4.5	33.06
7	1.2	6	13.5	25.36
8	1.2	10	4.5	33.69
9	1.2	15	9	27.95
K_{1j}	46.39	42.17	43.67	
K_{2j}	34.14	36.67	36.22	
K_{3j}	29.00	30.70	29.64	
ΔK_j	17.39	11.47	14.03	

注：K_{1j}、K_{2j}、K_{3j} 为该因素、该水平下实验数据求和的平均值，反映该因素对实验结果指标的影响趋势。ΔK_j 指该因素的极差值，反映该因素对实验结果影响的程度，数值越大对结果的影响程度越大。

针对各因素显著性情况进行极差分析可知，各因素的极差分别为 17.39、11.47、14.03。极差的不同说明各因素水平改变对指标的影响是不同的。极差越大，说明相应的因素对指标的影响越大，即该因素越重要。从正交试验结果分析表可知 $\Delta K_1 > \Delta K_3 > \Delta K_2$，说明 3 个因素对带上盖车辆基地机械排烟效率的影响顺序为排烟口距盖板高度>排烟口间距>排烟管道间距。比较因素排烟口距盖板高度的 K 值可以得出该因素的最佳水平为 46.39，说明排烟口距盖板高度为 0.4 m 排烟效率最高，有利于机械排烟。同理可得到，在正交设计工况其他影响因素中，排烟口间距选取 4.5 m，排烟管道间距选取 6 m，排烟效率最高。由此，得到在此正交试验设计下，最佳水平组合为 $A_1B_1C_1$。

4.2.2　合理排烟量

1. 工况设置

当燃料面到烟层底部的高度 Z 变化时，排烟量的大小也随之变化，目前，针对车辆基地此类型的大空间建筑，还未很好地给出确切的排烟量。因此，为探析排烟量的变化对车辆基地排烟效果、排烟口流速及风亭排烟口流速的影响，在正交试验下得到的最佳排烟系统布置方案下，设置 5 个不同 Z 值下的排烟量进行分析。Z 值为最小清晰高度 2.55 m、0.4H、0.6H、0.8H 及 H 分别对应排烟量为 27 m^3/s、33 m^3/s、42 m^3/s、53 m^3/s、67 m^3/s，具体工况设计如表 4-7 所示。

表 4-7　不同排烟量数值模拟工况表

工况 编号	火源功率 /kW	排烟口距盖板高度 /m	排烟管道间距 /m	排烟口间距 /m	排烟量 /($m^3 \cdot s^{-1}$)
A01	23.7	0.4	6	4.5	27
A02	23.7	0.4	6	4.5	33
A03	23.7	0.4	6	4.5	42
A04	23.7	0.4	6	4.5	53
A05	23.7	0.4	6	4.5	67

2. 盖板下方温度

不同排烟量下盖板下方温度分布如图 4-14 所示。从图中能看出，随着排烟量的增大，盖板下方的温度逐渐下降，但温度变化相对较小。在结构梁的限制下，温度衰减趋势较快，致使温度在火源附近较高。

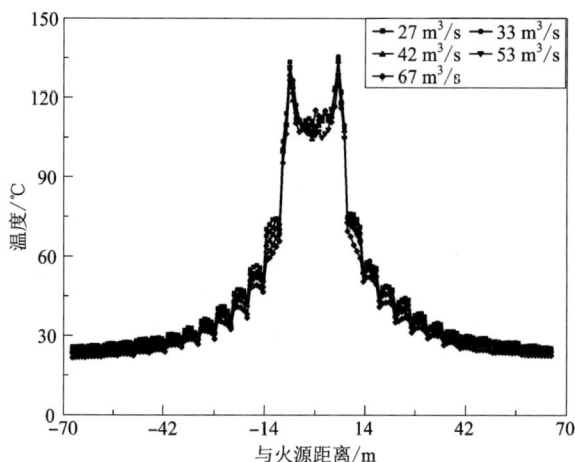

图 4-14　不同排烟量下盖板下方温度分布图

　　不同排烟量下车辆基地停车列检库整体空间温度分布情况如图 4-15 所示。从图中可以看出,随着排烟量的逐渐增大,盖板下方受高温影响的区域逐渐缩小,当排烟量为 42 m³/s 时,继续增大排烟量,盖板下方受高温影响的区域变化较小。

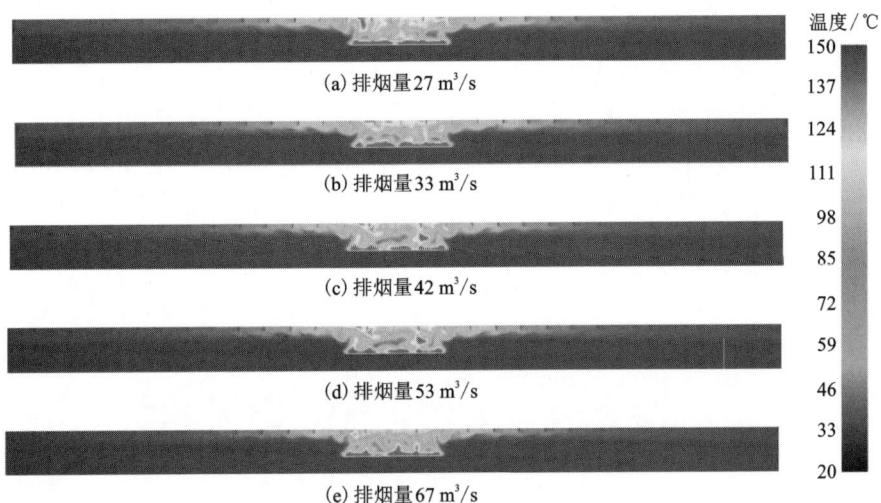

温度/℃
150
137
124
111
98
85
72
59
46
33
20

(a) 排烟量27 m³/s

(b) 排烟量33 m³/s

(c) 排烟量42 m³/s

(d) 排烟量53 m³/s

(e) 排烟量67 m³/s

图 4-15　不同排烟量下空间温度分布云图

3. 盖板下方能见度

不同排烟量下盖板下方能见度分布如图 4-16 所示。从图中可以看出,随着

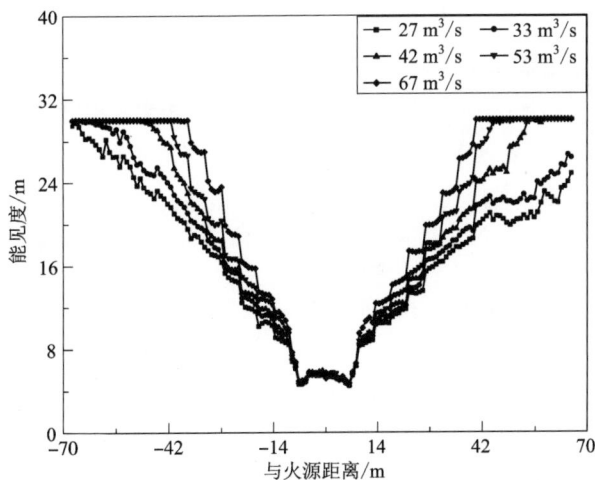

图 4-16　不同排烟量下盖板下方能见度分布图

排烟量的增大，盖板下方能见度逐渐提高。在同一排烟量下，盖板下方能见度的控制范围并非呈对称分布，这是由于排烟管道只有一端连接排烟风机，因此火灾烟气向排烟风机那一侧发生小部分的偏移。当排烟量为 42 m³/s 时，大量烟气能控制在库区一定范围内，继续增大排烟量，盖板下方能见度的影响范围变化较小。

不同排烟量下车辆基地停车列检库整体空间能见度分布情况如图 4-17 所示。从图中可以看出，在 Z 值取最小清晰高度和 0.4H 所计算的排烟量下，火灾烟气充斥空间的上方，甚至蔓延出停车列检库，侵入周边消防车道及其他区域。随着排烟量的增大，空间上方能见度影响范围逐渐缩小。当排烟量增大至 42 m³/s 时，空间能见度影响范围变化较为明显，能将大量烟气控制在库区一定范围内，继续增大排烟量，能见度影响范围变化较小。

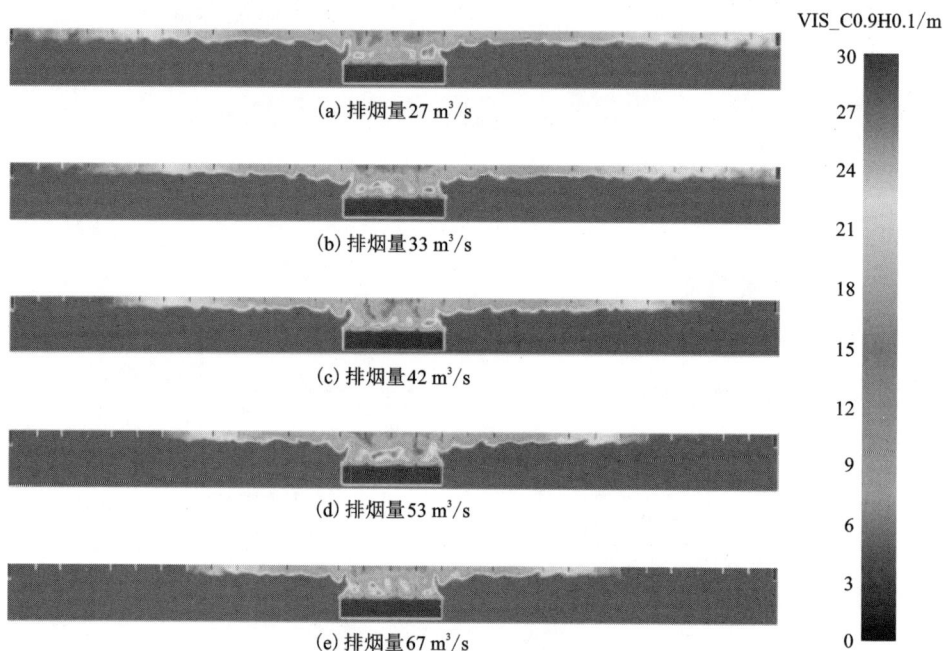

(a) 排烟量27 m³/s

(b) 排烟量33 m³/s

(c) 排烟量42 m³/s

(d) 排烟量53 m³/s

(e) 排烟量67 m³/s

图 4-17 不同排烟量下空间能见度分布云图

4. 排烟管道排烟口风速

《地铁设计防火标准》(GB 51298—2018) 中提及：排烟管道排烟口的风速不宜大于 7 m/s，因此在增大排烟量的同时需兼顾排烟口风速。不同排烟量下各排烟口风速如图 4-18 所示。

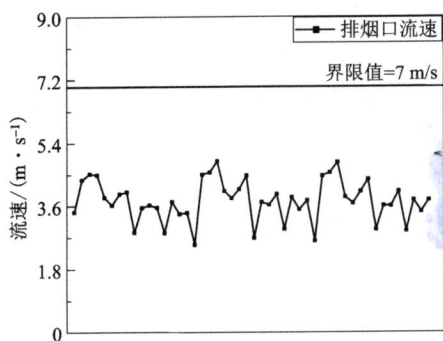

(a) 排烟量27 m³/s

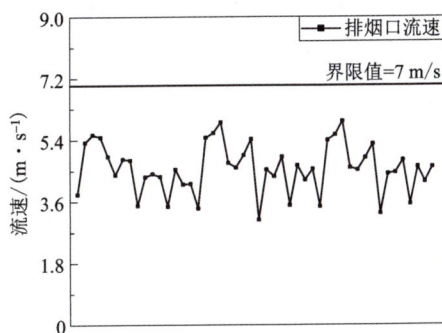

(b) 排烟量33 m³/s

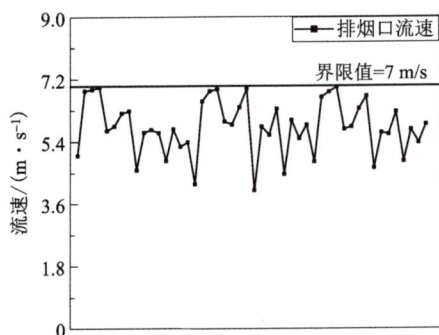

(c) 排烟量42 m³/s

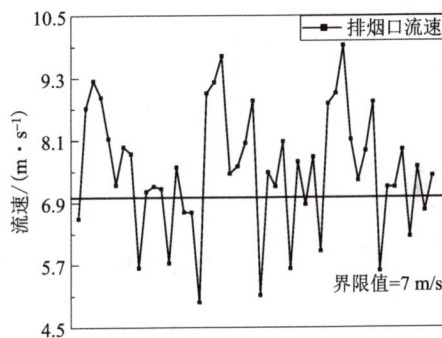

(d) 排烟量53 m³/s

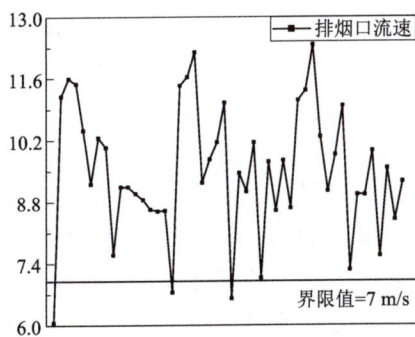

(e) 排烟量67 m³/s

图 4-18　不同排烟量下各排烟口风速

5. 风亭排烟口风速

《地铁设计规范》(GB 50157—2013)中提及：风亭出口风速不宜大于 4 m/s，因此在增大排烟量的同时需兼顾风亭排烟口风速的变化。不同排烟量下风亭排烟口风速变化如图 4-19 所示，从图中可以看出，风亭排烟口风速与排烟量呈正相关变化，当排烟量增大至 53 m³/s 后，继续增大排烟量，风亭排烟口风速将超过 4 m/s，加大风亭烟气排放对上盖建筑居民的影响。

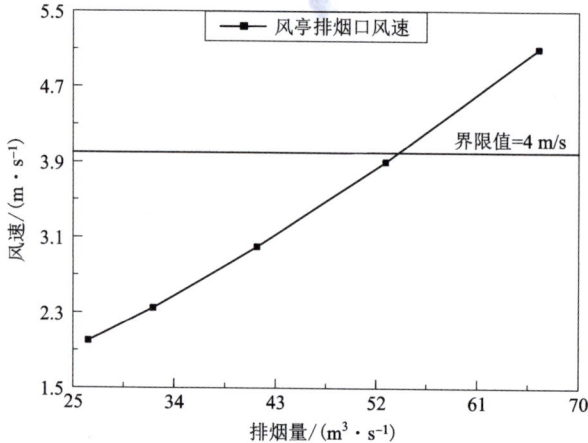

图 4-19 不同排烟量下风亭排烟口风速变化

6. 排烟效率变化

从上述可知，在盖板下方车辆基地中，虽然 Z 值的取值越大，得到的排烟量越大，排烟效果越好，但是 Z 值增大到一定数值时，继续增大 Z 值求得的排烟量，其排烟效果变化较小。排烟量与排烟效率的变化量情况如图 4-20 所示。从图中可以看出，随着 Z 值的增大，排烟量变化量逐步增长，排烟效率变化量增长至第二个变化量后开始逐步下降，说明当排烟量增加至 42 m³/s 时，排烟效率变化量达最大，继续增大排烟量，虽然排烟效率会有小幅度的提升，但是会加大经济的投入且给风机带来重大负担，对后期的运营维护也会造成困难。

通过在不同 Z 值的取值下求得排烟量，对盖板下方温度、能见度、排烟管道排烟口风速、风亭排烟口风速及排烟效率变化量的影响进行综合分析，结果发现，当排烟量增加至 42 m³/s 时，排烟效率变化量达最大；排烟口风速对上盖建筑的影响较小，并且均符合规范要求。因此，盖板下方车辆基地的排烟量应取 42 m³/s，此时的 Z 值取 0.6H，即为 0.6 倍的车辆基地空间净高。

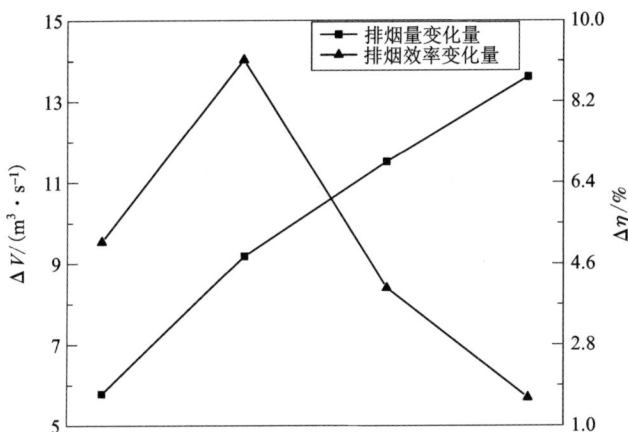

图 4-20　排烟量与排烟效率的变化量

4.2.3　合理排烟口高度

1. 工况设置

通过对盖下车辆基地大空间机械排烟系统中，开启防烟分区内排烟管道的排烟口进行模拟，研究火源位于地铁列车顶部时，不同排烟口高度对盖下车辆基地火灾烟气蔓延及控制效果，以便提高排烟效果，具体的模拟工况如表 4-8 所示。

表 4-8　不同排烟口高度数值模拟工况表

编号	火源功率 /MW	排烟量 /(m³·s⁻¹)	排烟管道间距 /m	排烟口间距 /m	排烟口距盖板底 /m
B01	7.5	42	6	4.5	0.4
B02	7.5	42	6	4.5	0.8
B03	7.5	42	6	4.5	1.2

2. 温度

不同排烟口高度的盖板下方温度分布图如图 4-21 所示。从盖板下方温度分布情况可以发现，随着排烟口高度的下降，盖板下方的温度上升。

不同排烟口高度下整体烟气温度的分布情况如图 4-22 所示。从图中整体的温度分布趋势可以发现，盖板下方火源附近高温烟气区域随排烟口高度的下降而增大。

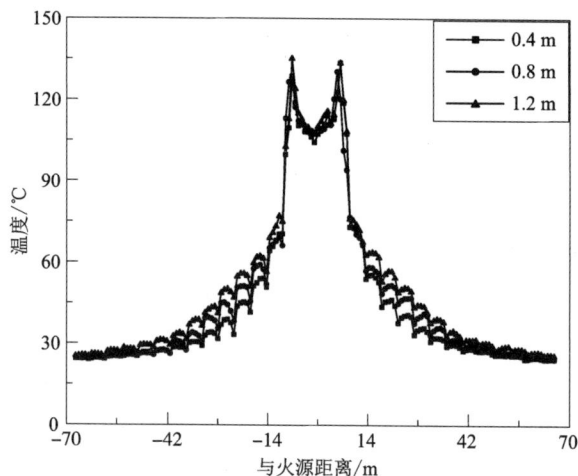

图4-21 不同排烟口高度下盖板下方温度分布图

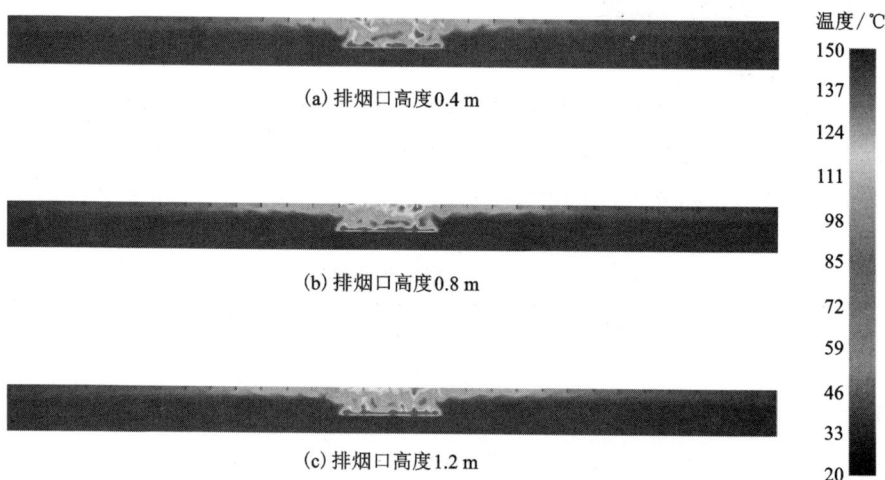

(a) 排烟口高度0.4 m

(b) 排烟口高度0.8 m

(c) 排烟口高度1.2 m

图4-22 不同排烟口高度下整体烟气温度分布云图

3. 能见度

不同排烟口高度下盖板下方能见度分布情况如图4-23所示。从盖板下方能见度分布趋势可以发现，随着排烟口高度的下降，盖板下方的能见度逐渐降低，当排烟口高度下降至0.8 m时，继续下降排烟口高度，大量烟气不能控制在库区内，将会影响其他区域。

不同排烟口高度下整体烟气能见度的分布情况如图4-24所示。从图中整体的能见度分布情况可以发现，排烟口高度下降至1.2 m时，整体空间能见度受烟

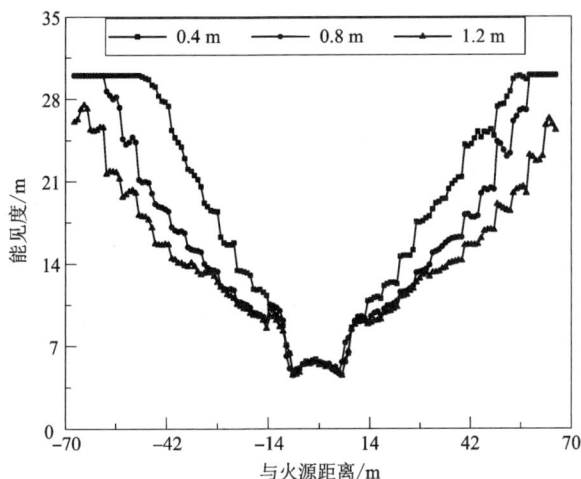

图 4-23　盖板下方能见度分布图

气影响的区域面积较大，大量烟气不能控制在库区内，说明排烟效果不佳，将会影响其他区域；排烟口距盖板下方距离从 0.4 m 下降 0.8 m 时，大量烟气能控制在库区一定范围内。

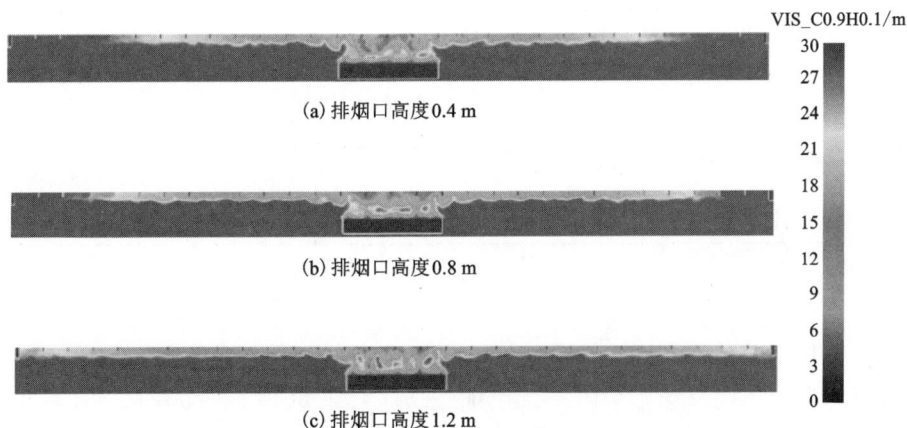

图 4-24　不同排烟口高度下整体烟气能见度分布云图

4. 排烟效率分析

本书以排烟效率选取燃烧的主要产物 CO 作为烟气的参考依据，具体工况分析如表 4-9 所示。

表 4-9 排烟口高度排烟效率分析

编号	火源功率 /MW	排烟口距盖板底 /m	各排烟管道排烟效率/%			
			1	2	3	合计
B01	7.5	0.4	25.17	29.05	24.06	78.28
B02	7.5	0.8	23.16	29.50	22.17	74.83
B03	7.5	1.2	19.96	22.87	19.61	62.44

对比不同排烟口高度工况可知,不同的排烟口高度排烟效率不一,随着排烟口高度逐渐下降,排烟效率逐渐降低;对排烟口高度综合分析后,针对此盖下车辆基地排烟口距盖板底距离选取宜小于 0.8 m。

4.2.4 合理排烟管道间距

1. 工况设置

通过对盖下车辆基地大空间机械排烟系统中开启防烟分区内排烟管道的排烟口进行模拟,研究火源位于地铁列车顶部时不同排烟管道间距对盖下车辆基地火灾烟气蔓延及控制效果,以便提高排烟效果,具体的模拟工况如表 4-10 所示。

表 4-10 不同排烟管道间距数值模拟工况表

编号	火源功率 /MW	排烟量 /(m³·s⁻¹)	排烟管道间距 /m	排烟口间距 /m	排烟口距盖板底 /m
C01	7.5	42	6	4.5	0.4
C02	7.5	42	10	4.5	0.4
C03	7.5	42	15	4.5	0.4

2. 温度

不同排烟管道间距下的盖板下方温度分布情况如图 4-25 所示。从盖板下方温度分布情况可以发现,当排烟管道间距从 6 m 增大至 15 m 时,盖板下方温度基本变化较小。

不同排烟管道间距下整体烟气温度的分布情况如图 4-26 所示。从图中整体的温度分布趋势可以发现,盖板下方火源附近高温烟气区域随排烟管道间距的增大变化较小,说明排烟管道间距对温度的控制影响较小。

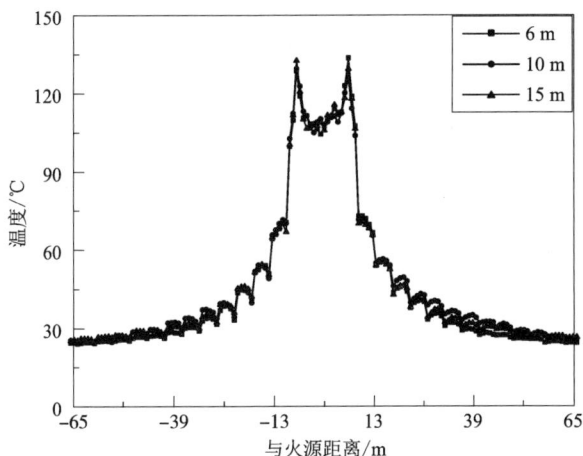

图 4-25　不同排烟管道间距下盖板下方温度分布图

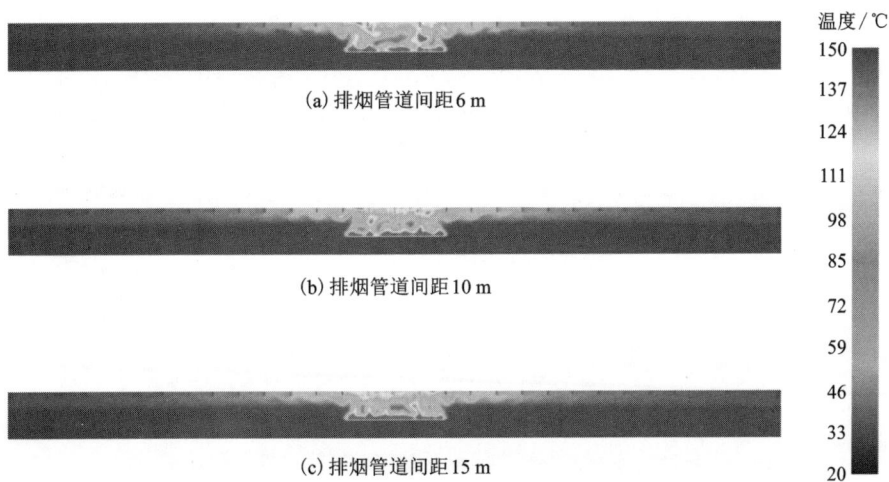

(a) 排烟管道间距 6 m

(b) 排烟管道间距 10 m

(c) 排烟管道间距 15 m

图 4-26　不同排烟管道间距下整体烟气温度分布图

3. 能见度

不同排烟管道间距下盖板下方能见度分布情况如图 4-27 所示。从盖板下方能见度分布趋势可以发现，随着排烟管道间距的增大，盖板下方的能见度有所减小，当排烟管道间距为 6 m 和 15 m 时，能见度受烟气影响范围变化较小。

不同排烟管道间距下整体烟气能见度的分布情况如图 4-28 所示。从图中整体的能见度情况可以发现，随着排烟管道间距的增大，排烟效果变弱，当排烟管道间距从 6 m 变化至 15 m 时，整体空间能见度受烟气影响变化较小，均能将烟气控制在库区一定范围内。

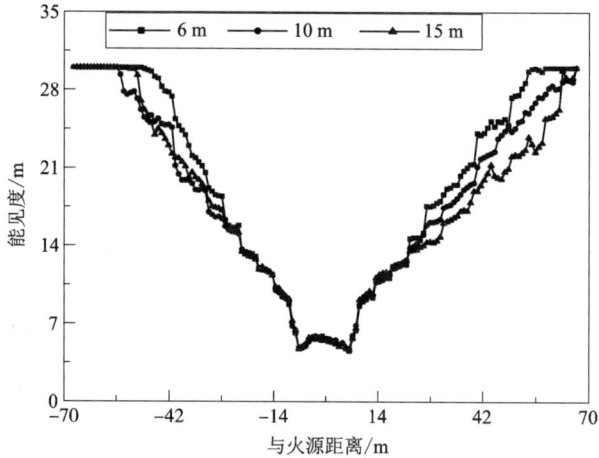

图 4-27   不同排烟管道间距下盖板下方能见度分布图

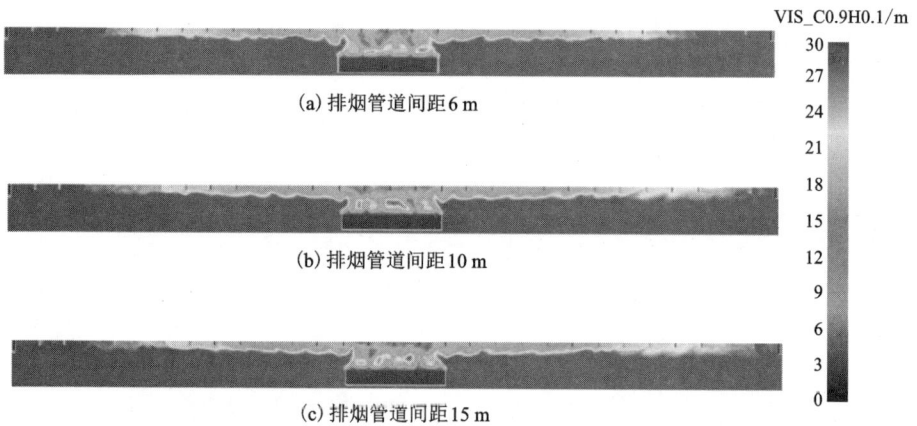

(a) 排烟管道间距 6 m

(b) 排烟管道间距 10 m

(c) 排烟管道间距 15 m

图 4-28   不同排烟管道间距下整体烟气能见度分布云图

4. 排烟效率分析

本书以排烟效率选取燃烧的主要产物 CO 作为烟气的参考依据，具体工况分析如表 4-11 所示。

表 4-11   排烟管道间距排烟效率分析

编号	火源功率 /MW	排烟管道间距 /m	各排烟管道排烟效率/%			
			1	2	3	合计
C01	7.5	6	22.17	33.05	23.06	78.28
C02	7.5	10	20.46	32.00	21.67	74.13
C03	7.5	15	20.45	31.20	21.20	72.85

从表 4-11 可以看出，不同的排烟管道间距排烟效率不一，随着排烟管道逐渐增大，排烟效率逐渐减小，但总体变化不大，因此，针对此盖下车辆基地排烟管道间距选取 6~15 m 均可。

4.2.5　合理排烟口间距

1. 工况设置

通过对盖下车辆基地大空间机械排烟系统中开启防烟分区内排烟管道的排烟口进行模拟，研究火源位于地铁列车顶部时不同排烟口间距对盖下车辆基地火灾烟气蔓延及控制效果，以便提高排烟效果，具体的模拟工况如表 4-12 所示。

表 4-12　不同排烟口间距数值模拟工况表

编号	火源功率 /MW	排烟量 /(m³·s⁻¹)	排烟管道间距 /m	排烟口间距 /m	排烟口距盖板底 /m
D01	7.5	42	6	4.5	0.8
D02	7.5	42	6	9	0.8
D03	7.5	42	6	13.5	0.8

2. 温度

不同排烟口间距下盖板下方温度分布情况如图 4-29 所示。从盖板下方温度分布情况可以发现，随着排烟口间距的增大，盖板下方的温度有所上升。当火源位于防烟分区中部时，增大排烟口间距将会不利于大量的烟气通过排烟管道排出，降低排烟效率。

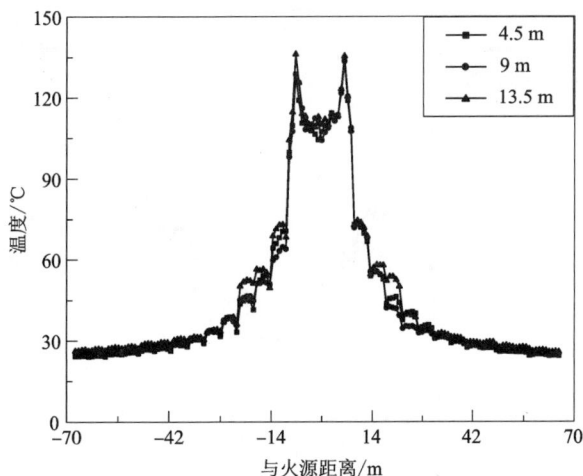

图 4-29　不同排烟口间距下盖板下方温度分布图

不同排烟口间距下的盖下整体空间温度分布情况如图 4-30 所示。从整体空间温度分布趋势上可以看出，当排烟口间距为 4.5 m 和 9 m 时，火源附近高温烟气区域最小，排烟效果较佳。当排烟口间距增大至 13.5 m 时，高温烟气区域较大，说明排烟效果不佳。

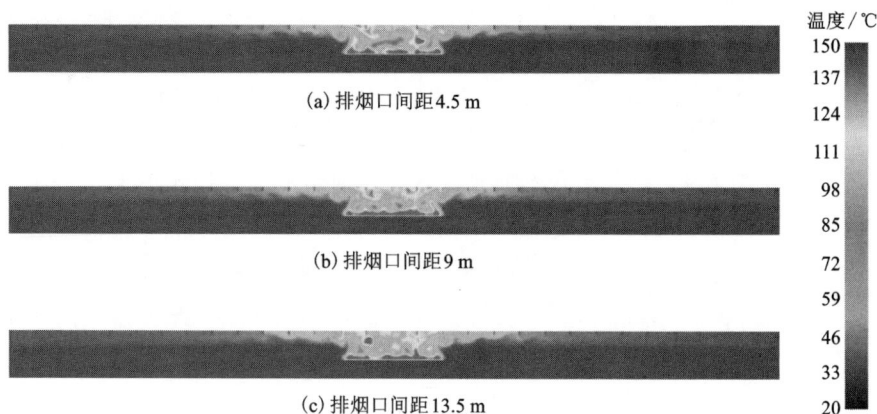

(a) 排烟口间距 4.5 m

(b) 排烟口间距 9 m

(c) 排烟口间距 13.5 m

图 4-30　不同排烟口间距下整体空间温度分布云图

3. 能见度

盖板下方的能见度是反映烟气蔓延的一个重要因素。不同排烟口间距下盖板下方能见度分布情况如图 4-31 所示。从盖板下方能见度分布趋势可以发现，随着排烟口间距的增大，盖板下方能见度受烟气影响的范围逐渐扩大，当排烟口间距为 4.5~9 m 时，大量烟气能控制在库区一定范围内，当排烟口间距为 13.5 m 时，大量烟气不能控制在库区内，将蔓延至其他区域。

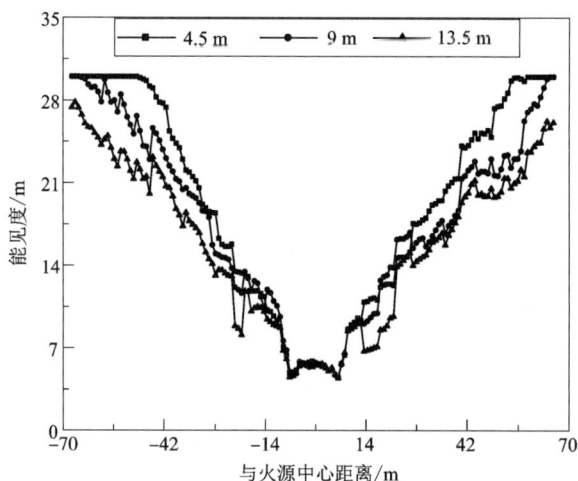

图 4-31　不同排烟口间距下盖板下方能见度分布图

不同排烟口间距下整体烟气能见度的分布情况如图 4-32 所示。从图中整体的能见度分布情况可以发现，当排烟口间距为 13.5 m 时，整体空间能见度受烟气影响的区域面积较大，大量烟气不能控制在库区内，说明排烟效果不佳，将会影响其他区域；排烟口间距为 4.5～9 m 时，能有效地将大量烟气控制在库区一定范围内。

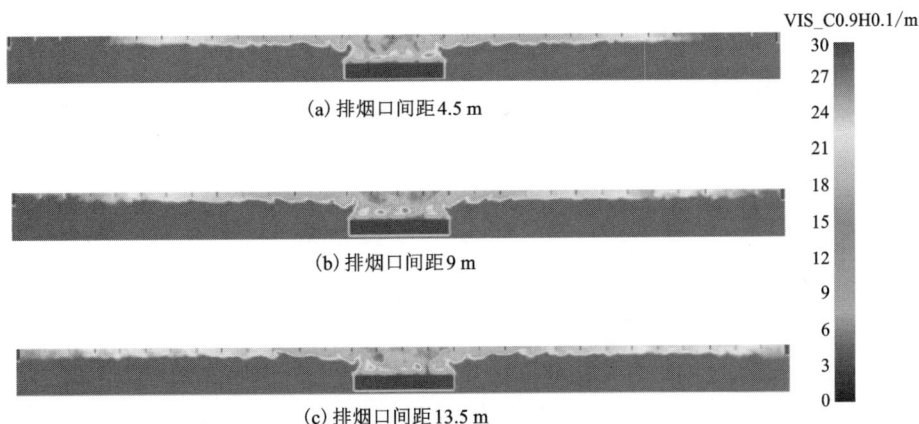

(a) 排烟口间距 4.5 m

(b) 排烟口间距 9 m

(c) 排烟口间距 13.5 m

图 4-32　不同排烟口间距下整体烟气能见度分布云图

4. 排烟效率分析

本书以排烟效率选取燃烧的主要产物 CO 作为烟气的参考依据，具体工况分析如表 4-13 所示。

表 4-13　排烟口间距排烟效率分析

编号	火源功率/MW	排烟口间距/m	各排烟管道排烟效率/%			
			1	2	3	合计
D01	7.5	4.5	22.17	33.05	23.06	78.28
D02	7.5	9	22.38	25.57	23.05	70.99
D03	7.5	13.5	18.76	21.87	19.71	60.34

对比不同排烟口间距可知，不同的排烟口间距排烟效率不一，随着排烟口间距逐渐增大，排烟效果变弱，综合来看，建议盖下车辆基地排烟口间距选取 4.5～9 m 较为合理。

4.2.6 自喷淋系统影响研究

《建筑防烟排烟系统技术标准》(GB 51251—2017)中提及,当自喷淋有效的情况下,戊类厂房的火源功率可下降至 2.5 MW,排烟量需达 30.8 m³/s(约 111000 m³/h),此前通过数值模拟分析方法得出,在自喷淋无效情况下,排烟量需达 56.8 m³/s,现将两种排烟量进行对比分析,从经济的角度出发,探讨自喷淋有效的情况下,哪种排烟量更加适合此种情景。

1. 工况设置

通过对盖下车辆基地大空间机械排烟系统中开启火灾发生的着火区域内排烟管道的全部排烟口进行模拟,研究自喷淋启动情况下不同排烟量时,盖下车辆基地火灾烟气蔓延及控制效果,具体的模拟工况如表 4-14 所示。

表 4-14 火灾荷载 7.5 MW 下启动自喷淋数值模拟工况

编号	火灾荷载 /MW	排烟管道间距 /m	顶部接风管间距 /m	排烟量 /(m³·s⁻¹)
E01	2.5	10	4.5	56.8
E02	2.5	10	4.5	30.8(约 111000 m³/h)

2. 温度

图 4-33 为自喷淋启动情况不同排烟量下盖板下方温度分布情况。从盖板下方温度分布情况可以发现,随着排烟量的下降,盖板下方的温度有所上升。

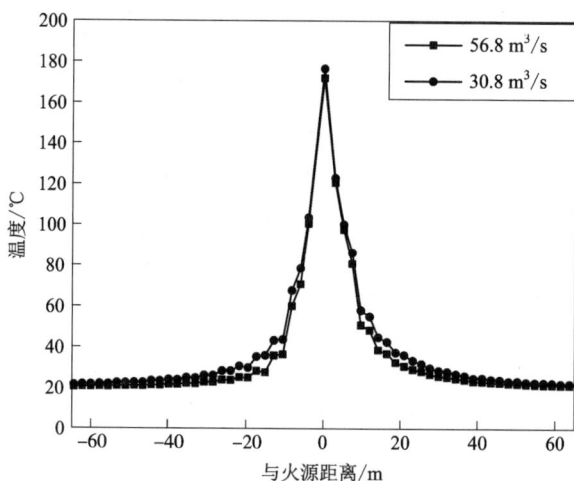

图 4-33 不同排烟量下盖板下方温度分布图

图 4-34 为自喷淋启动情况不同排烟量下整体烟气温度的分布情况。从图中整体的温度分布趋势可以发现，采用 56.8 m³/s 的排烟量能很好地将烟气控制在一个烟区范围内，采用 30.8 m³/s 的排烟量尽管不能将烟气控制在一个烟区，但能将烟气控制在一定范围内。

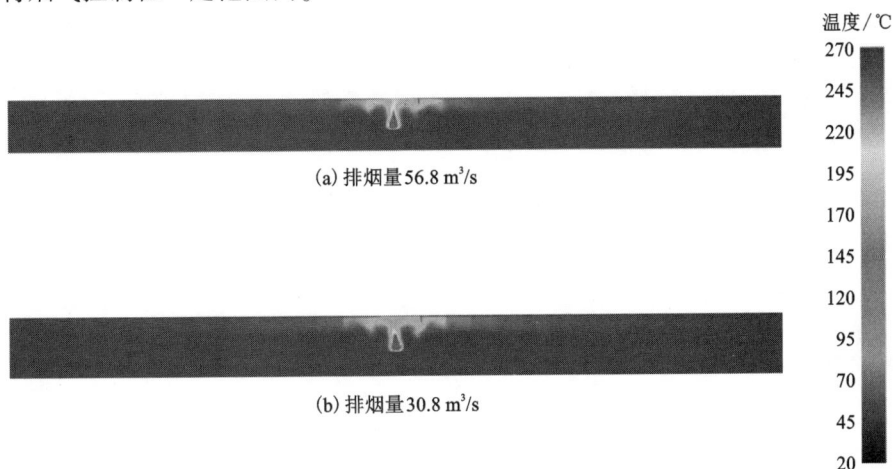

(a) 排烟量 56.8 m³/s

(b) 排烟量 30.8 m³/s

图 4-34 不同排烟量下整体烟气温度分布云图

3. CO 浓度

图 4-35 为自喷淋启动情况下不同排烟量下盖板下方 CO 浓度分布情况。从盖板下方温度分布情况可以发现，随着排烟量的下降，盖板下方的 CO 浓度有所上升。

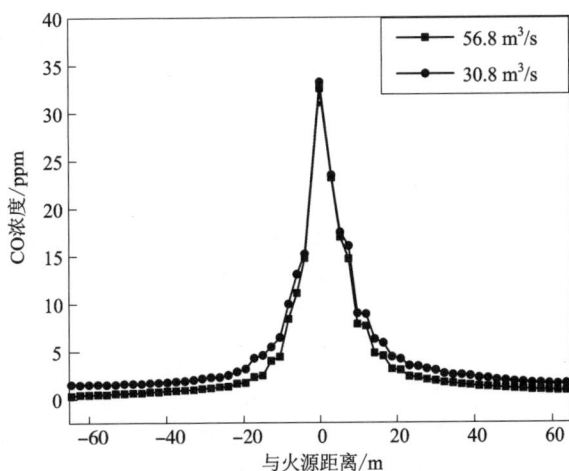

图 4-35 不同排烟量下盖板下方 CO 浓度分布图

图 4-36 为自喷淋启动情况不同排烟量下整体烟气 CO 浓度的分布情况。从图中整体的 CO 浓度分布趋势可以发现，采用 56.8 m³/s 的排烟量盖板下方 CO 浓度受烟气影响的范围会小于 30.8 m³/s。

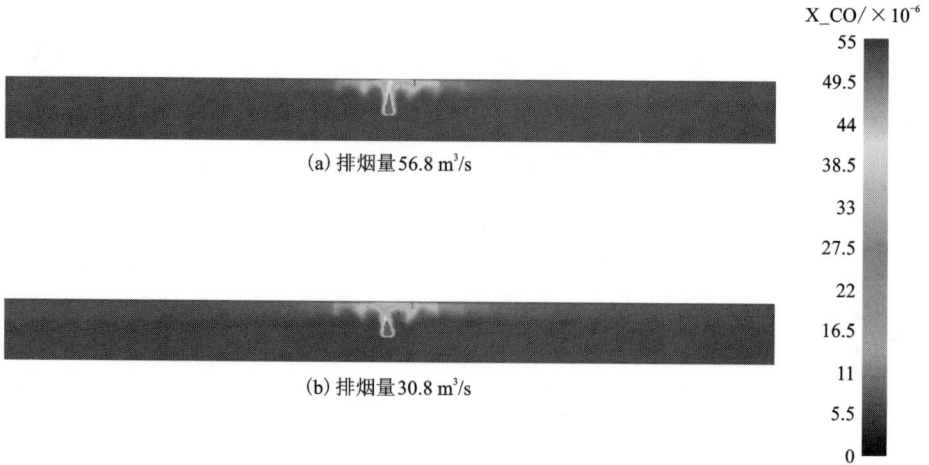

(a) 排烟量 56.8 m³/s

(b) 排烟量 30.8 m³/s

图 4-36　不同排烟量下整体烟气 CO 浓度分布云图

4. 能见度

图 4-37 为自喷淋启动情况不同排烟量下盖板下方能见度分布情况。从盖板下方温度分布情况可以发现，随着排烟量的下降，盖板下方的能见度有所好转。

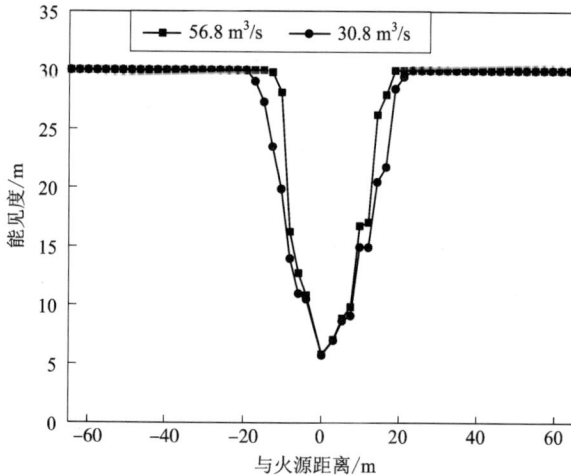

图 4-37　不同排烟量下盖板下方能见度分布图

图 4-38 为自喷淋启动情况不同排烟量下整体烟气能见度的分布情况。从图中整体的能见度分布趋势可以发现，采用 56.8 m³/s 的排烟量盖板下方能见度受烟气影响的范围会小于 30.8 m³/s。

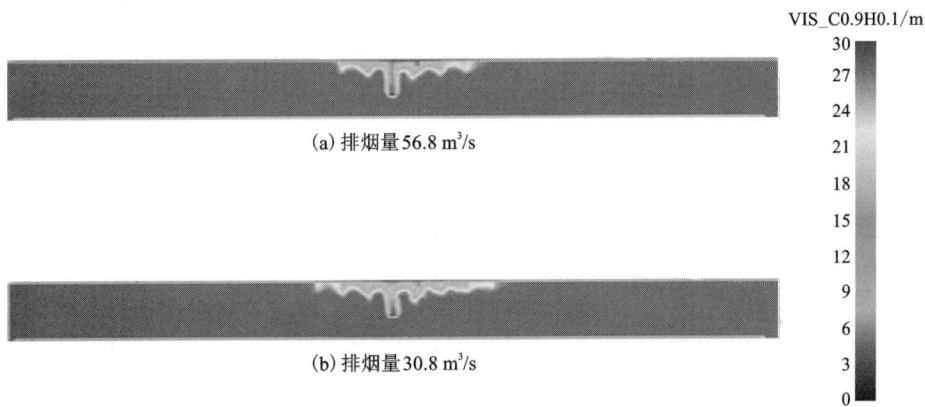

(a) 排烟量 56.8 m³/s

(b) 排烟量 30.8 m³/s

VIS_C0.9H0.1/m

图 4-38　不同排烟量下整体烟气能见度分布云图

5. 烟气层高度

图 4-39 为自喷淋启动情况不同排烟量下烟气层高度分布情况。从烟气层高度分布情况可以发现，随着排烟量的下降，烟气控制范围逐渐扩大，但是排烟量的增大会致使风机产生过大的负荷，所以在自喷淋有效启动的情况下，排烟量采用 30.8 m³/s 可以有效控制烟气的蔓延。

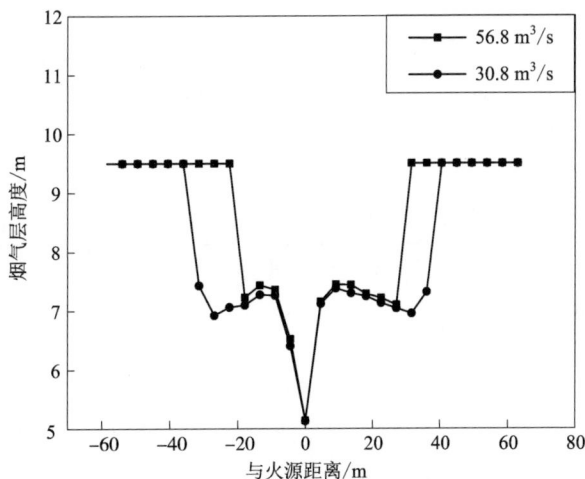

图 4-39　不同排烟量下烟气层高度分布图

6. 本节小结

本小节主要讨论了自喷淋有效的情况下，不同排烟量对烟气蔓延的影响，选取了自喷淋无效采用的 56.8 m³/s 与规范中采用的 30.8 m³/s 这两种排烟量进行数值模拟验证分析，以便得出自喷淋有效情况下合理的盖下车辆基地排烟量，主要得到以下几个结论：

①采用 56.8 m³/s 的排烟量能很好地将烟气控制在一个烟区范围内，采用 30.8 m³/s 排烟量尽管不能将烟气控制在一个烟区，但能将烟气控制在一定范围内。

②采用 56.8 m³/s 的排烟量盖板下方 CO 浓度受烟气影响的范围会小于 30.8 m³/s。

③采用 56.8 m³/s 的排烟量盖板下方能见度受烟气影响的范围会小于 30.8 m³/s。

④随着排烟量的下降，烟气控制范围逐渐扩大，但是排烟量的增大会致使风机产生过大的负荷，对风机要求过高，所以在自喷淋有效启动的情况下，排烟量采用 30.8 m³/s 可以有效控制烟气的蔓延。

4.2.7 排烟系统开启状态影响研究

为探究排烟系统开启与否对人员疏散及设备安全的影响，设计不同喷淋条件下关闭排烟风机工况。综合考虑各工况下盖下温度、能见度等参数，从经济、安全的角度出发，探究自喷淋系统关闭时，关闭排烟系统能否满足人员疏散安全需求。

1. 工况设置

通过对盖下车辆基地大空间机械排烟系统中开启火灾发生的着火区域内排烟管道的全部排烟口进行模拟，研究排烟系统及自喷淋系统不同工作状态时，盖下车辆基地火灾烟气蔓延及控制效果，具体模拟工况如表 4-15 所示。

表 4-15　排烟系统开启状态数值模拟工况

编号	火灾荷载 /MW	排烟管道间距 /m	顶部接风管间距 /m	排烟量 /(m³·s⁻¹)
F01	2.5	6	4.5	30.8(约 111000 m³/h)
F02	7.5	6	4.5	42
F03	2.5	6	4.5	0
F03	7.5	6	4.5	0

2. 温度

图 4-40 为自喷淋系统、排烟系统不同工作状态下的盖板下方温度分布情况。从盖板下方温度分布情况可以发现，随着排烟量的增加，盖板下方的温度有所降低。随着火灾规模的增加，盖板下方的温度有所上升。

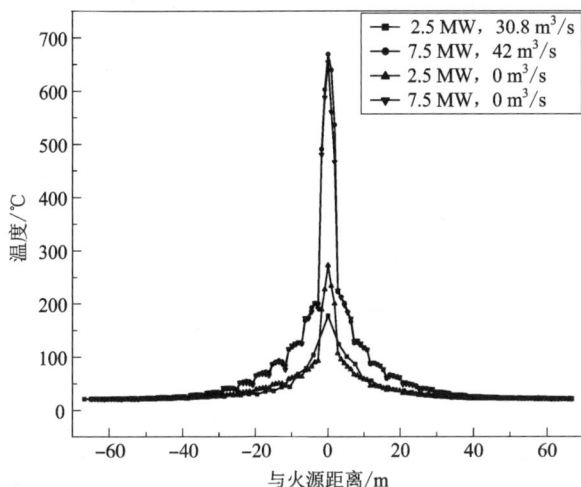

图 4-40　自喷淋系统、排烟系统不同工作状态下盖板下方温度分布图

图 4-41 为自喷淋系统、排烟系统不同工作状态下整体烟气温度的分布情况。从图中整体的温度分布趋势可以发现：随着排烟系统的开启，盖板下方的温度逐渐下降；自喷淋系统有效时(火灾规模为 2.5 MW)，即使不开启排烟系统也能将烟气控制在一定范围，开启排烟系统后，烟气蔓延范围将减小。

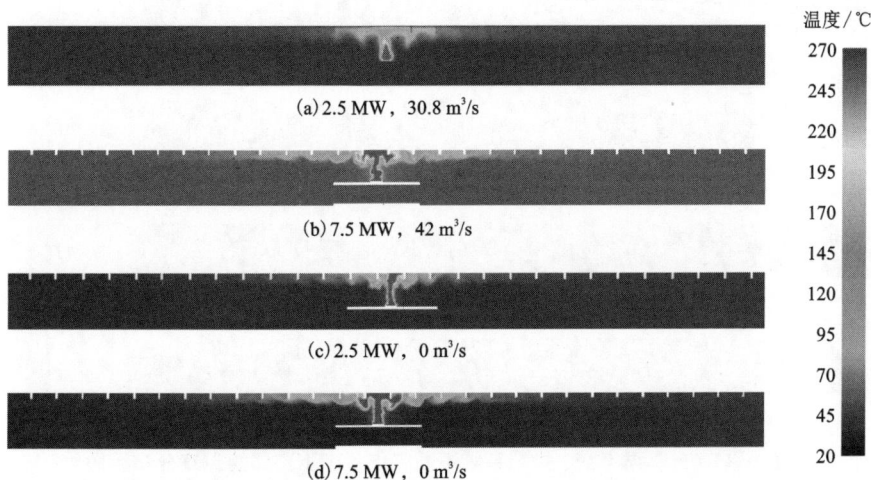

图 4-41　自喷淋系统、排烟系统不同工作状态下整体烟气温度分布云图

3. 能见度

图4-42为自喷淋系统、排烟系统不同工作状态下盖板下方能见度分布情况。从盖板下方能见度分布情况可以发现：当自喷淋系统失效时（火灾规模为7.5 MW），盖板下方能见度较低；当自喷淋系统有效时（火灾规模为2.5 MW），排烟系统的开启能够有效减小烟气对能见度的影响，提升盖板下方能见度。

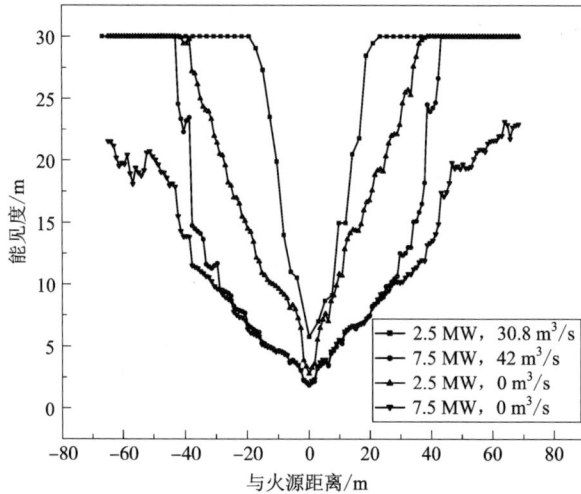

图4-42　自喷淋系统、排烟系统不同工作状态下盖板下方能见度分布图

图4-43为自喷淋系统、排烟系统不同工作状态下整体能见度的分布情况。

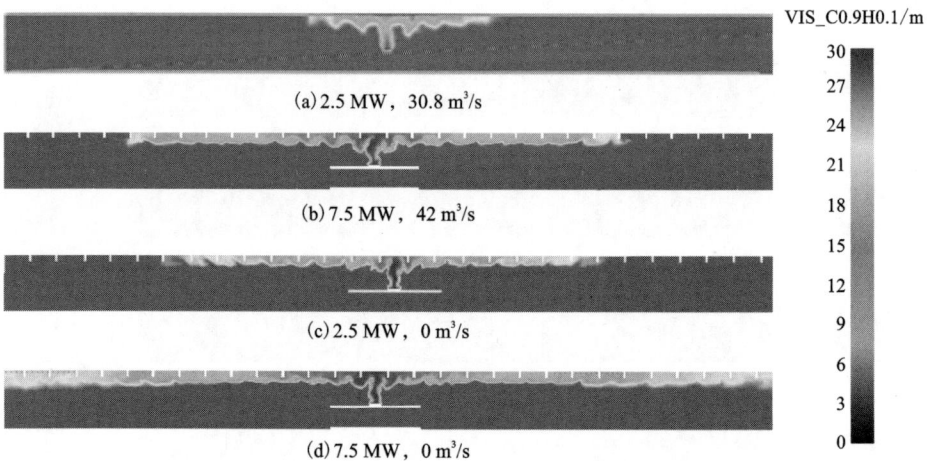

图4-43　自喷淋系统、排烟系统不同工作状态下整体能见度分布云图

从图中整体的能见度分布趋势可以发现，当自喷淋系统失效时（火灾规模为7.5 MW），盖板下方能见度较低，且烟气影响范围较大。无论是否开启自喷淋系统，开启排烟系统均能减小烟气对能见度的影响，当自喷淋系统有效时（火灾规模为2.5 MW），影响效果明显。

4. 本节小结

本小节主要讨论了自喷淋系统、排烟系统不同工作状态对烟气蔓延的影响。选取了自喷淋系统有效时2.5 MW火灾荷载、自喷淋系统无效时7.5 MW火灾荷载及对应排烟系统的不同排烟量进行数值模拟验证分析，以便确定不同自喷淋系统工作状态时，排烟系统的工作状态，主要得到以下几个结论：

①随着排烟量的增加，盖板下方的温度有所降低，能见度有所上升。随着火灾规模的增加，盖板下方的温度有所上升，能见度有所降低。自喷淋系统与排烟系统可有效抑制烟气扩散蔓延。

②自喷淋系统有效时（火灾规模为2.5 MW），即使不开启排烟系统也能将烟气控制在一定范围。开启排烟系统后，烟气影响范围将减小。从安全的角度出发，在自喷淋有效启动的情况下，应采用30.8 m³/s排烟量。

③自喷淋系统失效时（火灾规模为7.5 MW），开启排烟系统采用42 m³/s的排烟量，能有效减小烟气对盖板下方温度，能见度的影响。从安全的角度出发，在自喷淋失效的情况下，应采用42 m³/s排烟量。

4.2.8　合理库区边缘挡烟垂壁高度

1. 工况设置

从上述模拟分析可以看出，在最佳排烟效果的情况下，不能将烟气控制在一个防烟分区范围内，烟气将会蔓延到相邻的防烟分区，如果火源发生在边缘防烟分区，烟气将会蔓延出库区，侵入消防车道影响消防人员救援，或蔓延出盖下从而影响上盖物业居民的正常生活。因此将对运用库库区周边与其他区域分割界限处结构梁下设立挡烟垂壁，使得大量烟气不蔓延出库区，集中通过机械排烟口高效的将其排出，工况的设置如表4-16所示。

表 4-16　库区边缘梁下挡烟垂壁高度数值模拟工况表

编号	火源功率/MW	排烟量/(m³·s⁻¹)	排烟管道间距/m	排烟口间距/m	库区边缘梁下挡烟垂壁高度/m
G01	7.5	42	6	4.5	0
G02	7.5	42	6	4.5	0.4

续表4-16

编号	火源功率 /MW	排烟量 /(m³·s⁻¹)	排烟管道间距 /m	排烟口间距 /m	库区边缘梁下挡烟垂壁高度/m
G03	7.5	42	6	4.5	0.8
G04	7.5	42	6	4.5	1.2
G05	7.5	42	6	4.5	1.6

2. 库区外温度

不同库区边缘梁下挡烟垂壁高度盖板下方温度分布情况如图4-44所示。从盖板下方温度分布情况可以发现，在库区边缘梁下挡烟垂壁高度的作用下，烟区内盖板下方温度急剧下降，说明结构梁可以有效地限制火灾烟气的流动范围、蔓延速度，进而降低相邻防烟分区的烟气层温度，但是仅依靠结构梁难以阻止烟气侵入消防车道或其他区域；增加库区边缘梁下挡烟垂壁高度，使得烟区外的温度逐渐下降，能够有效地阻止烟气大范围扩散，挡烟垂壁的高度为1.2 m时，继续增大垂壁高度，库区外盖板下方温度基本无变化。

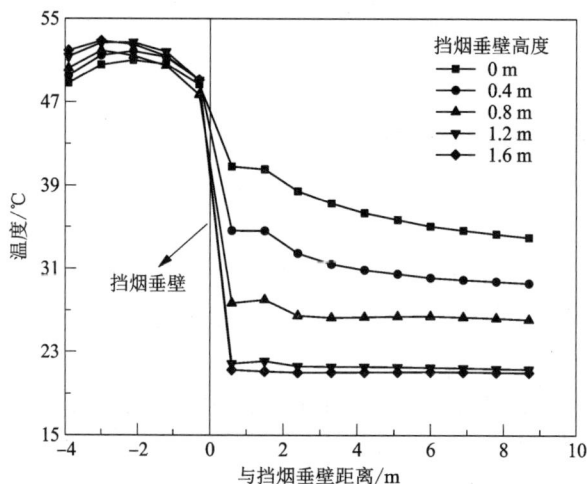

图4-44 不同挡烟垂壁高度下盖板下方温度分布图

结构梁下设立不同高度的挡烟垂壁烟气温度的分布情况如图4-45所示。从图中温度分布趋势可以看出，随着库区边缘梁下挡烟垂壁高度的增加，垂壁左右形成明显的温度分界区，当垂壁高度增加至1.2 m后，大量的烟气难以蔓延至库区外。

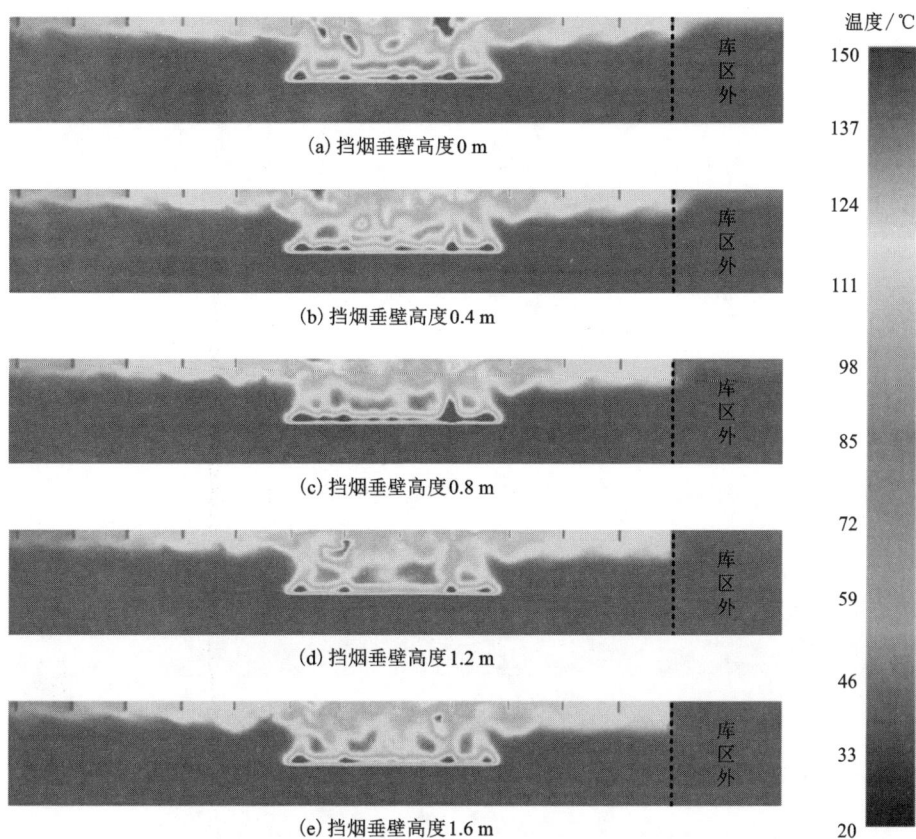

图 4-45　不同挡烟垂壁高度下烟气温度分布图

3. 库区外能见度

结构梁下不同库区边缘梁下挡烟垂壁高度盖板下方能见度分布情况如图 4-46 所示。从盖板下方能见度分布趋势可以看出，不设立挡烟垂壁，仅靠结构梁的高度，不能将火灾产生的大量烟气控制在库区内并排出，随着挡烟垂壁下降高度的增加，垂壁外区域能见度逐渐增加；当垂壁高度增加至 1.2 m 时，库区外能见度达 30 m，说明此时的挡烟垂壁的高度能有效阻止火灾产生的大量烟气向库区外区域蔓延。

不同库区边缘梁下挡烟垂壁高度下烟气能见度的分布情况如图 4-47 所示。从图中能见度分布情况可以看出，随着挡烟垂壁下降高度的增加，库区外受烟气影响的范围逐渐减小，当挡烟垂壁下降到 1.2 m 时，消防车道及其他区域不受烟气的影响。

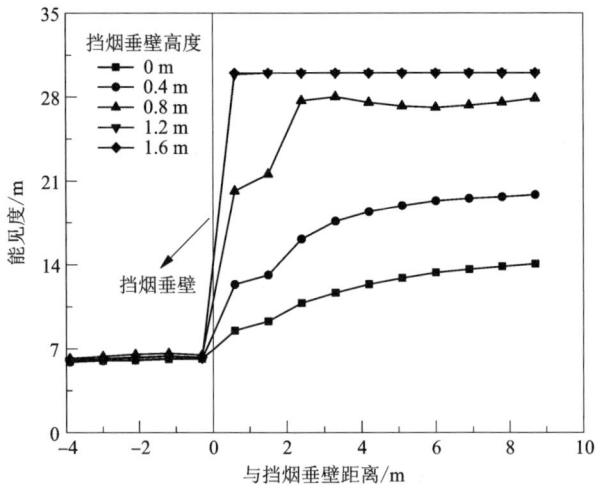

图 4-46　不同挡烟垂壁高度下盖板下方能见度分布图

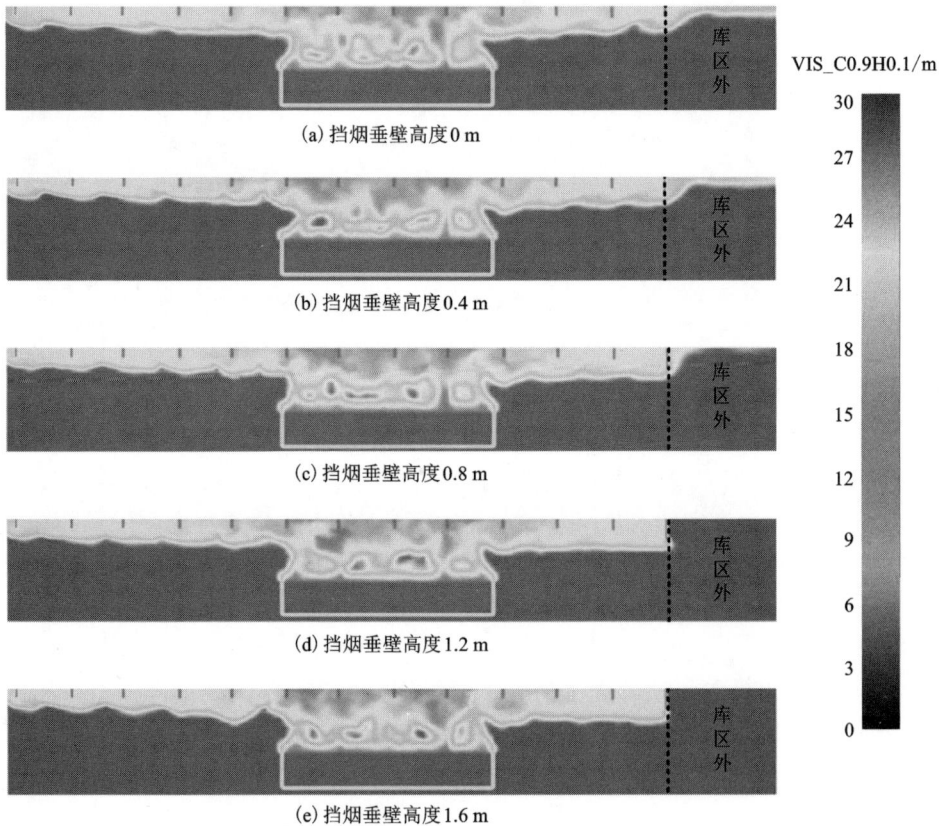

（a）挡烟垂壁高度 0 m

（b）挡烟垂壁高度 0.4 m

（c）挡烟垂壁高度 0.8 m

（d）挡烟垂壁高度 1.2 m

（e）挡烟垂壁高度 1.6 m

图 4-47　不同挡烟垂壁高度下烟气能见度分布云图

4.3　本章小结

本章为将大量烟气控制在一定范围内并有效排出，提高盖下高大空间排烟效率，对带上盖车辆基地高大空间机械排烟进行数值模拟分析和缩尺寸试验分析，分析盖下排烟系统的排烟量、排烟口高度、排烟管道间距、排烟口间距及挡烟垂壁高度这几方面对盖下排烟的影响，得到以下结论：

①地铁车辆基地戊类厂房空间高大、蓄烟条件好，即使不开启自喷淋系统和排烟系统，烟气下降高度也能满足人员疏散需求。停车列检库、丁类生产车间等场所，开启自喷淋系统与排烟系统能有效减小烟气蔓延范围，减小烟气层厚度，将烟气控制在一定范围内并排出。盖下车辆基地宜结合工程实际情况与规范要求合理设立排烟系统，确定排烟量。

②排烟量越大，排烟效率越高，从经济角度出发，增大排烟量不仅会对排烟风机产生巨大的负荷，还会加大经济的投入，给后期运营维护制造大量的不便与麻烦；盖下车辆基地排烟量不宜小于 30.8 m^3/s。

③随着排烟口高度逐渐下降，排烟效率变差，当排烟口距盖板为 0.4~0.8 m 时，能有效地将大量烟气控制在库区内，因此，针对此盖下车辆基地排烟口距盖板的距离宜选取 0.4~0.8 m。

④随着排烟管道间距逐渐增大，排烟效率变化不大，排烟管道间距小于 15 m 均能将大量烟气控制在库区内，因此，针对此盖下车辆基地排烟管道间距宜选取 6~15 m。

⑤随着排烟口间距逐渐增大，排烟效率逐渐减小，当排烟口间距为 4.5~9 m 时，能有效地将大量烟气控制在库区内，因此，针对此盖下车辆基地排烟口间距宜选取 4.5~9 m。

⑥当库区边缘设置挡烟垂壁高度至 1.8 m 后，能有效地阻挡火灾产生的大量烟气向其他区域蔓延。

第5章

带上盖车辆基地人员安全疏散与应急救援模式

　　本章主要对华南地区某车辆基地项目的人员疏散过程进行分析。根据依托工程车辆基地建筑特点及人员疏散主要参数，用人员应急疏散仿真工程软件 Pathfinder 计算在设定的疏散场景下的人员必需安全疏散时间，结合盖下高大空间火灾烟气模拟情况，判定人员在火灾情况下的疏散过程是否安全，为优化应急救援方案提供设计参考依据。

5.1　人员安全疏散判定标准

　　车辆基地人员安全疏散分析是通过计算可用疏散时间 T_{ASET} 和必需疏散时间 T_{RSET}，从而判定人员在车辆基地建筑物内的疏散过程是否安全。

　　安全疏散的判定标准为：可用疏散时间 T_{ASET} 应不小于必需疏散时间 T_{RSET}，可用式(5-1)表述。

$$T_{ASET} \geqslant T_{RSET} \tag{5-1}$$

式中：T_{ASET}——可用安全疏散时间，开始出现人体不可忍受情况的时间，也称可用疏散时间或危险来临时间，即疏散人员开始出现生理或心理不可忍受情况的时间，一般情况下，火灾烟气是影响人员疏散的最主要因素，常常以烟气降下一定高度或温度超标的时间作为危险来临时间；

　　　　　T_{RSET}——必需安全疏散时间，即车辆基地中人员从火灾发生至全部人员疏散到安全区域所需要的时间。

　　如果式(5-1)成立，则可认为人员能够安全地从危险区域疏散出去，也即本建筑安全疏散系统设计符合要求；反之，则需要加强或改进消防措施。

　　T_{ASET} 可通过烟气模拟计算得到，本章将对必需疏散时间 T_{RSET} 进行模拟计算。

5.2　疏散场景设置

疏散场景的设计总体原则为选取火灾后最不利于人员安全疏散的情况。通常考虑火灾发生在某一疏散出口附近，使该出口不能用于人员疏散，本章对某带上盖车辆基地周月列检库火灾、停车列检库火灾及镟轮库火灾设置了三个相对应的疏散场景。

5.3　人员疏散主要参数确定

5.3.1　人员荷载

根据某带上盖车辆基地项目业主所提供远期定员资料对车辆基地内人员荷载进行初步设计。考虑到车辆基地防火分区面积大、人员安全疏散出口少、人员安全疏散距离长、列车集中分布对人员疏散造成的影响等特点，最终的人员荷载按设计定员取 1.5 倍安全系数确定，如表 5-1 所示。

表 5-1　各设计年度某带上盖车辆基地定员

部门名称	名称	远期设计定员/人
车辆中心	设备车间	64
	车辆检修	98
	大架修	92
车辆基地总定员		254
实行三班制后工作定员		85
取 1.5 倍安全系数后车辆基地总定员		126

5.3.2　人员行走速度

目前，国内对人员行走速率虽有一定理论与试验成果，但还未形成一套大家公认的体系。因此，在进行消防安全分析评估时，大部分参考国外相关专家的研究成果或者国内外权威机构出版的标准和规范等。

SFPE《消防工程手册》认为人员的行走速度是人员密度的函数，当人员密度为 $0.54 \sim 3.8$ 人/m^2 时，人员疏散速度可用式(5-2)表示：

$$S = k(1 - 0.266D) \qquad\qquad (5-2)$$

式中：k——常数，根据表5-2取值；

D——人员密度，人/m^2。

表 5-2　公式中常数 k 的取值

疏散路径因素		k
走道、走廊、斜坡、门口		1.40
楼梯		
梯级高度/cm	梯级宽度/cm	
19	25	1.00
18	28	1.08
17	30	1.16
17	33	1.23

根据式(5-2)可算出人员密度为 0.54~3.8 人/m^2 时，对应的水平疏散速度和在楼梯下行时的疏散速度如表 5-3 所示。

表 5-3　SFPE《消防工程手册》确定的人员疏散速度

人员密度/(人·m^{-2})	<0.54	0.54~1	1~2	2~3	3~3.8
水平疏散速度/(m·s^{-1})	1.2	1.2~1.0	1.0~0.66	0.66~0.28	0.28~0
楼梯下行速度/(m·s^{-1})	0.86	0.86~0.73	0.73~0.47	0.47~0.20	0.20~0

针对人员在楼梯间的疏散速度，加拿大学者 Pauls 等曾对不同场所的人员进行过多次疏散试验，结果表明：人员上楼梯速度为 0.5 m/s，人员下楼梯速度为 0.8 m/s。也有相关的文献介绍，人员上楼梯速度为 0.4 倍的正常速度，人员下楼梯速度为 0.6 倍的正常速度。另外，对于不同类型的人员疏散速度，苏格兰爱丁堡大学研究成果不但给出了四类人员(成年男士、成年女士、儿童和老者)的平均形体尺寸，还给出了四类人员的步行速度建议推荐值，结果表明：后三类人员，即成年女士、儿童和老者，其水平和沿坡道、楼梯上下行疏散速度分别为第一类人员(即成年男士)的 85%、66% 和 59%；不同行动力的人员疏散时的速度也有差别，如表 5-4 所示。

表 5-4　人员行动能力分类表

人员特点	群体行动能力			
	平均步行速度 /(m·s⁻¹)		流动系数 /(人·m⁻¹)	
	水平	楼梯	水平	楼梯
仅靠自力难以行动的人；重病人、老者、婴幼儿、智力障碍者、身体残疾者等	0.8	0.4	1.3	1.1
不熟悉建筑内的车辆基地、出入口等部位的人员；旅馆的客人、商店顾客、通行人员等	1.0	0.5	1.5	1.3
熟悉建筑物内的车辆基地、出入口等位置的健康人、建筑物内工作人员、职员、保卫人员等	1.2	0.6	1.6	1.4

综合以上各类数据，考虑华南某带上盖车辆基地内人员特征，同时考虑中西方人员不同的差异，在取值时给予一定的保守估计，不同类型人员的疏散速度取值范围及形体特征尺寸如表 5-5 所示。

表 5-5　人员疏散速度和形体特征

人员类型	步行速度/(m·s⁻¹)	形体尺寸(肩宽)/m
成年男士	1.2	0.4
成年女士	1.0	0.35
儿童	0.8	0.3
老者	0.6	0.4

5.3.3　安全疏散出口的有效宽度

学者 Pauls 等对人员在疏散过程中的行为做过详细研究。研究表明，人在通过疏散走道或疏散门时习惯于与走道或门边缘保持一定的距离。因此，除非人员密度高度集中，否则，在疏散时并不是门的整个宽度都能得到有效利用。SFPE《消防工程手册》对此进行了总结并提出了有效宽度折减值，如表 5-6 所示。

表 5-6　各种通道的有效宽度折减值

通道类型	有效宽度折减值/cm
楼梯、墙壁	15
扶手	9
音乐厅座椅、艺术馆长凳	0
走廊、坡道	20
广阔走廊、行人走道	46
大门、拱门	15

5.4　人员可用安全疏散时间

5.4.1　人员类型组成及分布

根据本项目建筑的使用功能,其人员类型组成可根据不同功能区并参照 Pathfinder 疏散模型建议的数值。对于本项目建筑,其人员类型及组成如表 5-7 所示。

表 5-7　人员类型及组成

场所类型	成年男士	成年女士	儿童	老者
各功能房间、办公人员	60%	40%	0%	0%

5.4.2　可用安全疏散时间模拟结果

针对火源发生在不同防烟分区时开启相应防烟分区的排烟管道进行数值模拟分析,发现烟气不能有效控制相应的防烟分区内,但是从安全疏散来角度来看,开启相应防烟分区的排烟管道能满足要求,数值模拟具体可用疏散时间如表 5-8 所示。

表 5-8　防排烟系统有效火灾场景对应的可用安全疏散时间

火源位置	排烟系统	可用安全时间/s
A 处	开启火源附近排烟系统	>1800
B 处	开启火源附近排烟系统	>1800
C 处	开启火源附近排烟系统	>1800

5.5　人员必需安全疏散时间

火灾发生之后，除火源附近区域的人员外，其他人员一般情况下不会马上开始疏散。根据《消防安全工程 第 9 部分：人员疏散评估指南》（GB/T 31593.9—2015），人员必需安全疏散时间一般包括几段离散的时间间隔，大致可用式(5-3)表示

$$T_{\text{RSET}} = T_a + T_p + T_m \tag{5-3}$$

式中：T_a——火灾报警时间，s；

　　　T_p——预动作时间，s；

　　　T_m——运动时间，s。

5.5.1　火灾报警时间 T_a

探测时间与设置的火灾探测系统和火灾场景有关。本项目中设有火灾自动报警系统，能够对火灾起到很好的监控作用。《火灾报警控制器》（GB 4717—2005）第 5.2.2.2 条规定对来自火灾探测器的火灾报警信号可设置报警延时，其最大延时不应超过 1 min，延时期间应有延时光指示，延时设置信息应能通过本机操作查询。故本项目报警时间 T_a 设为 60 s。

5.5.2　预动作时间 T_p

人员预动作时间为人员从接到火灾警报到疏散行动开始之前的这段时间间隔。预动作时间主要取决于人员特性和建筑特征，随着设计疏散场景的不同而不同，具体到某一场景由消防安全管理水平而定。报警系统和建筑复杂程度的类别也对预动作时间有影响。《消防安全工程 第 9 部分：人员疏散评估指南》（GB/T 31593.9—2015）中采用了《英国消防工程标准》BS PD 7974-6—2004 提供的预动作时间数据，取 60 s。

5.5.3　必需安全疏散时间模拟结果

1.疏散场景

（1）疏散场景 SS01

综合依托工程具体工程特性及人员安全疏散参数等因素，可以构建出各个疏散场景的 Pathfinder 模型，具体模型如图 5-1~图 5-3 所示：

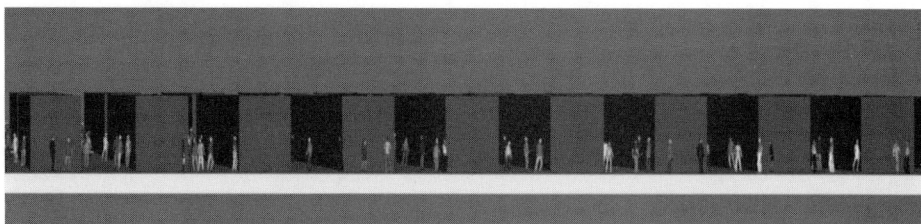

图 5-1　华南某带上盖车辆基地人员疏散模型侧视图

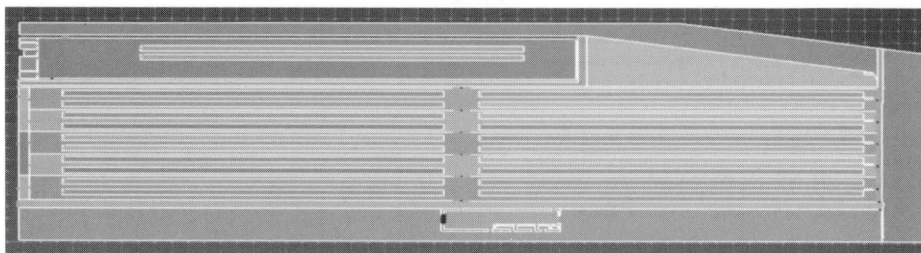

图 5-2　华南某带上盖车辆基地人员疏散模型俯视图

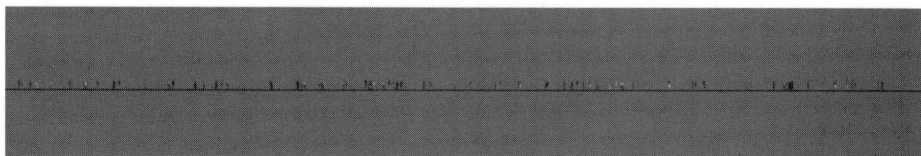

图 5-3　华南某带上盖车辆基地运用库人员分布图

通过对车辆基地内人员安全疏散进行数值模拟计算，可以得出人员在车辆基地发生火灾时的安全疏散运动时间与过程，具体疏散过程如图 5-4~图 5-6 所示。

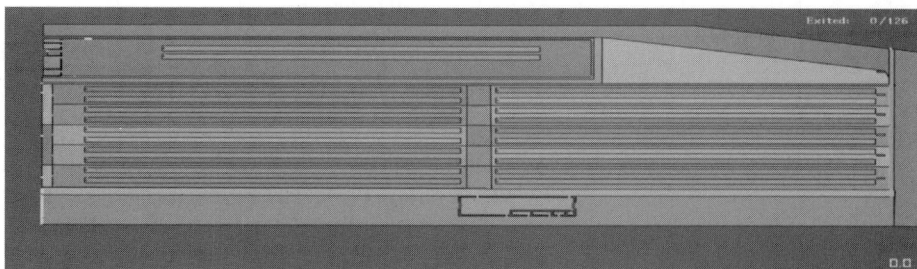

图 5-4　SS01 疏散过程一（0 s）

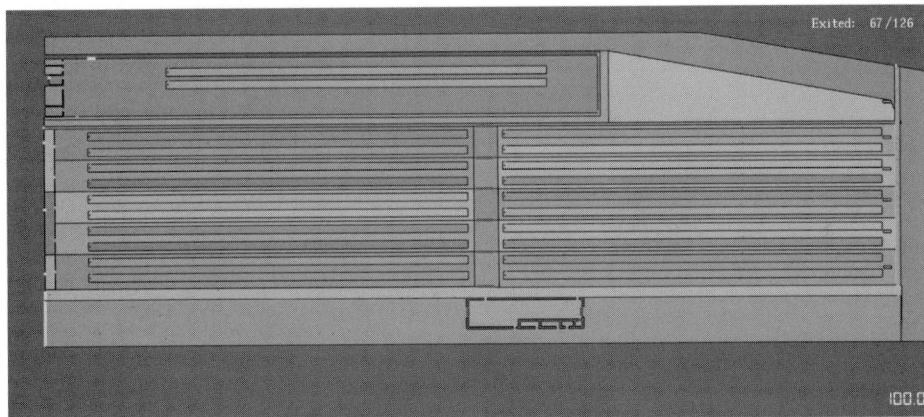

图 5-5　SS01 疏散过程二(100 s)

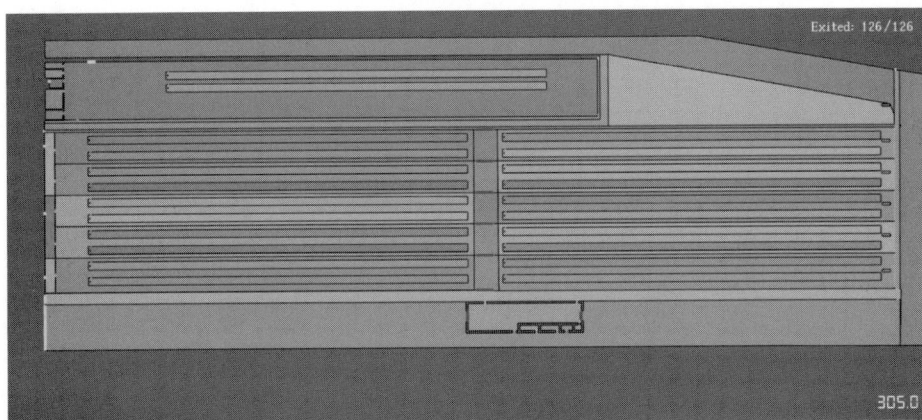

图 5-6　SS01 疏散过程三(305 s)

　　综合考虑火灾场景下的人员疏散运动时间、火灾报警时间以及火灾报警信号发出后的人员预动作时间,最后可得到各场景的必需安全疏散时间,见表5-9。

表 5-9　华南某带上盖车辆基地人员疏散必需安全疏散时间(s)

疏散场景	火灾报警时间	预动作时间	运动时间	必需安全疏散时间 T_{RSET}
SS01	60	60	305	425

（2）疏散场景 SS02

通过对车辆基地内人员安全疏散进行数值模拟计算，可以得出人员在车辆基地发生火灾时安全疏散运动时间与过程，具体疏散过程如图 5-7~图 5-9 所示。

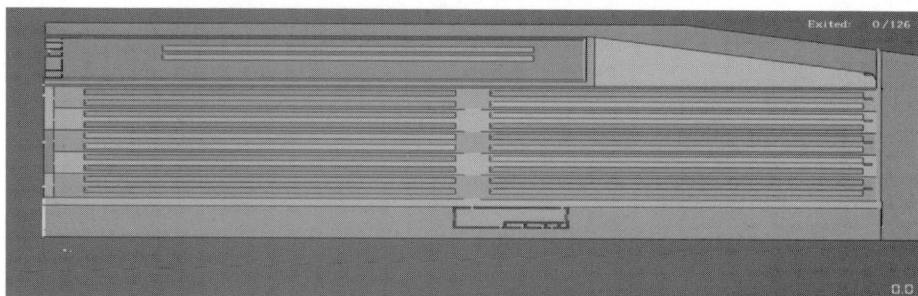

图 5-7　SS02 疏散过程一（0 s）

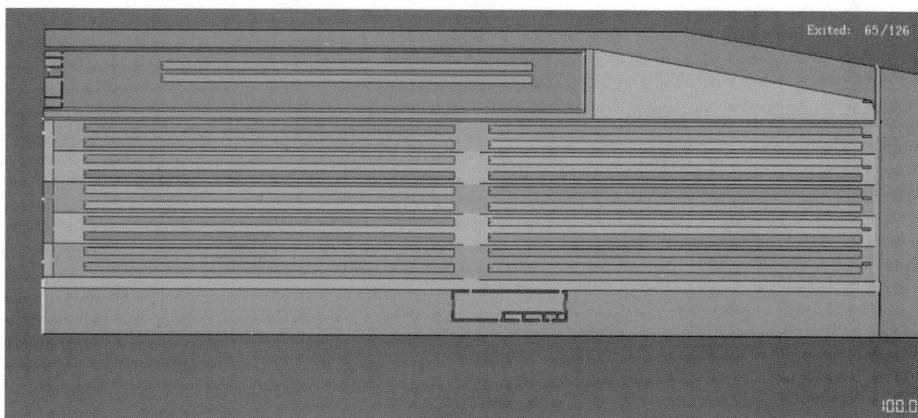

图 5-8　SS02 疏散过程二（100 s）

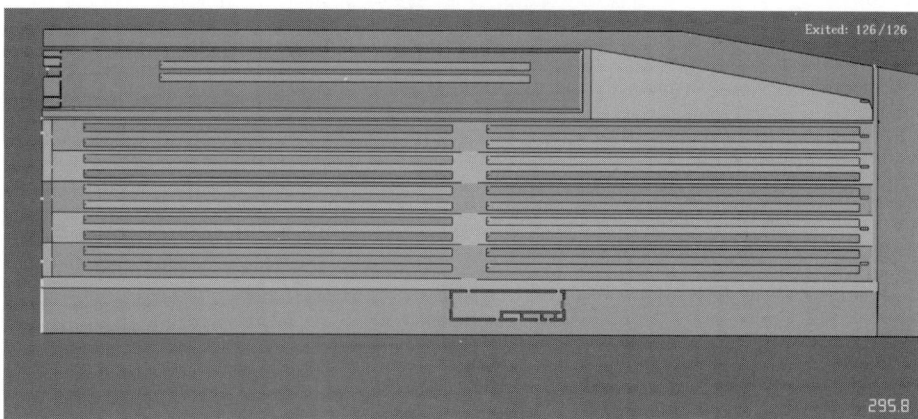

图 5-9　SS02 疏散过程三（295.8 s）

综合考虑火灾场景下的人员疏散运动时间、火灾报警时间以及火灾报警信号发出后的人员预动作时间,最后可得到各场景的必需安全疏散时间,见表5-10。

表 5-10　华南某带上盖车辆基地人员疏散必需安全疏散时间(s)

疏散场景	火灾报警时间	预动作时间	运动时间	必需安全疏散时间 T_{RSET}
SS02	60	60	295.8	415.8

(3)疏散场景 SS03

通过对车辆基地内人员安全疏散进行数值模拟计算,可以得出人员在车辆基地发生火灾时安全疏散运动时间与过程,具体疏散过程如图5-10~图5-12所示:

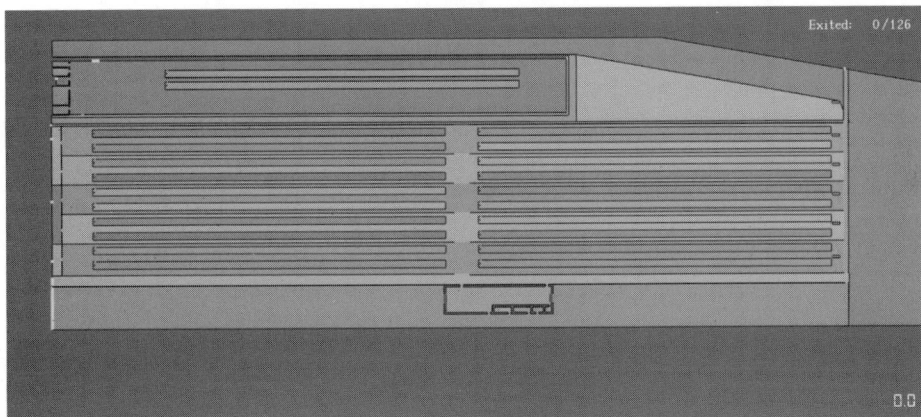

图 5-10　SS03 疏散过程一(0 s)

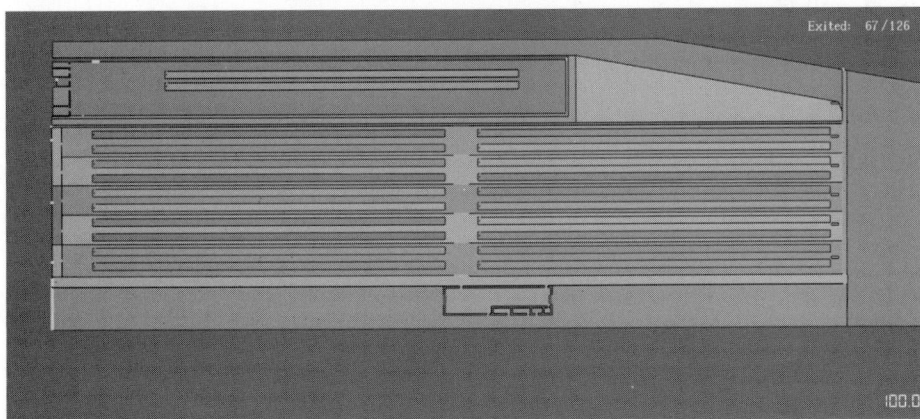

图 5-11　SS03 疏散过程二(100 s)

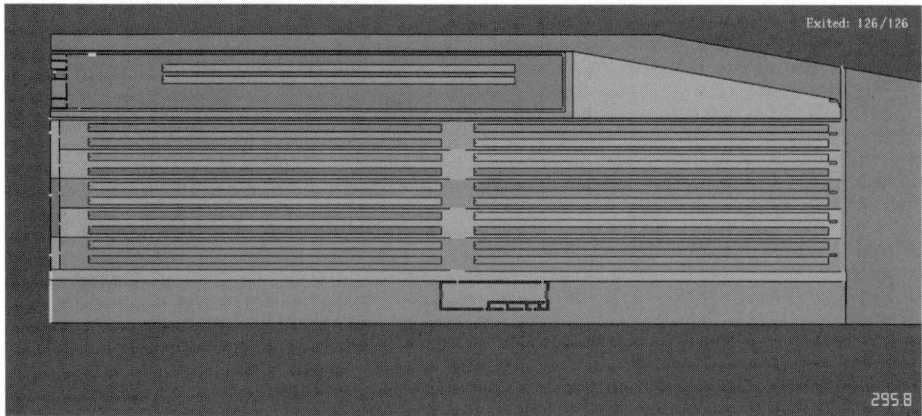

图 5-12　SS03 疏散过程三(295.8 s)

2. 必需安全疏散时间

综合考虑火灾场景下的人员疏散运动时间、火灾报警时间以及火灾报警信号发出后的人员预动作时间,最后可得到各场景的必需安全疏散时间,见表 5-11。

表 5-11　华南某带上盖车辆基地人员疏散必需安全疏散时间(s)

疏散场景	报警时间	预动作时间	行走时间	必需安全疏散时间 T_{RSET}
SS02	60	60	295.8	415.8

5.5.4　小结

经数值模拟分析,华南某带上盖车辆基地在不同的火灾场景下,从人员疏散时间方面考虑,都能够满足人员安全疏散的要求。车辆基地内可用安全疏散时间与必需安全疏散时间的对比见表 5-12。

表 5-12　车辆基地内可用安全疏散时间与必需安全疏散时间对比分析表(s)

疏散场景	必需安全疏散时间	可用安全疏散时间	安全性判定
SS01	425	>1800	安全
SS02	415.8	>1800	安全
SS03	415.8	>1800	安全

5.6　盖下空间应急救援预案

为了减少车辆基地火灾突发事故带来的经济和社会效益损失、工作人员伤亡事故等，本小节针对盖下高大空间应急救援模式开展研究。应急救援应贯穿事故发生的全周期，包括事故预防、应急准备、应急响应、应急处置、应急恢复。

5.6.1　适用范围

本预案对地铁车辆基地发生火灾时人员疏散和应急救援组织体系及职责、应急响应一般流程、人员疏散和应急救援程序、信息报告程序、应急物资与装备保障及应急预案的管理等一系列流程、职责进行了归纳汇总。

本预案适用于车辆基地火灾工况下的人员疏散和应急救援专项行动。

5.6.2　编制依据

为降低火灾可能造成的重大人员伤亡和财产损失风险，保障车辆基地人员的生命财产安全。盖下空间火灾应急救援模式研究主要参照以下依据：

《中华人民共和国安全生产法》中华人民共和国主席令第十三号（2014）

《中华人民共和国突发事件应对法》中华人民共和国主席令第六十九号（2007）

《生产安全事故应急条例》中华人民共和国国务院令第 708 号（2019）

《国家安全生产事故灾难应急预案》（2006）

《国家突发公共事件总体应急预案》（2006）

《国务院有关部门和单位制定和修订突发公共事件应急预案框架指南》国办函〔2004〕33 号

《省（区、市）人民政府突发公共事件总体应急预案框架指南》国办函〔2004〕39 号

《国家城市轨道交通运营突发事件应急预案》国办函〔2015〕32 号

5.6.3　火灾事故等级划分

按照火灾事故严重性和受影响程度，地铁车辆基地火灾事故分为特别重大、重大、较大和一般四级。火灾事故分级标准依据《国家城市轨道交通运营突发事件应急预案》国办函〔2015〕32 号。

5.6.4　应急救援工作原则

1.以人为本，先人后物，科学决策

发生突发事件，贯彻"安全第一，生命至上"的要求，确保车辆基地火灾发生时的人员生命安全。同时，应保证车辆基地内列车等公共财产的安全，积极采取措施降低人员伤亡和财产损失。

2.建立合格的应急救援组织体系

在车辆基地移交后，运营部门应针对基地项目出台相应的应急预案，并组织值班站长学习、演练。发生突发事件后，应急处置过程涉及的内容和响应流程复杂，故须启动成立应急救援领导小组。开通运营的车辆基地，应从规章制度上完善应急处突相关流程、应急预案等，并在平时的演练中应用实施。应急救援组织领导小组应经过必要的培训，对应急预案演练及所涵盖人员的紧急疏散和应急救援模式有深入了解，确保车辆基地在出现紧急事故时能够高效运行应急预案，并通过消防广播给予现场人员操作提示。

3.统一指挥，分级负责

参与应急救援的单位在应急救援领导小组的统一指挥下，各岗位各司其职、责任到人。突发事件发生后，属地管理部门积极进行自救，及时通报，现场各部门要主动作为、密切协作、信息共享、形成合力，保证突发事件信息及时准确地传递，突发事件的处置快速有效。

4.常备不懈，有效应对

运营部门对地铁突发事件要有充分的思想准备，把应对突发事件落实到日常工作中，加强基础工作，增强预警分析，提高防范意识，做好预案演练，建立应对突发事件的有效机制，做到常备不懈，力争早发现、早报告、早控制、早解决，将突发事件所造成的损失降到最低。应急机制建设和资源准备要坚持应急处置与日常建设相结合，降低运行成本。

5.持续修订、培训、定期演练应急预案

应急预案应定期对参与者进行培训、演练。在应急预案发布实施之前，应至少进行一次演练以检验所制定应急预案的实用性，根据演练结果进行修订后再发布，且应根据环境状态的改变不断进行应急预案的再演练、再修订。

5.6.5　应急救援危险源识别

应急救援危险源识别主要是对可能导致车辆基地发生火灾的危险源进行识别，见表5-13。

表 5-13　应急救援危险源识别

序号	危险源类别	危险源	诱因
1	供电系统	变电所变压器、开关柜、电缆等变电专业设备和接触网(轨)、接触网(轨)作业车、作业工具等接触网专业设备	检修不到位或设备质量原因造成供电故障或引发火灾,或者供电系统检修作业过程中违反作业规程所造成的
2	人为因素	施工作业、人员违章操作、人员误操作	施工人员违反施工管理规定、人员在操作设备时违反规章制度或因疏忽出现误操作
3	运营沿线	控制中心、主变电所、车辆基地周边施工作业或危险品	控制中心、主变电所、车辆基地周边 50 m 范围内加油站、加气站及危险品存储等活动不满足安全要求

5.6.6　应急救援组织体系

发生突发事件时,车辆基地成立以下应急处理机构,如图 5-13 所示。

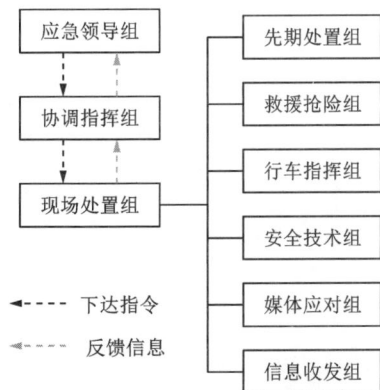

图 5-13　应急处理机构组成

1. 应急领导组

事故发生后,马上成立应急领导组,应急领导组作为事故现场处理决策机构,负责对现场事故救援进行统筹协调。其主要职责包括决策、协调、执行,具体如下:

①研究确定车辆基地应对突发事件的重大决策。

②组织实施突发事件处置工作,防止突发事件蔓延和扩大;当总部启动Ⅰ级响应行动时,由中心应急抢险领导组负责组织相关工作。

2. 协调指挥组

协调指挥组由相关安全、质量、监察等部门组成。协调指挥组主要职责包括:

①执行应急领导组决策。

②负责协调抢险过程中的内外部资源。

③负责监督应急处置期间各种保障资源是否到位。

④其他应急抢险工作。

3. 现场处置组

现场处置组主要包括先期处置组、救援抢险组、行车指挥组、安全技术组、信息收发组、媒体应对组,各组组成及职责见表5-14。

表5-14 现场处置组组成

工作组名称	组成	职责
先期处置组	组长:由在场公认的经验丰富者或职位最高者担任 成员:最先发现、赶到事发现场的工作人员	①遵照应急领导组的统一安排,在保证自身安全的前提下主要负责控制事故现场; ②根据发生事故的类别及预估控制情况,向110、119、120指挥中心报警,并逐级上报; ③疏散事故现场围观人员,视情况第一时间求助外部工作组; ④视火灾发展情况有序组织疏散
救援抢险组	组长:运营部门相应设备分管副总经理 副组长:相应设备管理部门经理 组员:相应设备管理部门副经理、生产技术室主任、生产安全室主任、分部主任	①执行中心应急领导组决策; ②现场调查,根据调查情况制订处置方案; ③组织方案的实施; ④协助保护现场; ⑤维持现场秩序; ⑥对事件调查取证; ⑦监督事件处置过程; ⑧向应急领导组汇报处理信息; ⑨完成现场领导下达的其他任务

续表5-14

工作组名称	组成	职责
行车指挥组	组长：运营中心分管行车业务副总经理 副组长：生产调度部经理 组员：生产调度部分管经理及控制中心其他相关管理人员	①执行中心应急处理领导组决策； ②负责涉及行车及安全方面的抢险决策或向上级领导提供相关决策建议； ③负责应急处理期间的行车总指挥(可授权控制中心或本组成员指挥)； ④负责应急处理期间信息的收集、发布； ⑤负责应急处理时运营中心相关作业的安全监控； ⑥其他应急抢险工作
安全技术组	组长：安全技术部经理 副组长：安全技术部副经理 组员：安全技术部安全管理室、技术管理室及设备管理室相应成员等	①执行中心应急处理领导组决策； ②为现场提供技术支援； ③对抢险过程进行安全监控； ④抢险结束后组织各专业进行恢复运营前的安全检查； ⑤负责对应急事件进行调查取证； ⑥负责事件快报的报送工作
信息收发组	组长：生产调度部经理 副组长：生产调度部副经理 组员：生产调度部安全质量室、生产管理室相应成员等	①执行中心应急处理领导组决策； ②负责收集整理抢险处置工作中的重点节点信息； ③通过企信通等进行信息发布； ④负责应急事件信息联络、协调工作； ⑤其他应急抢险工作
媒体应对组	组长：运营中心党委书记 副组长：运营中心党委副书记 组员：综合管理部经理及事件相关部门书记	①执行中心应急处理领导小组决策； ②负责应对运营中心公关危机，如现场危机控制、媒体应对及新闻通稿等； ③负责应急处理期间的后勤保障工作，如交通车、工作餐、饮用水等； ④负责相关宣传工作； ⑤其他应急抢险工作

5.6.7 应急救援处置模式

1.人员疏散模式

车辆基地人员疏散模式按照应急疏散指示灯进行疏散。发生火灾后，人员主动避开火灾发生处的疏散出口，选择其他可行的出口进行疏散，人员疏散至消防车道区域后视为准安全区域，并立即通过消防车道疏散至室外露天区域即可认为疏散完成，人员安全。

（1）停车列检库火灾

停车列检库火灾人员疏散模式如图5-14所示。

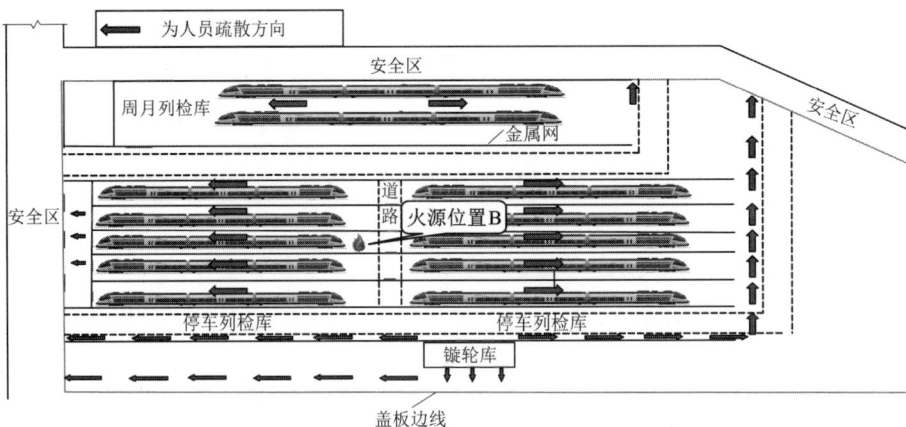

图 5-14　停车列检库火灾人员疏散模式

（2）周月列检库火灾

周月列检库火灾人员疏散模式如图5-15所示。

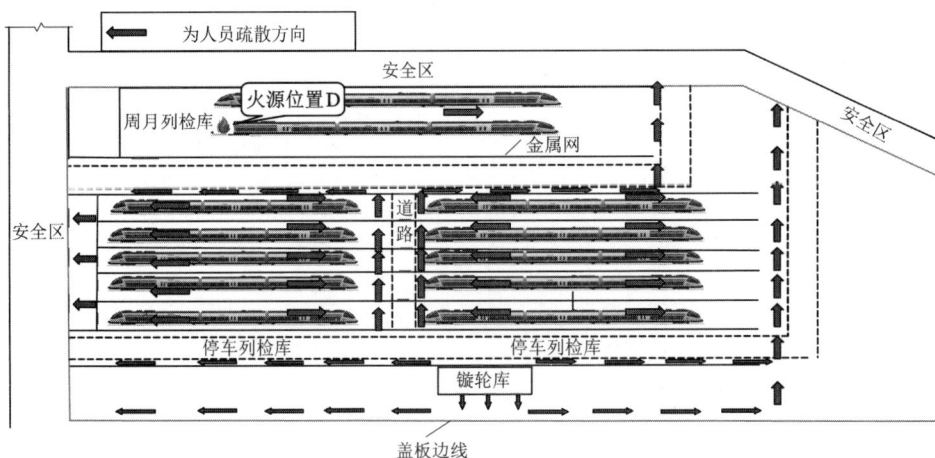

图 5-15　周月列检库火灾人员疏散模式

（3）镟轮库火灾

镟轮库火灾人员疏散模式如图5-16所示。

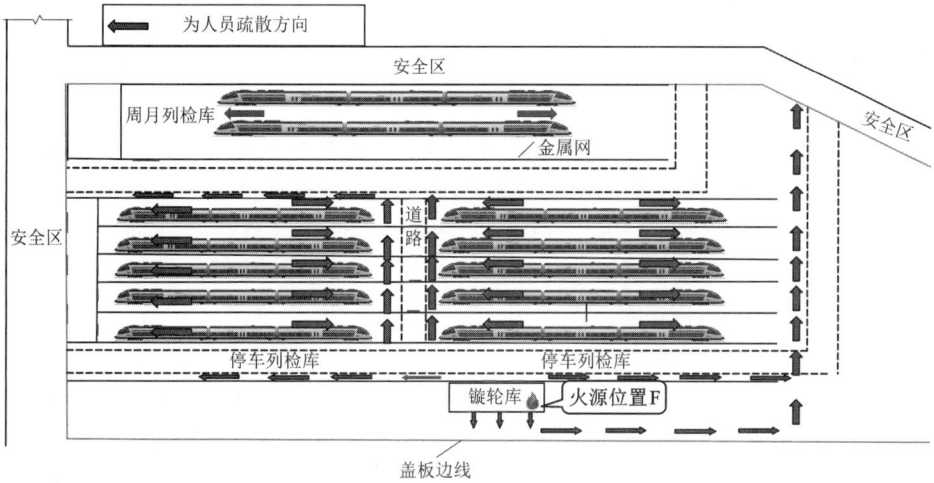

图 5-16　镟轮库火灾人员疏散模式

2. 应急救援处置程序

应急救援处置程序如图 5-17 所示。

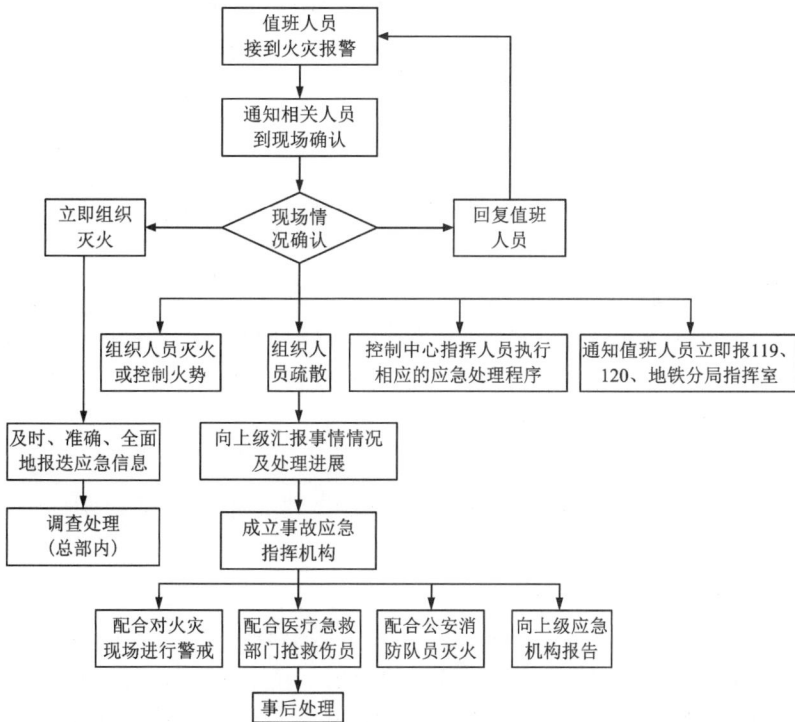

图 5-17　应急救援处置程序

5.6.8 应急救援保障措施

1. 通信与信息保障

应急领导组及应急工作组成员应确保 24 h 通信畅通；因突发事件造成现场通信设备故障的，现场应立即组织设备维修部门对其进行维修，现场人员也应灵活应变，采取各种有效方式保证信息的及时快速传递；抢险救援人员通信方式发生变更的，应及时备案并更新。

2. 应急救援与装备保障

(1) 应急救援队伍保障

地铁公司应全面负责联系落实专职消防队和应急救援的人力保障，并对应急人员数量进行摸底检查，并定期组织公司人员进行应急模拟演练，确保事故发生后配备有足够的人员处理事故。

地铁公司火灾事故不可控制时，应请求周边应急救援专业队伍、消防站等外部力量协助救援。

(2) 救援设备保障

地铁公司应急指挥部门应指导各部门建立完善的应急救援设备维护管理制度，根据制度安排设备周检、月检、季度检、半年检、年检并做好台账记录，建立应急救援设备管理档案，将设备的全生命周期检查数据进行整理归档，确保消防设备运行管理工作符合现代化管理的需求。地铁公司需要定期对救援设备进行年检，并需要第三方和甲方的签字认可，并及时消除故障隐患。

(3) 资金保障

抢险过程中，应急救援资金由地铁公司承担，事故调查取证后地铁公司有保留追诉或处罚涉事单位的权利。

3. 医疗卫生保障

地铁公司应配备常用的应急救援药品及救援器材。车辆基地火灾事故发生时，报请协议医疗卫生单位救助，迅速组织医疗救治药物、设备和人员到场，提高应对安全生产事件的医疗救治能力。

4. 其他

应急救援线路、车站应急疏散和公交接驳指定出入口结合实际情况定期发布。

(1) 现场指挥部的成立和运作

①当故障或险情达到运营中心突发事件分级响应时，由所辖控制中心发布中心级应急抢险指令(用企信通、电话或其他通信工具通报)，运营中心成立应急领导组、协调指挥组、现场处置组。应急抢险指令须明确现场总指挥及各功能组组长姓名、联系电话、集合地点。现场指挥部初始集合地点为距事发地点最近的办

公区，现场指挥部各成员集合后领取无线手持台，同时根据现场情况，确定下一阶段现场指挥部的设置地点。

②现场指挥部成立后，先期处置组、救援抢险组、行车指挥组、安全技术组、信息收发组、媒体应对组等功能组自然成立。中心领导及各部门领导自动承担相应功能组的职责，组织本单位人员开展应急处置工作。

③现场总指挥到达现场后立即向运营中心事发所辖控制中心报告，控制中心发布总指挥到位信息。各功能组领导到达现场后向现场总指挥及所辖控制中心报告（如总指挥已指定传令官时，可向传令官报告）。各单位支援人员到达现场后向本单位的抢险负责人及部门调度报到并集中待命，听从本单位抢险负责人的安排。

（2）现场总指挥到达事发现场前的运作规则

①现场总指挥到达事发现场前，由相关功能组组长、专业单位的领导了解现场情况和下达抢险指令及抢险工作要求。

②由所辖控制中心向各功能组组长下达相关应急抢险指令及抢险工作要求，并将应急指令及现场情况通报现场总指挥。

5.7　本章小结

本章分析了华南某带上盖车辆基地项目的人员疏散安全性，对带上盖车辆基地盖下高大空间火灾时人员疏散进行安全判断标准与场景设置、调研确定人员疏散相关参数并开展人员可用安全疏散时间研究。同时，基于人员安全疏散研究成果，研究了带上盖车辆基地应急救援模式，并针对不同疏散场景制定了应急救援处置模式。研究得出以下结论：

1）不同火灾场景下，华南某带上盖车辆基地人员必需安全疏散时间约为420 s，小于可用安全疏散时间1800 s，人员能够安全疏散。

2）应急救援工作原则包括：①以人为本，先人后物，科学决策；②建立合格的应急救援组织体系；③统一指挥，分级负责；④常备不懈，有效应对；⑤持续修订、培训、定期演练应急预案。

3）可能导致车辆基地发生火灾的危险源主要包括供电系统故障、人为因素、运营沿线危险活动三大类。

4）提出了发生突发事故时的应急救援组织体系及其组成与职责。

5）提出了针对停车列检库、周月列检库、镟轮库三处位置发生火灾时的人员疏散模式。

6）提出应急救援处置程序与应急救援保障措施。

第 6 章

带上盖车辆基地排烟风亭设计

空气质量和人们的健康密切相关，火灾燃烧产生的有毒有害气体通过排烟系统排放至大气的过程中，在热浮力和大气环境的共同作用下，有毒有害气体大范围扩散，导致大气受到严重污染，进一步对人们生活质量和安全造成严重威胁。CO 是危害人们生命安全的有毒有害气体之一，通过探测上盖建筑外立面的 CO 浓度值来判别火灾烟气对上盖的影响程度。

6.1 带上盖车辆基地排烟风亭试验研究

6.1.1 火源热释放速率

采用汽油作为试验燃料，研究排放出来的 CO 对上盖建筑的影响。通过研究可知，汽油的燃烧效率为 0.7~0.8，本书燃烧效率取 0.765，其燃烧热值为 45000 kJ/kg。质量损失速率通过天平采集系统测得。20 cm×20 cm 的油盘面积下，汽油点燃后的质量变化情况如图 6-1 所示。取稳定段进行拟合曲线，可得质量损失速率为 0.00069 kg/s。由于油盘在制作过程中会有些许误差，通过计算可知，20 cm×20 cm 的油盘面积所对应的热释放速率为 23.7 kW，根据比例尺 $Q_m : Q_f = 0.0316$，则原尺寸的热释放速率为 7.5 MW。

6.1.2 试验工况设计

为探析盖板下方车辆基地火灾产生的烟气通过风亭集中排放至大气中对上盖建筑的影响程度，设计了 6 种风亭与上盖建筑之间的间距及 3 种不同风亭出地面高度(后简称风亭高度)，以期得到风亭与上盖建筑之间的合适间距，具体工况设计见表 6-1。

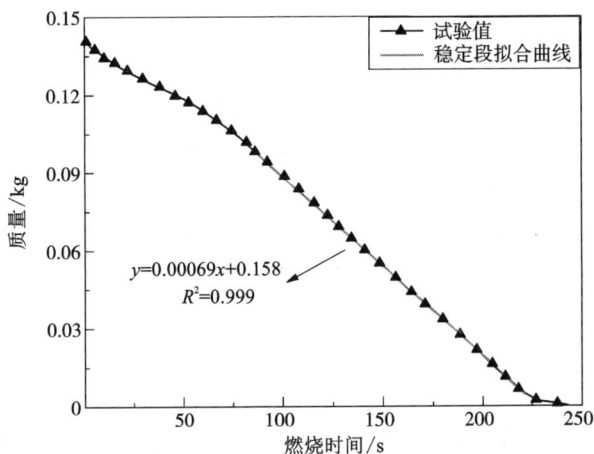

图 6-1　汽油点燃后的质量变化情况

表 6-1　风亭与上盖建筑退缩距离试验工况表

工况编号	火源热释放速率 /kW	风亭高度 /m	风亭与上盖建筑间距 /m	排烟量 /m³·s⁻¹
S01	23.7	0.8	0.4	0.13
S02			0.5	0.13
S03			0.6	0.13
S04			0.8	0.13
S05			1.0	0.13
S06			1.3	0.13
S07		0.4	0.6	0.13
S08		1.2	0.6	0.13

6.1.3　风亭与上盖建筑间距对上盖建筑外立面的影响分析

为定量风亭排放烟气对上盖建筑的影响程度，以 CO 浓度 130 ppm 为判定标准界限值，具体判别算式如式（6-1）所示：

$$CO_{impact} = \frac{CO_{building}}{CO_{vent}} \times 100\% \qquad (6-1)$$

式中：CO_{impact}——CO 浓度影响程度；

CO$_{building}$——上盖建筑外立面 CO 浓度值；

CO$_{vent}$——风亭排烟口处 CO 浓度值。

通过试验测试可得，当风亭出地面高度为 0.8 m 时，风亭排烟口处的 CO 浓度值为 216 ppm。以 130 ppm 为判断标准值，此时的火灾烟气对上盖建筑的影响程度通过式(6-1)计算可得为 60.18%，因此，若通过风亭排放出来的烟气 CO 浓度对上盖建筑的影响程度大于 60.18%，则风亭排放出来的有毒有害烟气会对上盖建筑居民的安全造成影响；反之，若通过风亭排放出来的烟气 CO 浓度对上盖建筑的影响程度不大于 60.18%，则排放出来的有毒有害烟气不会对上盖建筑居民的安全造成影响。

上盖建筑外立面中部指正对排烟口上沿处建筑外立面的 CO 浓度测点；外立面右部是指正右斜对排烟口上沿处的建筑外立面 CO 浓度测点；外立面左部是指正左斜对排烟口上沿处的建筑外立面 CO 浓度测点。三个测点位于同一水平面上，间距为 0.5 m。当风亭出地面高度为 0.8 m，风亭与上盖建筑之间距离为 0.6 m 时，上盖建筑外立面同一高度下不同位置受烟气的影响程度如图 6-2 所示。从图 6-2 可看出，上盖建筑在不同位置受风亭排放出来的 CO 浓度的影响有所不同，正对风亭排烟口处的上盖建筑外立面中部受到风亭排放出来的 CO 浓度的影响将会向上盖建筑外立面两侧衰减，导致正对风亭排烟口处的上盖建筑外立面中部受到风亭排放出来的 CO 浓度的影响大于上盖建筑外立面两侧。因此，选取正对风亭排烟口处的上盖建筑外立面中部 CO 浓度值作为后续研究的特征值具有重要意义。

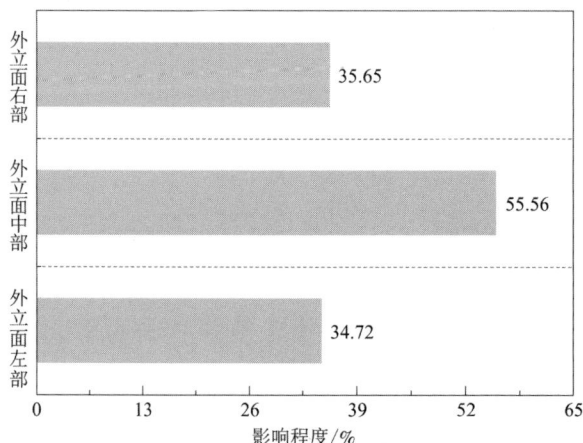

图 6-2　外立面同一高度不同位置受烟气的影响程度

　　风亭排烟口与上盖建筑外立面距离不同时，外立面不同高度处受 CO 浓度的影响程度如图 6-3 所示。从图 6-3 可看出，随着上盖建筑外立面与风亭排烟口之间的距离不断增大，其受火灾烟气的影响就越低。当风亭排烟口与上盖建筑外立面之间的距离为 0.6 m 时，上盖建筑受 CO 浓度的影响程度降低至 60.18% 以下。由此可知，为避免上盖建筑内居民受风亭排放出的烟气的影响，上盖建筑应与风亭排烟口相距至少 0.6 m。

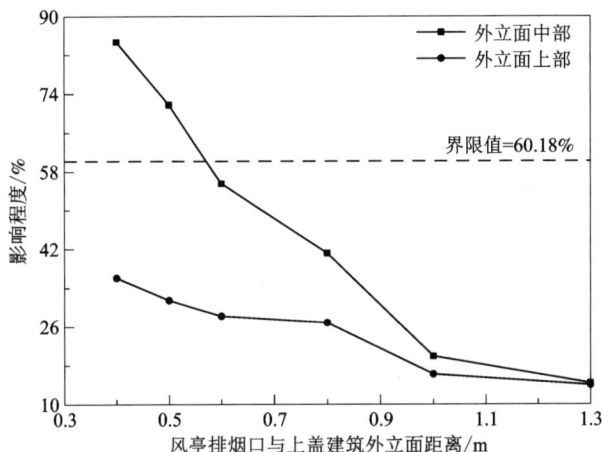

图 6-3　不同距离下 CO 浓度对外立面的影响程度

　　当风亭排烟口与上盖建筑外立面之间的距离不同时，建筑外立面中部与上部受烟气 CO 浓度的影响程度的变化量如图 6-4 所示。从图 6-4 可看出，随着风亭排烟口与上盖建筑外立面之间的距离不断增大，上盖建筑外立面中部与上部之间的 CO 浓度影响程度差值逐渐缩小。此时烟气在排气速度及自身热浮力的驱动下向前和向上运动，随着距离的增加，向前运动的速度逐渐降低，加上烟气运动过程中不断卷吸冷空气，因此随着风亭排烟口与上盖建筑外立面两者之间距离的增大，上盖建筑外立面上最大 CO 浓度影响程度值的范围也在增大，导致上盖建筑外立面不同高度处的 CO 浓度影响程度值逐渐缩小。在一定的风亭高度、排烟口面积及排烟量的情况下，上盖建筑外立面中上部 CO 浓度影响程度变化量随距离呈指数衰减，其拟合公式如式(6-2)所示：

$$\Delta C = 189.6 \cdot e^{(-3.3x)} \tag{6-2}$$

式中：ΔC——上盖建筑外立面中上部 CO 影响程度变化量；

　　　x——风亭排烟口与上盖建筑外立面之间的距离，m。

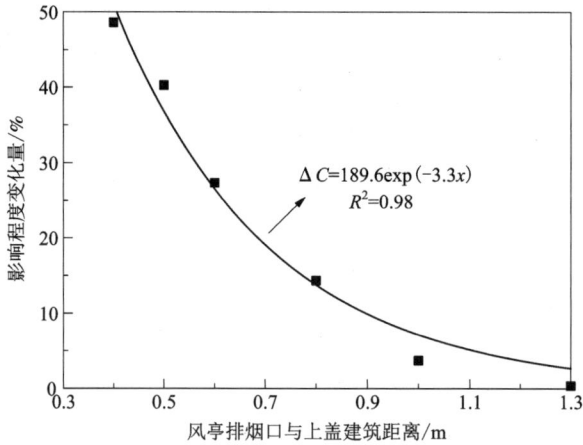

图 6-4　不同距离下外立面不同位置受 CO 浓度的影响程度变化量

6.1.4　风亭高度对上盖建筑的影响分析

为探析不同风亭高度对上盖建筑的影响，分别设置了 3 种风亭高度，不同风亭高度下风亭排烟口处 CO 浓度值如图 6-5 所示。从图中可以看出，随着风亭出地面高度的增高，风亭排烟口处的 CO 浓度值逐渐降低。

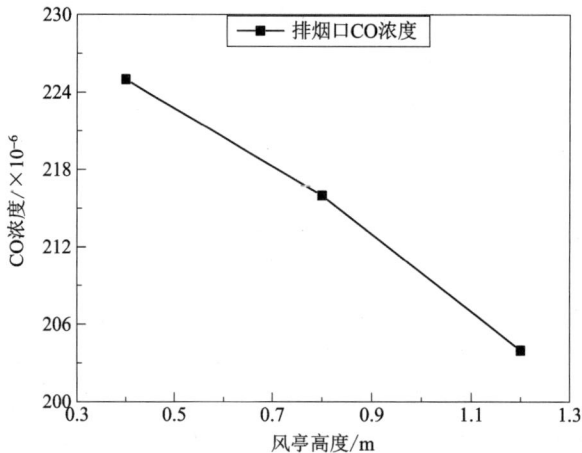

图 6-5　不同风亭高度下风亭排烟口处 CO 浓度

不同风亭高度下风亭排烟口处流速如图 6-6 所示。从图 z 中 6-6 可以看出，随着风亭高度的增高，风亭排烟口处的流速逐渐降低。此时在风道内排烟风机的排烟风速驱动影响下，风亭烟囱效应对烟气流动的影响几乎可以忽略，增加风亭高度的同时也加大了烟气流动的沿程损失，因此导致排烟口的流速降低。

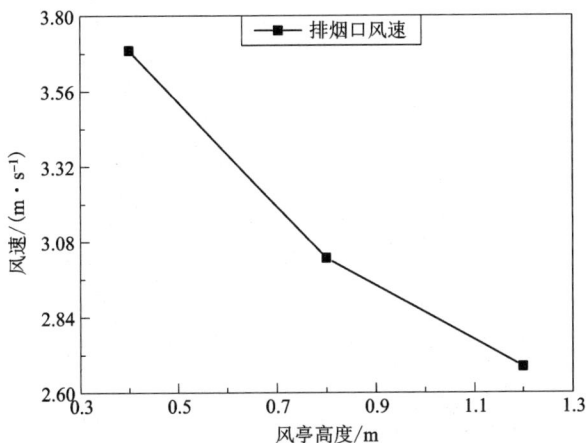

图 6-6　不同风亭高度下风亭排烟口处风速

　　不同风亭高度下，上盖建筑受风亭排烟口排出的 CO 的影响程度情况如图 6-7 所示。从图 6-7 可以看出，随着风亭高度的增加，上盖建筑受 CO 浓度的影响程度加重，尽管增加高度会降低风亭排烟口排出的 CO 浓度，但是对上盖建筑的影响并不会降低。这是因为当风亭排烟口下沿高于架空层高度时，烟气撞击上盖建筑外立面后竖直向上蔓延，随着风亭高度的增加，烟气流速逐渐减小，上盖建筑受 CO 浓度影响也随之加大。不同风亭高度烟气排放情况如图 6-8 所示。

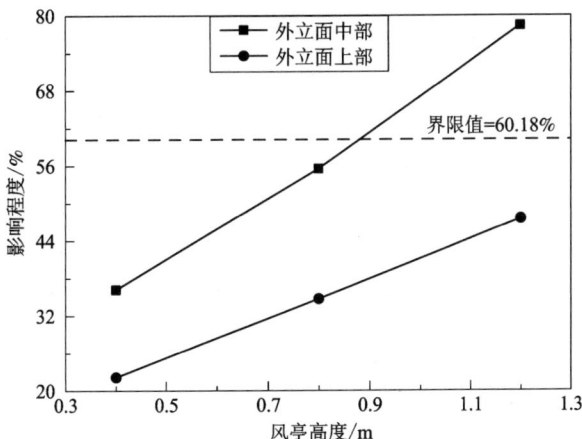

图 6-7　不同风亭高度下上盖建筑外立面受 CO 的影响程度

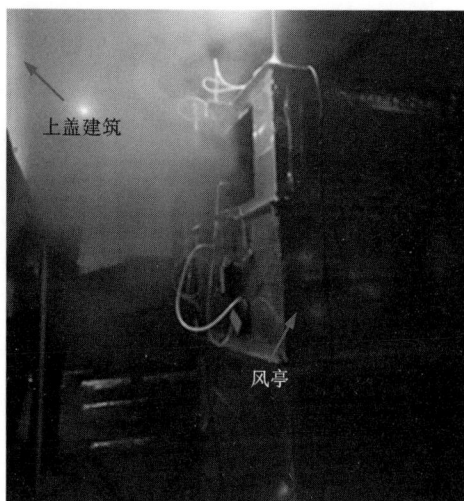

图 6-8　不同风亭高度烟气排放情况

6.2　带上盖车辆基地排烟风亭数值模拟研究

基于影响最小化原则,本节主要研究火灾烟气通过风亭排放后对上盖建筑的影响程度。在一定的排烟量下,通过试验的方式,探讨在不同风亭高度和风亭与上盖建筑之间不同距离的两个影响因素下,火灾烟气对上盖建筑的影响程度。CO 毒性研究报告指出 8 h 内人处于高于 130 ppm 的环境下,将会导致人们呼吸困难,甚至窒息。

根据调研可知,火灾烟气中 CO 浓度导致人死亡的概率函数如式(6-3)所示:

$$p = -37.98 + 3.7\ln(tC) \tag{6-3}$$

式中:p——人员死亡概率;

　　　t——位于烟气中的时间,min;

　　　C——位于烟气中时 CO 的平均浓度值,ppm。

通过式(6-3)计算得出,当上盖建筑中烟气的 CO 浓度值为 130 ppm 时,4 h 内(221 min),由 CO 浓度导致人死亡的概率为 0%,因此,本书采用 CO 浓度为 130 ppm 作为火灾烟气对上盖建筑居民安全的判别界限值。

6.2.1　风亭出地面高度研究

1.工况设置

出盖板风亭多采用钢筋混凝土框架结构,通过风亭侧墙出风,可包含一个或多个风口，占地面积较大，通风效果良好，本节主要考虑风亭单侧开口的情况下，风亭出地面高度对上盖建筑的影响程度，具体工况设置见表6-2。

表6-2　不同风亭高度数值模拟工况表

编号	火源功率 /MW	风亭高度 /m	风亭与上盖建筑的退缩距离 /m
I01	7.5	4	4
I02	7.5	8	4
I03	7.5	12	4

2. 上盖建筑外立面温度

不同风亭高度下，上盖建筑外立面温度分布情况如图6-9所示，由上盖建筑外立面温度分布可知，随着风亭高度的增加，上盖建筑外立面最高温度有所上升，说明增加风亭高度将会增大烟气对上盖建筑的影响。

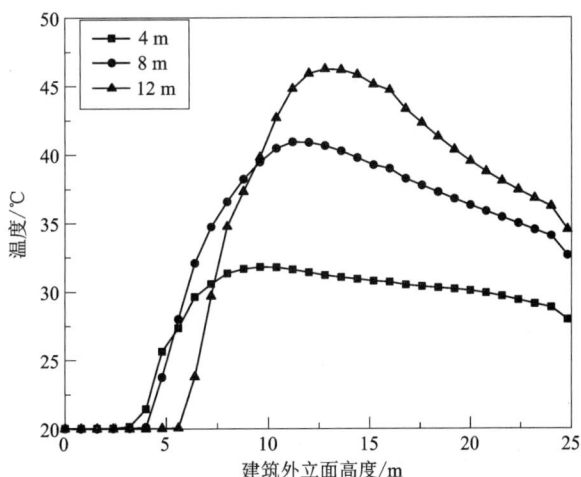

图6-9　不同风亭高度下上盖建筑外立面温度分布

3. 上盖建筑外立面 CO 浓度

不同风亭高度下，上盖建筑外立面CO浓度分布情况如图6-10所示，从上盖建筑外立面CO浓度分布可知，随着风亭高度的增加，上盖建筑外立面CO浓度升高；当风亭出地面高度增高至8 m时，上盖建筑外立面的CO浓度在130 ppm以下；继续增加风亭高度，上盖建筑外立面最高CO浓度将超过130 ppm；风亭高度在 8 m 以下时，烟气对上盖建筑影响较小。

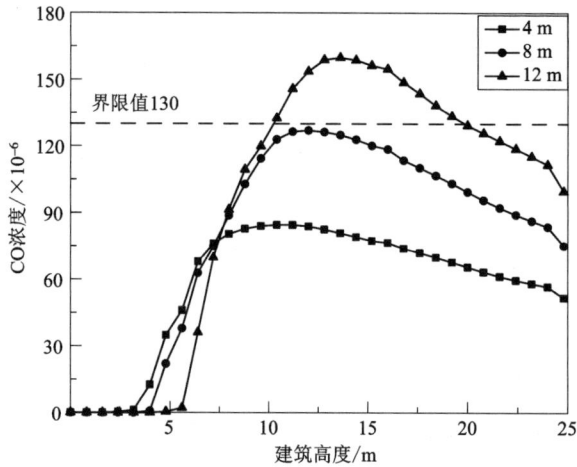

图 6-10　不同风亭高度下建筑外立面 CO 浓度分布

4.建筑外立面能见度

不同风亭高度下，周边建筑外立面能见度分布情况如图 6-11 所示，由建筑外立面能见度分布可知，随着风亭高度的增加，建筑外立面能见度有所下降，风亭高度越低，风亭排出的烟气对上盖建筑影响越小。

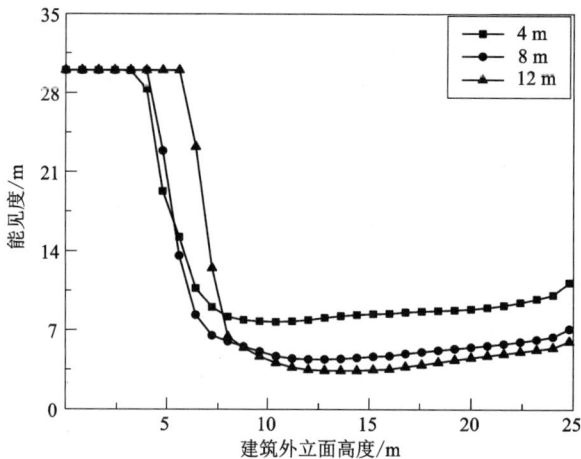

图 6-11　不同风亭高度建筑外立面能见度分布

6.2.2　风亭与上盖建筑的合理退缩距离

1. 工况设置

本节主要考虑风亭单侧开口的情况下，风亭与邻近上盖建筑的间距对上盖建筑受烟气影响的程度，主要考虑 6 种典型间距，具体工况设置见表 6-3。

表 6-3　不同退缩距离数值模拟工况表

编号	火源功率 /MW	风亭高度 /m	风亭与建筑退缩距离 /m
J01	7.5	8	4
J02	7.5	8	5
J03	7.5	8	6
J04	7.5	8	8
J05	7.5	8	10
J06	7.5	8	13

2. 建筑外立面温度

当风亭与上盖建筑的距离不同时，上盖建筑外立面温度分布情况如图 6-12 所示，从上盖建筑外立面温度分布可以看出，通过风亭排放出来的烟气温度很低，随着风亭与上盖建筑的距离增加，上盖建筑外立面最高温度有所下降，说明增加风亭与上盖建筑的距离能有效降低风亭排放的烟气温度对上盖建筑的影响。

3. 建筑外立面 CO 浓度

当风亭与上盖建筑的距离不同时，上盖建筑外立面 CO 浓度分布情况如图 6-13 所示，由建筑外立面 CO 浓度分布可知，随着风亭与建筑距离增加，上盖建筑外立面 CO 浓度有所下降，当风亭与上盖建筑距离增加至 6 m 时，建筑外立面的 CO 浓度在 130 ppm 以下，说明风亭与建筑距离应不小于 6 m。

4. 建筑外立面能见度

当风亭与上盖建筑的距离不同时，上盖建筑外立面能见度分布情况如图 6-14 所示，由上盖建筑外立面能见度分布可知，随着风亭与上盖建筑距离的增加，上盖建筑外立面能见度有所上升，说明增加风亭与上盖建筑的距离能有效降低烟气能见度，对上盖建筑的影响，当风亭与上盖建筑距离大于 6 m 时，能见度在 10 m 以上。

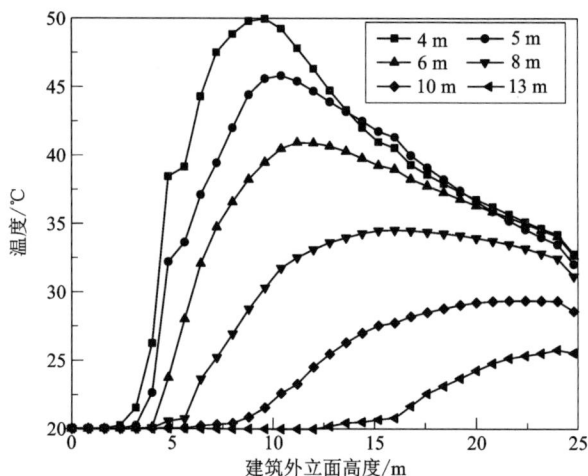

图 6-12　风亭与上盖建筑的距离不同时建筑外立面温度分布

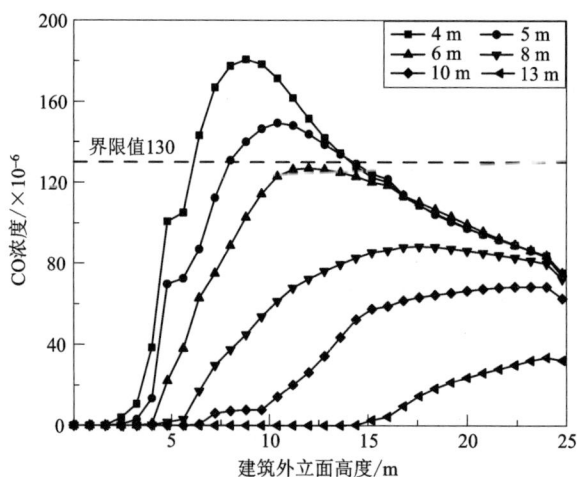

图 6-13　风亭与上盖建筑的距离不同时上盖建筑外立面 CO 浓度分布

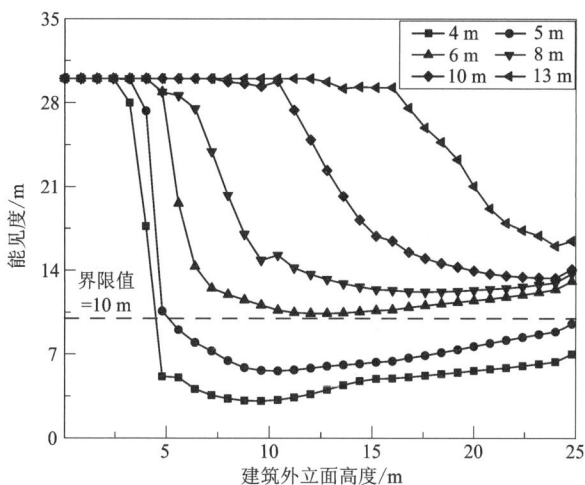

图 6-14　风亭与上盖建筑在不同距离下上盖建筑外立面能见度分布

6.2.3　风亭结构挡板参数研究

风亭是盖板下方车辆基地火灾产生的高温有毒烟气排放至大气中的主要途径之一。在日常生活中，风亭侧部或上部开设有排烟口，形状为立方体的尤为常见，如图 6-15 所示。对于风亭的结构形式，目前相关的研究较少。

(a) 风亭侧部开设排烟口　　　　　　　　　(b) 风亭上部开设排烟口

图 6-15　风亭排烟口设置情况

基于影响最小化原则，为了进一步减小高温有毒烟气通过风亭排放后对上盖建筑的影响，提出在原有风亭的基础上加装结构挡板。不同结构挡板形式下的风亭，如图 6-16 所示。

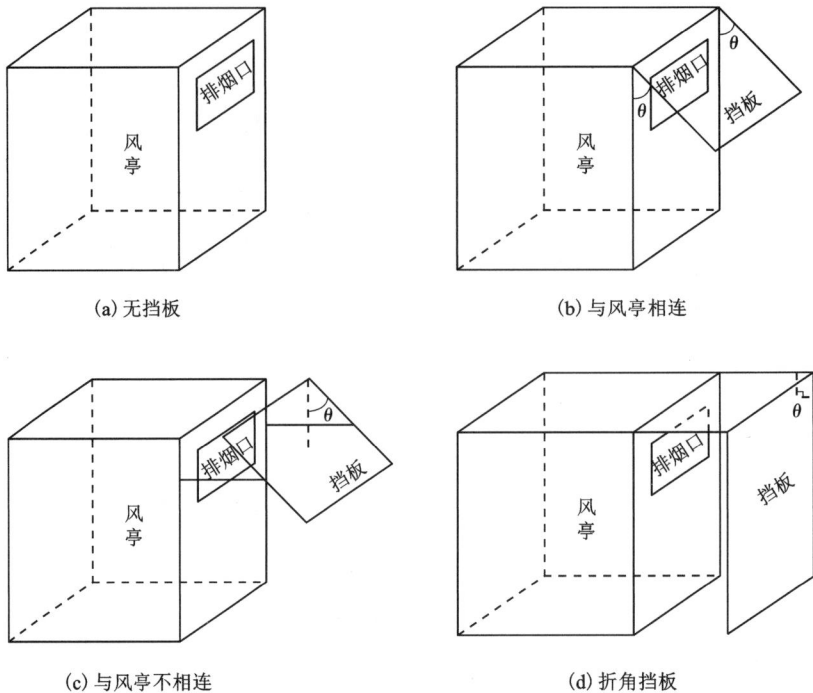

(a) 无挡板

(b) 与风亭相连

(c) 与风亭不相连

(d) 折角挡板

图 6-16　不同结构挡板形式下的风亭

1. 模拟工况设计

根据上述确定的排烟量及机械排烟系统最优布置方案下,通过数值模拟方式,分析风亭的不同挡板形式、角度、与风亭距离、宽度及长度等参数对上盖建筑的影响,以期得到最佳的结构挡板形式,具体工况设置见表 6-4。

表 6-4　风亭结构形式数值模拟工况表

工况编号	挡板角度 /(°)	挡板与风亭距离 /m	挡板宽度 /m	挡板长度 /m	挡板形式
K00	—	—	—	—	无挡板
K01	45	0	9	3.6	与风亭相连
K02	45	1.2	9	3.6	与风亭不相连
K03	—	0	9	3.6	折角挡板
K04	15	1.2	9	3.6	与风亭不相连
K05	30	1.2	9	3.6	与风亭不相连

续表6-4

工况编号	挡板角度 /(°)	挡板与风亭距离 /m	挡板宽度 /m	挡板长度 /m	挡板形式
K06	45	—	—	—	—
K07	60	1.2	9	3.6	与风亭不相连
K08	75	1.2	9	3.6	与风亭不相连
K09	90	1.2	9	3.6	与风亭不相连
K10	30	0	9	3.6	与风亭不相连
K11	30	0.4	9	3.6	与风亭不相连
K12	30	0.8	9	3.6	与风亭不相连
K13	30	1.2	9	3.6	与风亭不相连
K14	30	1.6	9	3.6	与风亭不相连
K15	30	2	9	3.6	与风亭不相连
K16	30	1.2	3	3.6	与风亭不相连
K17	30	1.2	6	3.6	与风亭不相连
K18	30	1.2	7.5	3.6	与风亭不相连
K19	30	1.2	9	3.6	与风亭不相连
K20	30	1.2	12	3.6	与风亭不相连
K21	30	1.2	9	2	与风亭不相连
K22	30	1.2	9	3	与风亭不相连
K23	30	1.2	9	3.6	与风亭不相连
K24	30	1.2	9	4	与风亭不相连
K25	30	1.2	9	4.6	与风亭不相连

2.结构挡板形式

不同结构挡板形式下上盖建筑外立面竖向温度、CO 浓度变化如图 6-17 所示。由图 6-17 可知，结构挡板形式不同时，上盖建筑外立面温度与 CO 浓度变化趋势一致。与无挡板情况相比，结构挡板采用与风亭相连的形式时，上盖建筑外立面温度与 CO 浓度将有所增加，同时排烟口正前方上盖建筑外立面 CO 浓度将超过火灾危险临界值。采用折角挡板时，排烟口正前方上盖建筑外立面温度与 CO 浓度保持初始值，但排烟口两侧上盖建筑外立面的温度与 CO 浓度将大幅度增加。对比可知，采用与风亭不相连的挡板时，上盖建筑外立面处温度与 CO 浓度最低，此时上盖建筑受烟气影响最小。

结构挡板形式不同时风亭上方 2 m 处温度、CO 浓度分布对比如图 6-18 示。由图 6-18 可知，结构挡板形式不同时，风亭上方温度与 CO 浓度分布规律一致，

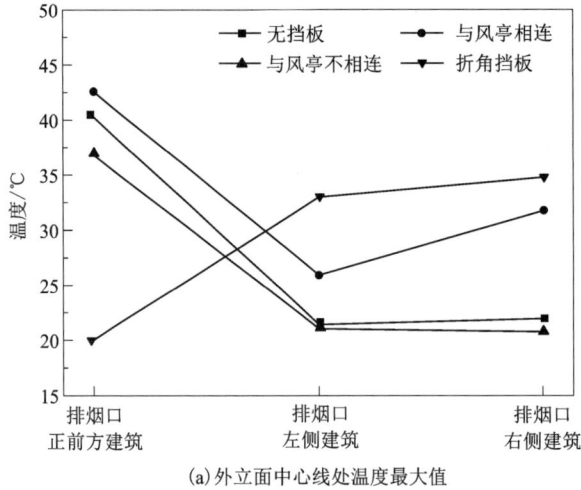

(a) 外立面中心线处温度最大值

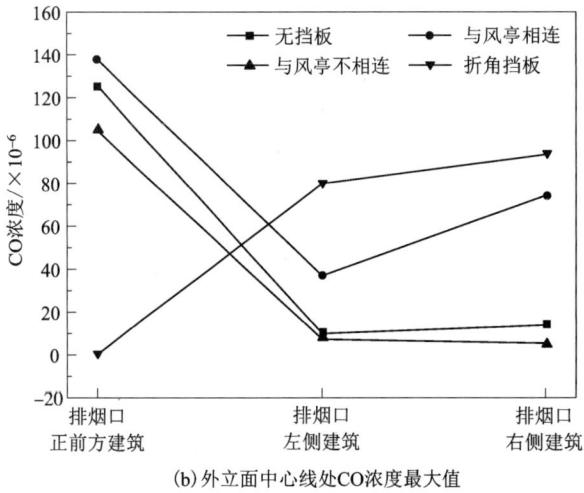

(b) 外立面中心线处CO浓度最大值

图 6-17　结构挡板形式不同时上盖建筑外立面竖向温度、CO 浓度变化

但烟气中 CO 对环境影响更为显著。不设置结构挡板时，烟气对排烟口正前方建筑影响较大。采用与风亭相连的挡板或折角挡板时，排烟口正前方建筑受烟气影响显著降低，但烟气对排烟口两侧建筑影响将增加。采用与风亭不相连的挡板时，受烟气影响区域主要为风亭前方区域，这是因为受结构挡板的引流作用与热浮力的影响，大部分烟气经挡板间隙向上排出从而减小了烟气对上盖建筑的影响。结合上盖建筑外立面竖向温度与 CO 浓度分布，建议工程中结构挡板采用与风亭不相连的形式。

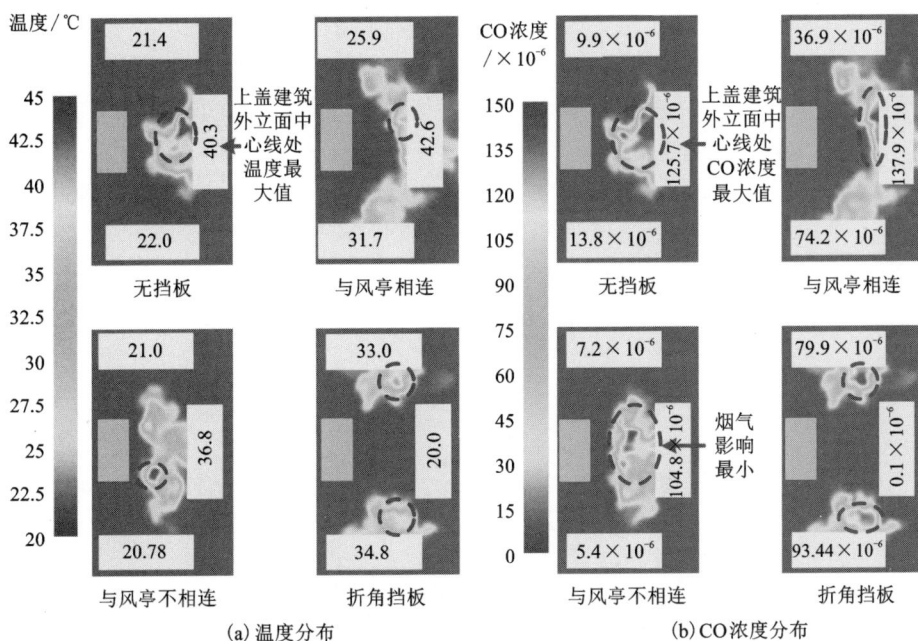

图 6-18　结构挡板形式不同时风亭上方 2 m 处温度、CO 浓度分布对比图

以排烟效率选取燃烧的主要产物 CO 作为烟气的参考依据，具体工况分析见表 6-5。

表 6-5　不同结构挡板形式排烟效率的分析

编号	火源功率/MW	结构挡板形式	排烟效率/%
K00	7.5	无挡板	78.15
K01	7.5	与风亭相连	78.36
K02	7.5	与风亭不相连	78.85
K03	7.5	折角挡板	78.52

从表 6-5 可以看出，在风亭上增设结构挡板，带上盖车辆基地的机械排烟效率基本无变化，这主要是由于风亭下部连接有风道，风道内部设置有排烟风机，排烟风机抽吸的风量主要通过风亭排烟口排出，因此，在风亭上增设结构挡板对带上盖车辆基地的排烟效率基本无影响。

3. 结构挡板角度

不同结构挡板角度下上盖建筑外立面竖向温度、CO 浓度变化如图 6-19 所示，由图6-19可知，结构挡板角度不同时，上盖建筑外立面温度与CO浓度变化趋势一致。同时随着挡板角度的增加，温度与CO浓度最大值先减小后增大；结构挡板角度为30°时上盖建筑外立面受烟气影响最小；结构挡板角度大于45°时，排烟口正前方上盖建筑外立面CO浓度最大值大于危险临界值130 ppm。

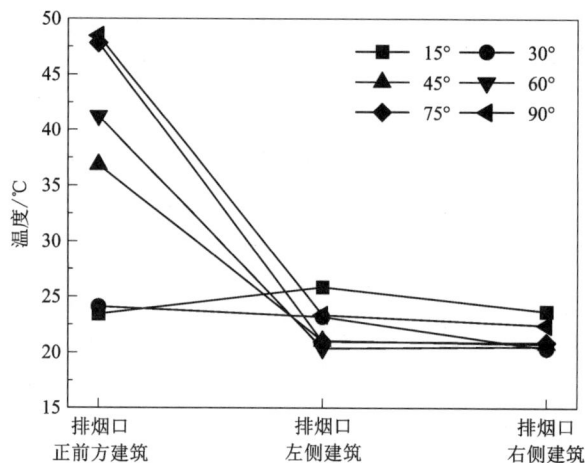

(a) 外立面中心线处温度最大值

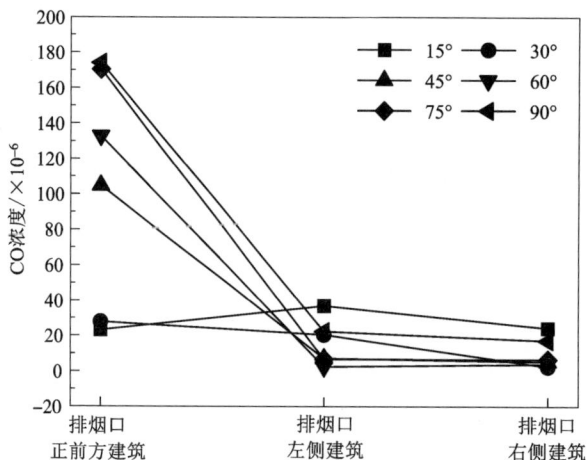

(b) 外立面中心线处CO浓度最大值

图6-19 结构挡板角度不同时上盖建筑外立面竖向温度、CO浓度变化

结构挡板角度不同时风亭上方2 m处温度、CO浓度分布对比图如图6-20所示，由图6-20可知，挡板角度不同时，风亭上方温度与CO浓度分布规律一致，但烟气中CO对环境影响更为显著。结构挡板角度不大于30°时，烟气影响区域主要位于风亭与结构挡板间的区域，此时烟气对上盖建筑影响较小。结构挡板角度大于 30°时，烟气主要影响区域向排烟口正前方建筑蔓延，且随着结构挡板角度的增加，区域范围逐渐增加。结构挡板角度为 45°时，排烟口正前方建筑 CO 浓度显著增加。结合上盖建筑外立面竖向温度与 CO 浓度分布，建议工程中结构挡板角度不大于 30°。

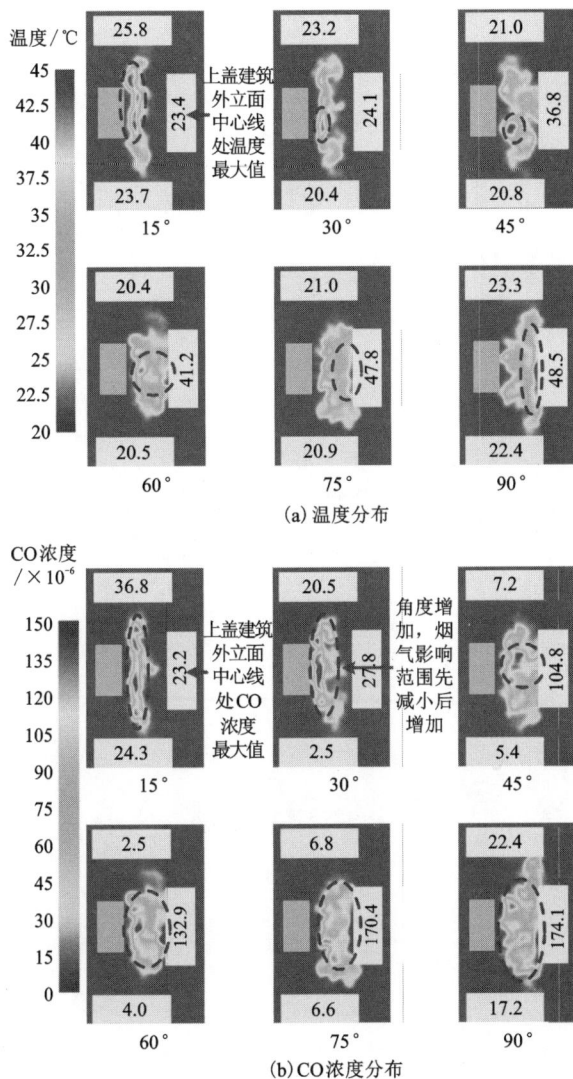

(a) 温度分布

(b) CO 浓度分布

图 6-20　结构挡板角度不同时风亭上方 2 m 处温度、CO 浓度分布对比图

4. 结构挡板与风亭距离

结构挡板与风亭间距不同时上盖建筑外立面竖向温度、CO 浓度变化如图 6-21 所

示，由图 6-21 可知，结构挡板与风亭间距不同时，上盖建筑外立面温度与 CO 浓度的变化趋势一致，且均低于火灾危险临界值。与间距为 0 m 的情况相比，在挡板与风亭间设置一定间距可显著降低上盖建筑外立面温度、CO 浓度，同时随着间距增加，上盖建筑外立面温度与 CO 浓度呈现先减小后增加的趋势，但变化幅度较小。

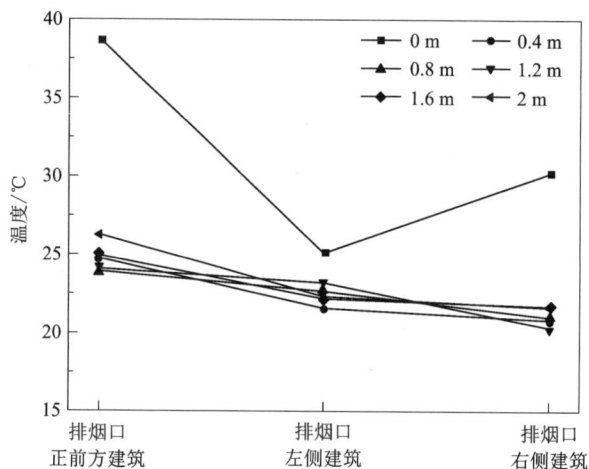

(a) 外立面中心线处温度最大值

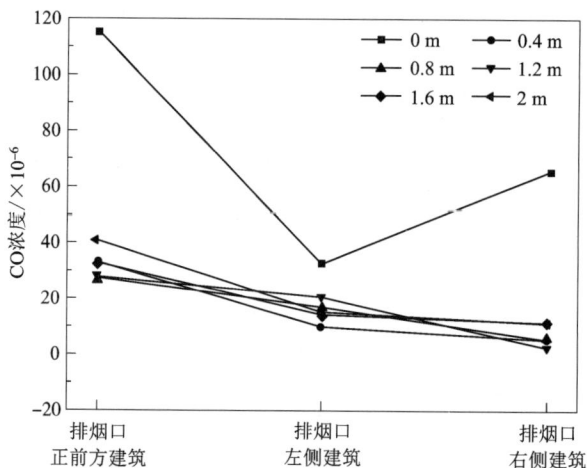

(b) 外立面中心线处CO浓度最大值

图 6-21 结构挡板与风亭间距不同时上盖建筑外立面竖向温度、CO 浓度变化

结构挡板与风亭间距不同时风亭上方 2 m 处温度、CO 浓度分布对比图如图 6-22 所示，由图 6-22 可知，结构挡板与风亭间距不同时，风亭上方温度与 CO 浓度分布规律一致，但烟气中 CO 对环境的影响更为显著。结构挡板与风亭间距为 0 m 时，烟气对排烟口正前方建筑影响较大，而结构挡板与风亭间存在间距时，受结构挡板的引流作用与热浮力影响，烟气将主要从结构挡板间隙排出从而减小上盖建筑所受的影响。同时随着结构挡板与风亭间距的增加，烟气影响范围先减小后增加，间距为 2 m 时，烟气对排烟口两侧建筑的影响将显著增大。结合上盖建筑外立面竖向温度与 CO 浓度分布，建议工程中结构挡板与风亭间距为 0.4 m~1.6 m。

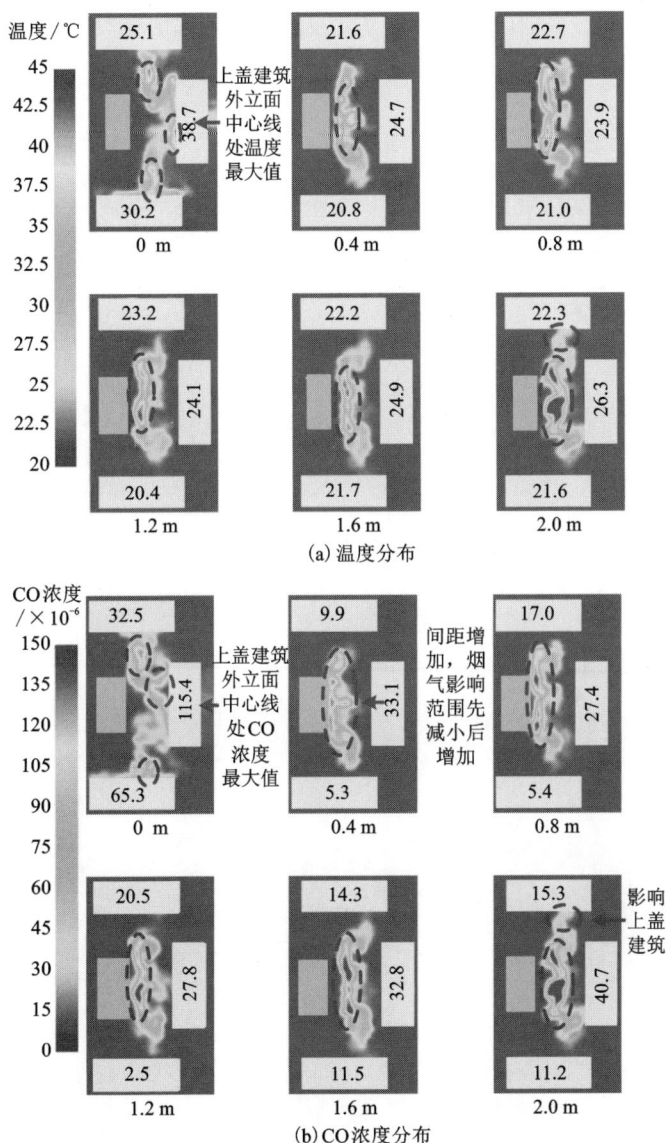

(a) 温度分布

(b) CO 浓度分布

图 6-22　结构挡板与风亭间距不同时风亭上方 2 m 处温度、CO 浓度分布对比图

5.挡板宽度

不同结构挡板宽度下上盖建筑外立面竖向温度、CO 浓度变化如图 6-23 所示，由图 6-23 可知，结构挡板宽度不同时，建筑外立面温度与 CO 浓度的变化趋势一致，且均低于火灾危险临界值。结构挡板宽度小于 9 m(风亭长度)时，随着结构挡板宽度的增加，排烟口正前方建筑外立面温度与 CO 浓度逐渐降低，排烟口两侧建筑外立面温度与 CO 浓度逐渐增加。结构挡板宽度增加至 9 m 后，继续加大结构挡板宽度对排烟口正前方建筑影响较小，却会在一定程度上增加排烟口两侧建筑外立面 CO 浓度。

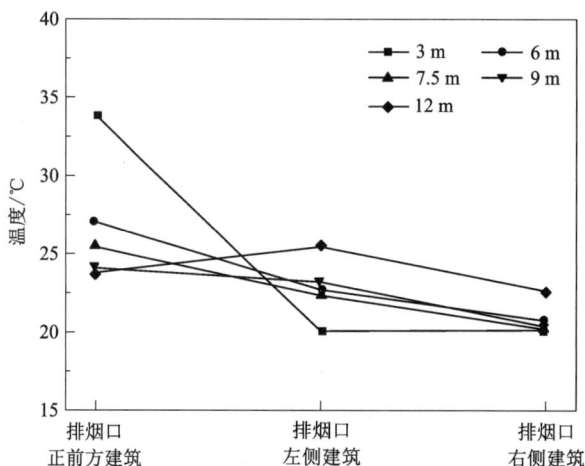

(a)外立面中心线处温度最大值

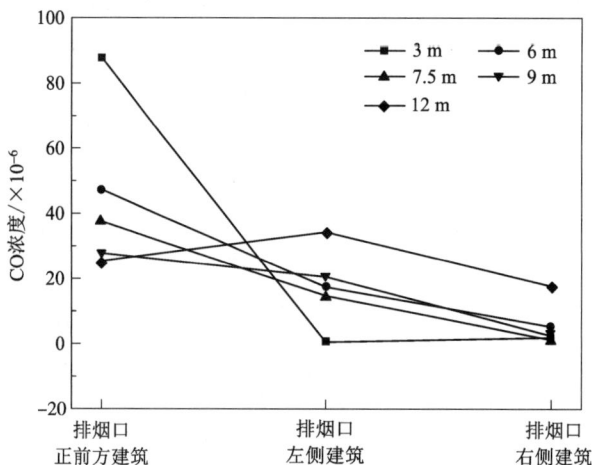

(b)外立面中心线处CO浓度最大值

图 6-23　结构挡板宽度不同时上盖建筑外立面竖向温度、CO 浓度变化

　　结构挡板宽度不同时风亭上方 2 m 处温度、CO 浓度分布对比图如图 6-24 所示，由图 6-24 可知，结构挡板宽度不同时，风亭上方温度与 CO 浓度分布规律一致。结构挡板宽度小于 6 m(排烟口宽度)时，结构挡板阻隔烟气的效果较弱，烟气影响范围较大。结构挡板宽度不小于 6 m 时，烟气影响区域逐渐减小并向两侧建筑蔓延。结构挡板宽度大于 9 m 后，受结构挡板影响，烟气向风亭两侧扩散且其对排烟口右侧建筑影响将显著增大。结合上盖建筑外立面竖向温度与 CO 浓度分布，建议工程中结构挡板宽度介于排烟口长度与风亭长度之间。

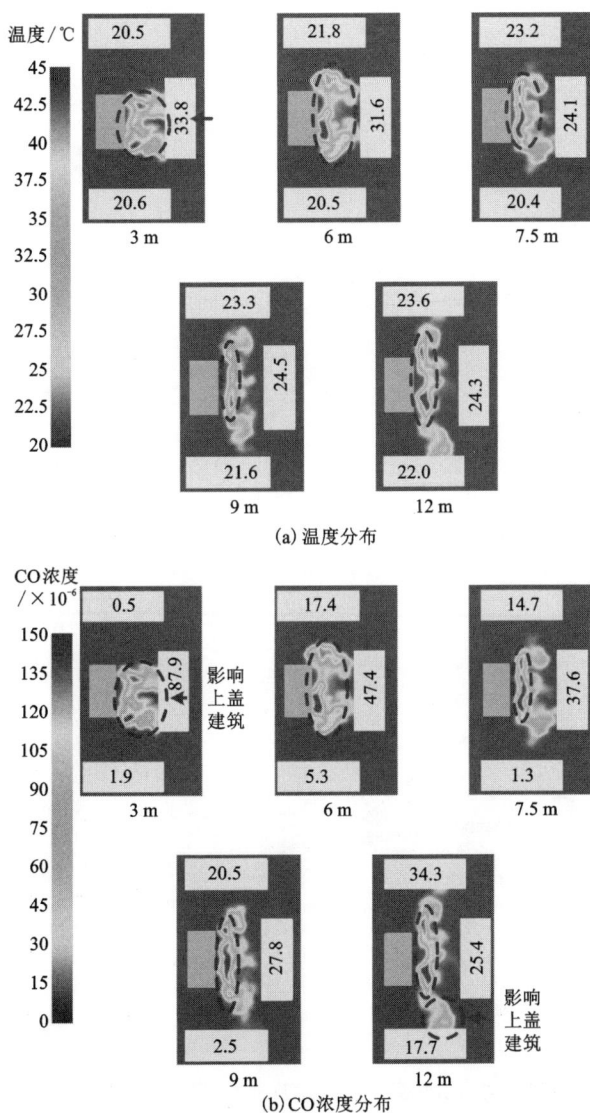

图 6-24　结构挡板宽度不同时风亭上方 2 m 处温度、CO 浓度分布对比图

6. 结构挡板长度

不同结构挡板长度下上盖建筑外立面竖向温度、CO 浓度变化如图 6-25 所示，由图 6-25 可知，不同结构挡板长度下，上盖建筑外立面温度与 CO 浓度的变化趋势一致，且均低于火灾危险临界值。随着挡板长度的增加，排烟口正前方建筑外立面温度、CO 浓度逐渐减小，排烟口两侧建筑外立面温度、CO 浓度逐渐增加。结构挡板长度增加至 3.6 m(结构挡板下沿与风亭排烟口下沿平齐)后，继续增加结构挡板长度对上盖建筑外立面温度、CO 浓度影响较小。

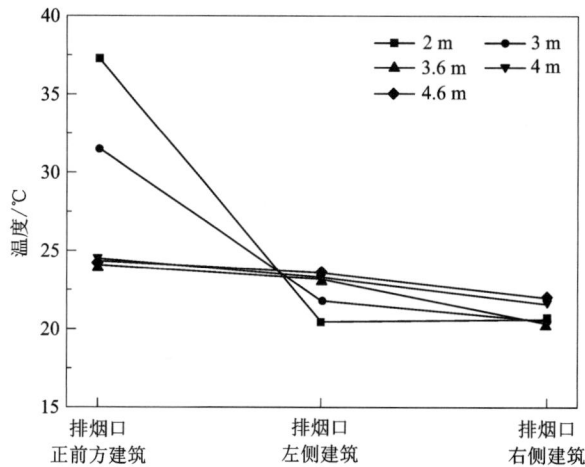

(a)外立面中心线处温度最大值

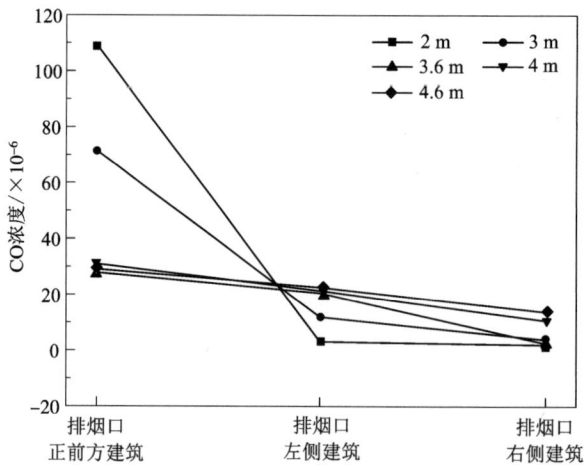

(b)外立面中心线处CO浓度最大值

图 6-25　不同结构挡板长度下上盖建筑外立面竖向温度、CO 浓度变化

　　结构挡板长度不同时风亭上方 2 m 处温度、CO 浓度分布对比图如图 6-26 所示，由图 6-26 可知，不同结构挡板长度下，风亭上方温度与 CO 浓度分布规律一致。结构挡板长度小于 3.6 m 时，结构挡板阻隔烟气的效果较弱，烟气对排烟口正前方建筑影响较大。结构挡板长度为 3.6 m 时，烟气的影响范围被有效限制。结构挡板长度大于 3.6 m 时，烟气影响范围逐渐增加且对排烟口两侧建筑影响显著增大。结合上盖建筑外立面竖向温度与 CO 浓度分布，建议工程中结构挡板下沿与排烟口下沿齐平。

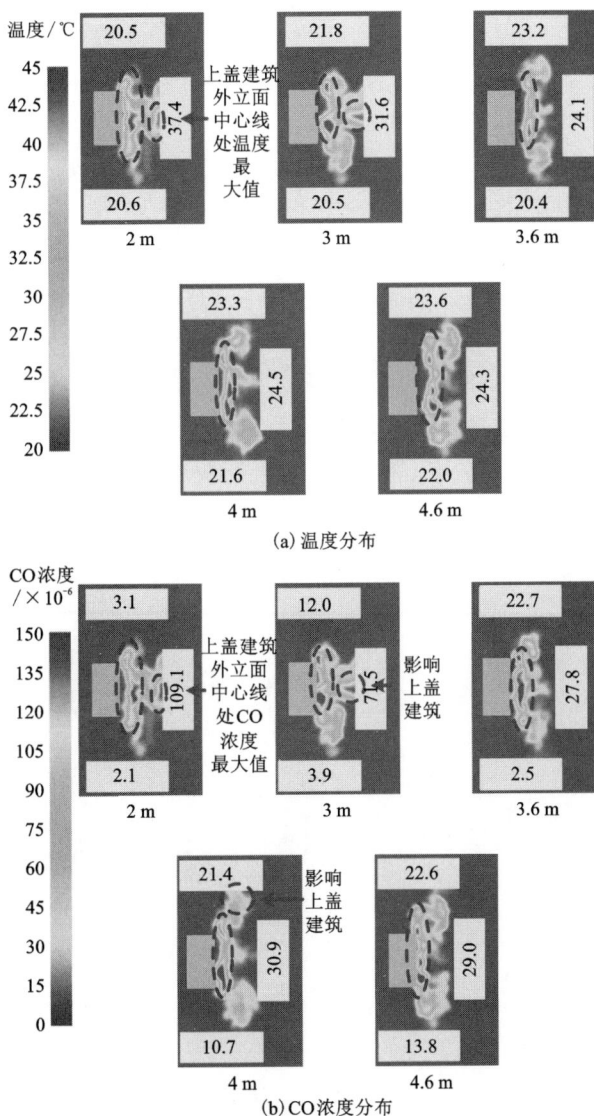

图 6-26　结构挡板长度不同时风亭上方 2 m 处温度、CO 浓度分布对比图

6.3 本章小结

本章基于影响最小化原则,对风亭高度、退缩距离及风亭结构形式进行了数值模拟和缩尺寸试验分析,得到以下结论:

①上盖建筑外立面中上部 CO 浓度影响程度变化量随距离呈指数衰减。

②随着风亭高度的减小,通过风亭排出的烟气能有效减小对上盖建筑的影响;当风亭高度为 4 m 时对上盖建筑影响较小;无法满足 4 m 时,风亭高度应尽可能低。

③随着风亭与上盖建筑距离增加,通过风亭排出的烟气能有效减小对上盖建筑的影响,风亭与上盖建筑退缩间距不应小于 6 m。

④采用结构挡板与风亭不相连形式的风亭时,烟气污染物通过风亭排烟口流出后,上盖建筑受到烟气污染物影响的范围较小。

⑤结构挡板角度不大于 30°时,上盖建筑受到烟气污染物影响的范围较小。

⑥结构挡板上沿与风亭之间距离为 0.4~1.6 m 时,上盖建筑受到烟气污染物影响的范围较小。

⑦结构挡板宽度介于风亭排烟口宽度与风亭宽度之间时。上盖建筑受到烟气污染物影响的范围较小。

⑧结构挡板长度须大于 $D/COS\theta$,D 为风亭排烟口下沿与风亭上沿的距离。

第 7 章

带上盖车辆基地盖板结构抗火性能设计

　　带上盖车辆基地使用城市空间综合开发,兼有盖下车辆基地和盖上建筑的特点,近年来,伴随着我国火灾事故频发,且地铁车辆基地发生火灾将会造成巨大人员与财产损失。火灾对建筑结构的危害主要体现在以下几个方面:①火灾高温会破坏结构构件,造成人员疏散与灭火救援的困难;②有可能导致建筑的整体或局部倒塌造成巨大的人员与财产损失;③缩短建筑的使用寿命,加重灾后修复与维护负担。结构抗火作为人员疏散与灭火救援的前提保障,火灾下保证建筑主要构件的性能对建筑防火具有重大意义。

　　本书依托华南某带上盖车辆基地工程除了提供地铁列车停靠功能外,还兼顾列车日常维护、维修和中转功能。对盖板上部进行民用建筑物业开发,现行的国家标准对市政公用交通设施和民用建筑组合建造没有明确的规定,需要进行分析论证。考虑两者体量大、火灾扑救难度较大、火灾延续时间长且修复结构有一定难度,盖上结构荷载直接传至盖下结构,盖下框支层一旦发生危险,将危及盖上整体结构的安全,因此有必要要求其盖板的耐火极限在现行国家标准的基础上进行加强。

　　根据现行国家标准《建筑设计防火规范(2008 年版)》(GB 50016—2014)附录中给出的承重构件耐火极限,其中钢筋混凝土柱耐火极限最大值为 5.0 h,钢筋混凝土梁耐火极限最大值为 3.5 h,满足车辆基地的需求,而给出楼板的耐火极限最大值为 2.65 h。关于盖板 3.0 h 耐火极限的设计方法在规范中没有提及,导致设计没有规范可参考,需要进行专题研究并通过专家评审;同时,规范给出盖板的耐火极限只考虑了盖板厚度和钢筋保护层厚度的影响,而盖板作为承重构件,其耐火极限受火灾时外荷载的影响很大。因此,需要对影响盖板耐火极限的各因素进行全面的分析,提出更加合理的盖板抗火设计方法。

　　本项目针对华南某带上盖车辆基地盖板采用有限元模拟的方法,验算该带上盖车辆基地盖板构件的混凝土保护层厚度是否满足首层车辆基地耐火极限 3.0 h 的要求。

7.1 结构抗火计算原理

7.1.1 火灾对建筑结构的危害

高温下，混凝土等建筑构件材料性能会劣化。钢材、混凝土等几乎所有的建筑材料的强度和刚度随着温度的升高而降低。图7-1、图7-2为欧洲规范EN1993-1-2：2005和EN1992-1-2：2004给出的不同温度下碳钢和硅酸盐集料普通混凝土应力应变关系曲线。当温度大于400℃时，碳钢的有效屈服强度（名义应变为2%）开始出现大幅度下降。虽然碳钢的熔点在1500℃左右，但当温度为700℃时，碳钢的有效屈服强度只有常温下的27%，800℃、900℃时则分别仅为常温下的11%和6%。对于混凝土，当温度分别为700℃、800℃和900℃时，其抗压强度分别为常温下的30%、15%和8%，而且由于高温下混凝土内部裂缝的展开和化学反应的发生，当温度降低时，混凝土的强度不可恢复，这给结构的灾后修复带来了困难。

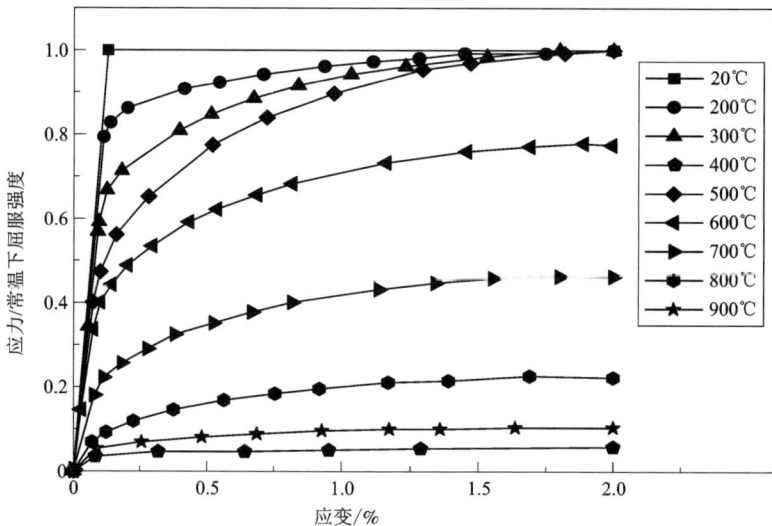

图7-1 不同温度下碳钢应力应变关系曲线

火灾时构件内部会产生温度应力。构件由于受热不均以及各组件间相互作用对热膨胀的约束，构件内会产生温度应力，从而造成构件内的应力重分布。图7-3为碳钢和硅酸盐集料普通混凝土的线膨胀系数随温度变化的曲线。容易得知，当温度从常温升高到100℃时，无轴向约束钢棒的伸长量与它受拉屈服时的伸长

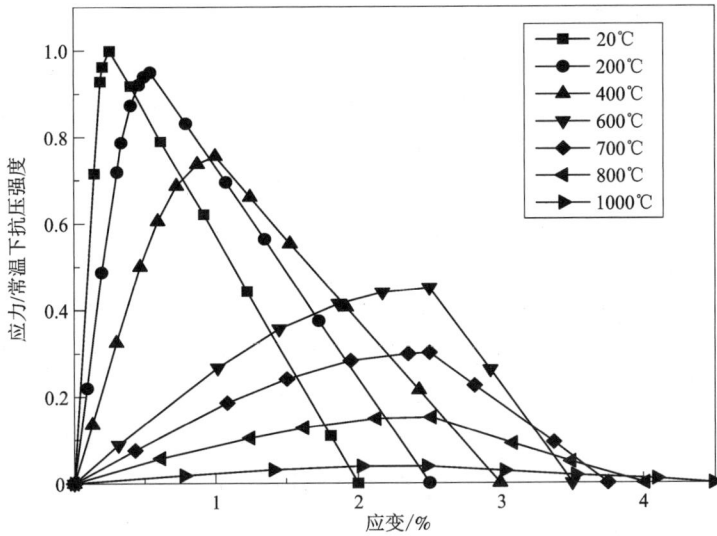

图 7-2　不同温度下硅酸盐集料普通混凝土应力应变关系曲线

量相当, 可见在火灾升温和降温的整个过程中, 受火构件内产生的温度应力是相当大的。

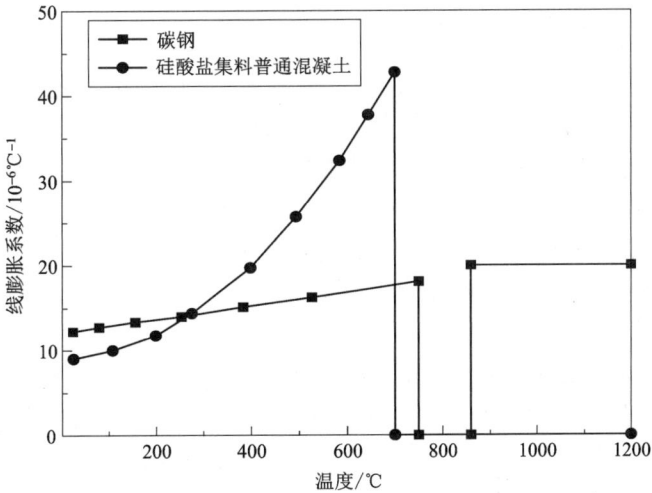

图 7-3　碳钢和硅酸盐集料普通混凝土的线膨胀系数随温度变化的曲线

7.1.2 结构抗火分析思路

通常情况下，结构耐火性能计算包含以下三个步骤：火灾模拟、热分析和高温力学分析。火灾模拟的主要目的是得到火场温度，为结构的热分析提供边界条件；热分析是根据整个火灾过程中火场的温度变化计算构件内的温度分布；高温力学分析是指分析火灾时构件温度场的变化对构件力学行为的影响。

火灾升温模型可采用标准升温模型、等效标准升温模型和模拟分析升温模型。标准升温模型简单，但有时与实际火灾升温差别较大；而等效标准升温模型则利用标准升温模型，通过等效曝火时间概念，近似考虑室内火源功率、通风参数、建筑热工参数等对火灾升温的影响；模拟分析升温模型可考虑很多影响火灾实际升温的因素，模拟火灾实际升温，但这种模型计算复杂、工作量大。

结构分析模型可采用构件模型、子结构模型和整体结构模型。构件模型简单，但准确模拟构件边界约束较难；而子结构模型则可解决这一问题，但计算比构件模型要复杂。构件模型和子结构模型均可用于火灾下构件层次的结构承载力极限状态分析；而整体结构模型主要用于火灾下整体结构层次的结构承载力极限状态分析，但计算工作量较大。

综合考虑，本书采用构件模型，根据构件的工程实际运用设置受热边界与荷载，采用标准升温曲线 ISO 834 模拟火灾温度场，分别建立温度场预测模型与力学分析模型，综合分析得出构件的耐火极限。

7.1.3 火灾下结构的极限状态

结构的基本功能是承受荷载，火灾下，随着结构内部温度的升高，结构的承载力将会下降，当结构的承载力下降到与外荷载(包括温度作用)产生的组合效应相等时，则认定结构达到受火承载力极限状态。

火灾下，结构的承载力极限状态可分为构件和结构两个层次，分别对应局部构件破坏和整体结构倒塌。本书主要针对构件进行抗火性能分析。火灾下，结构构件承载力极限状态的判别标准为：①构件丧失稳定承载力；②构件的变形速率成为无限大。

构件的耐火极限是衡量单个构件耐火能力的基本参数。一般构件的耐火极限指构件在火灾中，失去稳定性、完整性或绝热性所经历的时间。当进行结构抗火设计时，可将结构构件分为两类：一类为兼作分隔构件的构件(如承重墙、楼板)，这类构件的耐火极限应由构件失去稳定性、完整性或隔热性三者的最少时间确定；另一类为起结构承载作用的构件(如梁、柱、屋架等)，该类构件的耐火极限则仅由失去稳定性这个标准确定。

相关规范对构件提出了明确的耐火极限规定，耐火极限由建筑耐火等级、构件的重要性、构件在建筑中的部位三个方面共同确定。

进行结构某一功能设计时,应考虑各种荷载作用工况。如进行结构的承载力功能设计时,应考虑永久荷载(结构自重)作用工况;永久荷载和楼面活载组合作用工况、永久荷载、楼面活载和风载组合作用工况等。因结构功能要求相同,无论是发生火灾,还是非火灾条件下的正常情况,各种工况的设计可靠度(或失效概率=1.0-可靠度)都应一致。

目前国际上基于概率可靠度的极限状态设计法,均采用不同分项系数的荷载效应线性组合设计表达式,既简单实用,又能基本保证不同荷载工况下的设计可靠度一致。目前国外的结构抗火设计规范都采用荷载效应线性组合表达式,根据我国荷载代表值及有关参数的具体情况,进行钢结构或钢-混凝土组合结构抗火设计时,采用如下荷载效应组合公式:

$$S = \gamma_G G_k + \sum_i \gamma_{Qi} Q_{ik} + \gamma_W W_k + \gamma_F F_k(\Delta T)$$

式中: S——荷载组合效应;

G_k——永久荷载标准值效应;

Q_{ik}——楼面或屋面活载(不考虑屋面雪载)标准值效应;

W_k——风载标准值效应;

$F_k(\Delta T)$——构件或结构温度变化引起的效应(温度效应);

γ_G——永久荷载效应分项系数,取 1.0;

γ_{Qi}——楼面或屋面活载效应分项系数,取 0.7;

γ_W——风载效应分项系数,取 0.3,选不利情况;

γ_F——温度效应分项系数,取 1.0。

7.2 结构构件耐火极限分析方法

7.2.1 外荷载产生的结构构件内力计算

结构构件在火灾下的内力由两部分组成:一部分是由结构所受的外荷载产生;另一部分则是由于构件温度升高时,其热膨胀变形受到约束而产生的温度内力。局部火灾下,由于结构部分构件温度升高,造成这些构件的刚度降低,而引起结构内力重分布,使构件在外荷载作用下的内力不同于常温下的内力,受热构件所承担的外荷载将比常温下小,而与其相连的构件将承担比常温下更多的外荷载。

第一种情况仅考虑单一构件受火,则该构件在火灾下受各种荷载作用的内力,乘以受热构件的平均弹性模量与该构件常温时弹性模量的比值加以折减。第二种情况考虑建筑一个区域受火,设计所考虑的构件及相邻构件均匀升温,则火灾下由荷载产生的构件内力与常温时差别不大,可视为相同。

第一种情况未考虑受火构件相邻构件温升造成的刚度降低,会使受火构件荷载作用内力的折减偏大或计算荷载作用内力偏小。由于实际建筑结构设计时都已先作了常温下结构内力计算,所以第二种情况的简化计算在进行结构抗火设计时偏于安全,所以常用第二种情况的简化计算来确定火灾下由荷载产生的结构构件内力。

7.2.2　火灾升温曲线及热分析边界条件

火灾发生时,火灾与构件的热量传递方式为热辐射和热对流。由于火灾升温模型采用的是 ISO 834 标准升温曲线,构件周围流体的温度已知,因此构件热分析的边界条件为第三类边界条件。根据欧洲规范 EC2,构件受火面的对流换热系数取为 $25 \ W/(m^2 \cdot K)$,热辐射系数取 0.7,背火面的对流换热系数取为 $9 \ W/(m^2 \cdot K)$(不再考虑背火面的辐射传热)。

7.2.3　材料高温性能

材料的高温性能包括两方面:一方面是影响构件温度场的热工性能,如密度、导热系数、比热等;另一方面是影响构件受力行为的力学性能,如屈服强度、极限强度、弹性模型、热膨胀系数等。本项目中盖板采用 C30 混凝土,钢筋均为 HRB400 级。常温下材料的强度和弹性模量根据现行结构设计规范取值。根据《建筑混凝土结构耐火设计技术规程》(DBJ/T 15-81—2011)和欧洲规范 EC2,由于火灾下的荷载组合为偶然组合,常温下材料强度取标准值。高温下混凝土和钢筋的应力应变关系根据欧洲规范 EC2 取值。

7.2.4　耐火极限的判定准则

根据耐火极限的定义,构件达到耐火极限有 3 个判定准则:失去承载能力、失去隔热性、失去完整性。对于结构构件,必须考察构件在火灾下的承载能力,而对于兼作分隔构件的结构构件,如楼板、承重墙,则还须考察构件的隔热性和完整性。《建筑构件耐火试验方法 第 1 部分:通用要求》(GB/T 9978.1—2008)从承载能力、隔热性和完整性 3 个方面给出了构件达到耐火极限的判定准则,但由于理论计算较难对构件的完整性做出评判,因此对于梁,本书从承载能力考察构件的耐火极限,对于楼板,还考察了构件的隔热性。承载能力和隔热性的判定准则如下:

1. 承载能力

（1）抗弯构件

极限弯曲变形量，$D = \dfrac{L^2}{400d}$ mm；

极限弯曲变形速率，$\dfrac{\mathrm{d}C}{\mathrm{d}t} = \dfrac{L^2}{9000d}$ mm/min

式中：L——试件的净跨度，mm；

　　　d——试件界面上抗压点与抗拉点之间的距离，mm。

（2）轴向承重构件

极限轴向压缩变形量，$C = \dfrac{h}{100}$ mm；

极限轴向压缩变形速率，$\dfrac{\mathrm{d}C}{\mathrm{d}t} = \dfrac{3h}{1000}$ mm/min

式中：h——初始高度，mm。

2. 隔热性

①背火面平均温度升高超过初始平均温度 140 ℃。

②背火面任意一点位置的温度升高超过初始温度 180 ℃。

7.3　带上盖车辆基地盖板结构抗火性能数值模拟分析

7.3.1　温度分布有限元模型验证

为验证盖板有限元模型的有效性，本书选择 Lim 研究报告中的 HD12 板进行有限元模型验证。钢筋混凝土 HD12 板的尺寸为 4300 mm×3300 mm，盖板厚度为 100 mm，面筋和底筋布置均采用双向 φ12@200，钢筋保护层厚度为 25 mm。根据欧洲标准 EC2，受火面的对流传热系数为 25 W/（m²·K），发射率系数为 0.7，背火面的对流传热系数为 9 W/（m²·K）。热物性参数比热容、导热系数、密度采用 EC3 和 EC2 中的推荐值。钢筋和混凝土单元之间使用 tie 相互作用。在热分析中，混凝土采用三维一阶固体导热单元 DC3D8，钢筋采用三维一阶桁架导热单元 DT3D2。距离受火面不同位置的温升曲线对比如图 7-4 所示。对比温度分布的计算结果可知，试验结果与有限元分析结果吻合较好，因此数值模拟模型可以推广到厚板温度分布的计算。

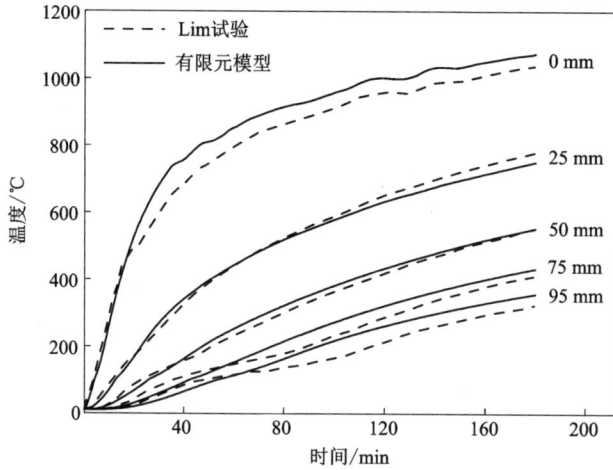

图7-4 混凝土板各测点试验与有限元模型模拟3.0 h 内的温升曲线对比

7.3.2 热-力耦合有限元模型验证

在 HD12 板的热-力耦合有限元模型分析中，采用欧洲规范 EC2[20]推荐的高温下材料应力应变曲线和随温度变化的热膨胀系数。数值模拟的边界条件与试验保持一致，采用四边简支约束。钢筋与混凝土单元之间采用 embedded 相互作用，在单元选取时，混凝土采用三维一阶缩减积分实体单元 C3D8R，钢筋采用三维一阶桁架单元 T3D2。有限元模型与试验结果对比如图 7-5 所示。从力学性能计算结果对比可知，试验与有限元挠度变化趋势吻合效果较好，可推广至厚板力学性能计算。

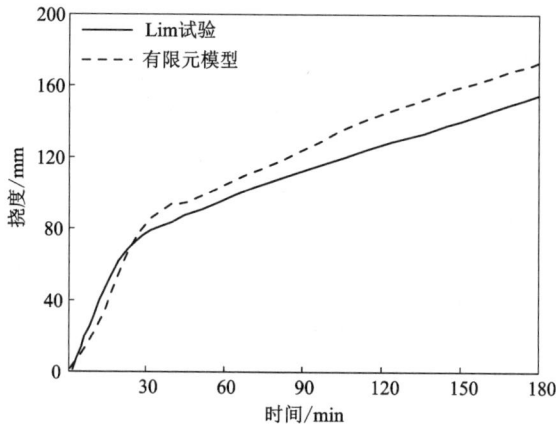

图7-5 热-力耦合有限元模型板中心挠度与试验结果的比较

7.3.3 配筋率对温度分布的影响

选择尺寸为 1000 mm×1000 mm×200 mm 的盖板, 混凝土采用 C30, 钢筋采用 HRB400。面筋和底筋布置均采用双向 $\phi 10@200$, 保护层厚度为 25 mm。为研究配筋率对温度分布规律的影响, 在该基准模型上, 改变配筋率为: 0%(素混凝土)、0.28%(钢筋间距 200 mm)、1.12%(钢筋间距 50 mm)、2.24%(钢筋间距 25 mm)、4.48%(钢筋间距 12.5 mm)。

提取受火面、底筋层、面筋层、背火面等位置的温度分析结果, 得到不同时刻、不同配筋率下盖板厚度方向的温度分布如图 7-6 所示。从图 7-6 可以看出, 配筋率对盖板温度分布影响较小, 这主要是由于温度在盖板内部传递的快慢受盖板吸热能力的控制, 而在合理配筋率范围内, 钢筋的吸热能力为混凝土的 9% 以下, 钢筋对盖板吸热能力的影响较小。

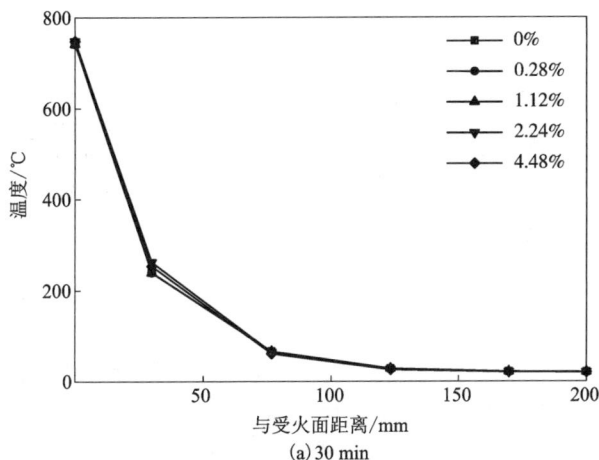

(a) 30 min

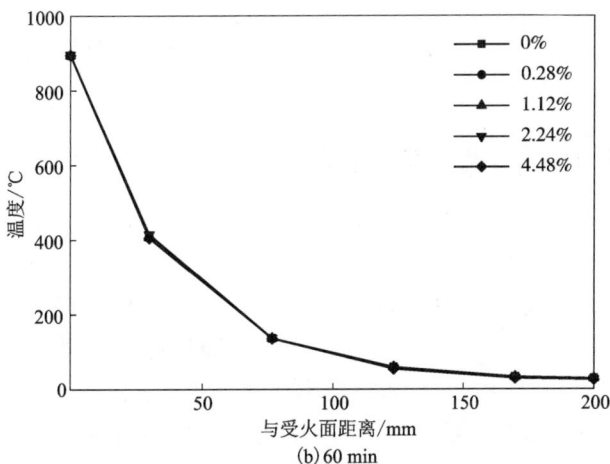

(b) 60 min

(c) 120 min

(d) 180 min

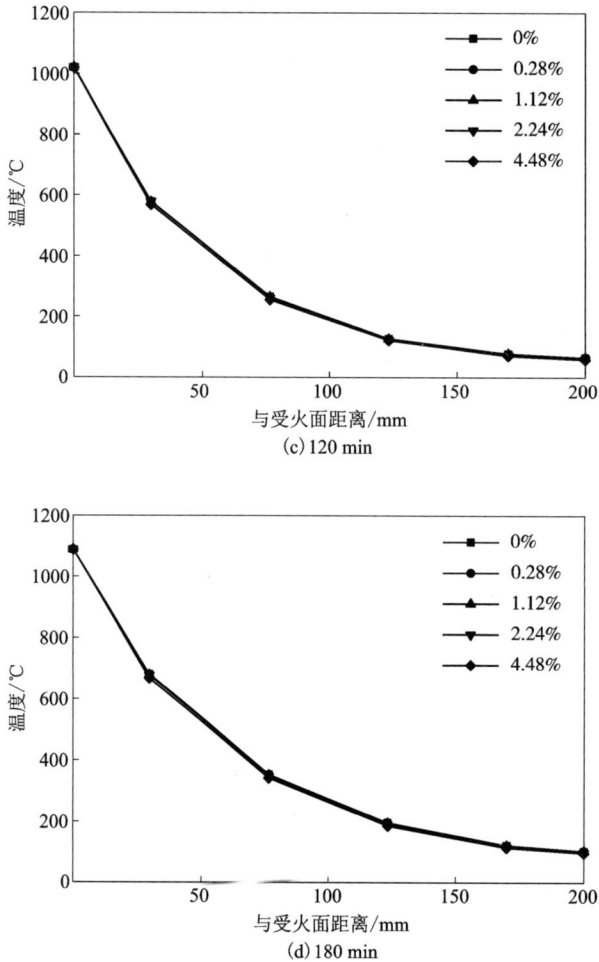

图 7-6 不同配筋率下不同时刻盖板厚度方向的温度分布

7.3.4 盖板厚度对温度分布的影响

根据上述分析可知，配筋率对温度分布影响较小，因此，在分析盖板厚度对温度分布影响时，不考虑配筋率。不同时刻，盖板厚度分别为 180 mm、200 mm、220 mm、250 mm、280 mm、300 mm 时厚度方向的温度分布如图 7-7 所示。从图 7-7 中可看出，受火 30 min 时，各盖板背火面温度均为常温，温度分布也一致；受火 1 h 时，温度已传递至 180 mm 厚盖板背火面，其温度分布在背火面附近开始与其他盖板出现差别；随着受火时间的增加，温度逐渐传递至较厚盖板背火面，各盖板温度分布的差别也从背火面附近向受火面扩展，但受火 3 h 时，各盖板距受火面 100 mm 以内的温度分布仍一致。这主要是由于温度传递至盖板背火面后，与周围空气存在热量交换，改变了边界的传热状态，进而向受火面方向反馈。受火 3.0 h，盖板厚度从 180 mm 变化至 300 mm，背火面温度分别为 129 ℃、105 ℃、87 ℃、63 ℃、47 ℃、39 ℃，背火面最大温差为 90 ℃，但背火面温升均低于 140 ℃，均满足隔热耐火极限要求。

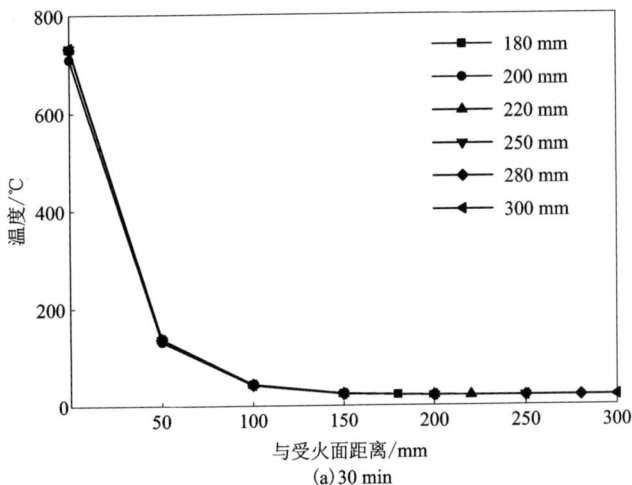
(a) 30 min

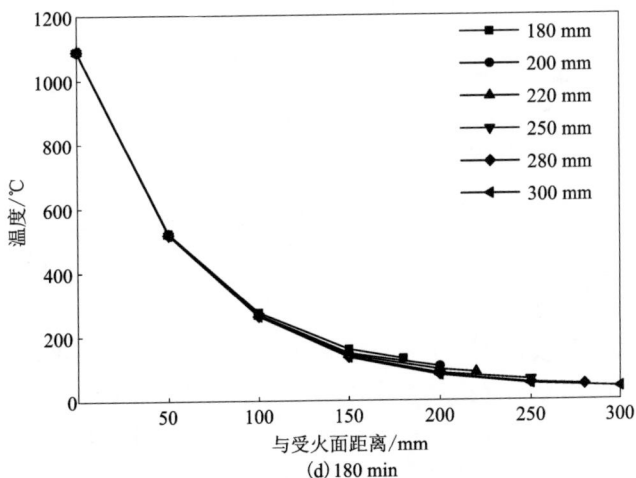
(d) 180 min

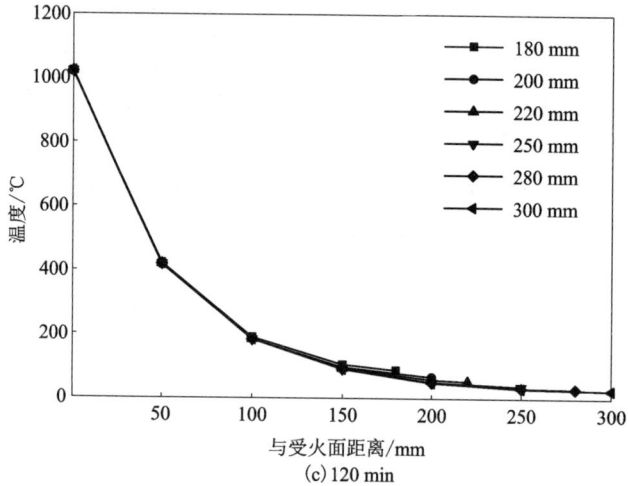
(c) 120 min

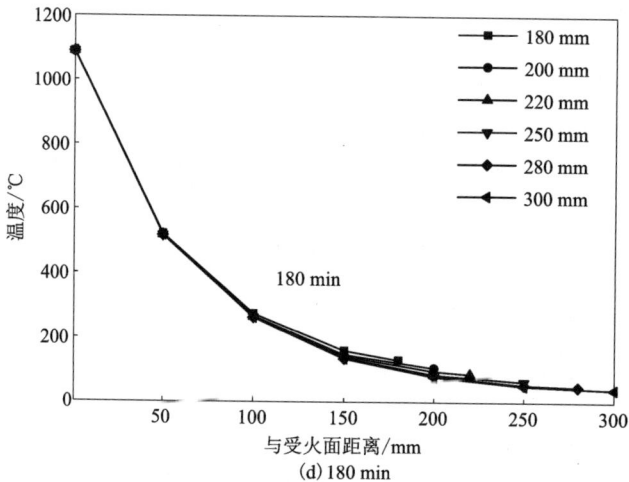
(d) 180 min

图 7-7 不同厚度盖板在不同时刻厚度方向的温度分布

7.3.5 含水率对温度分布的影响

含水率对盖板温度影响，主要体现在比热容，采用欧洲标准 EC2 中含水率为 0%、1.5%、3% 的混凝土的比热容来比较不同含水率盖板的温度分布。得到不同时刻、不同含水率下盖板厚度方向的温度分布如图 7-8 所示。从图 7-8 可看出，受火 3.0 h 内，随着盖板含水率增大，盖板内部温度降低。这是由于在温度传递过程中，盖板内部水分开始发生汽化，汽化过程需要吸热，盖板含水率增大，混凝土吸收的热量就增大，混凝土比热容增大，盖板内部升温速率变慢，使盖板内部温度降低。

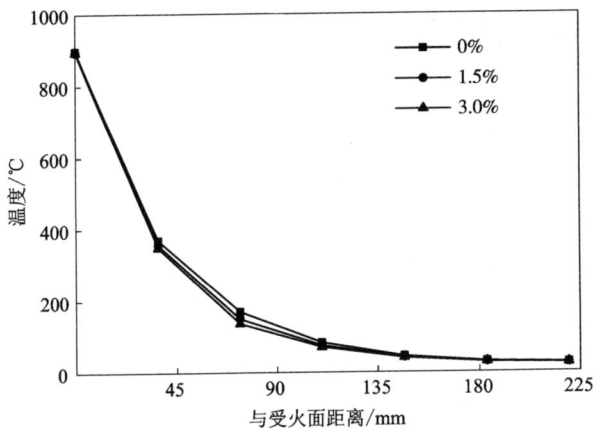

(a) 60 min

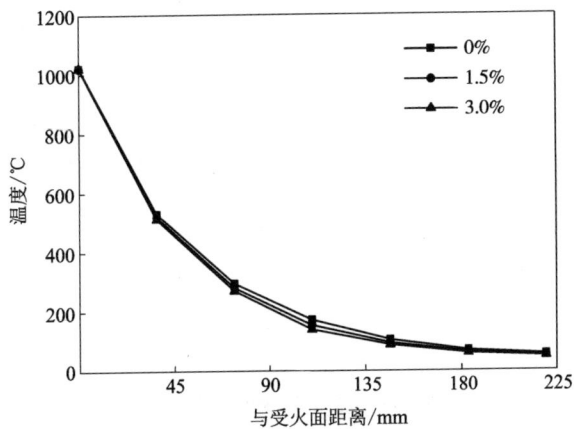

(b) 120 min

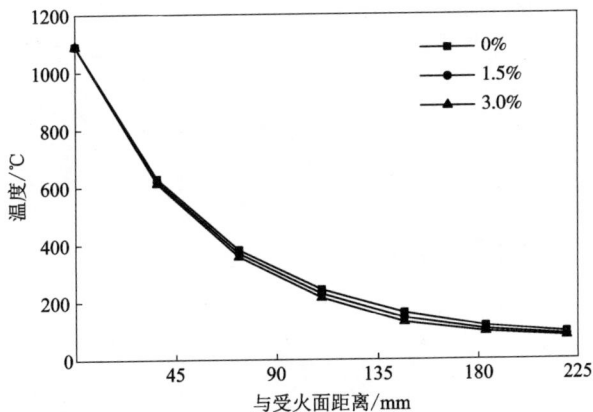

(c) 180 min

图 7-8　不同含水率下盖板厚度方向不同时刻的温度分布

7.3.6 盖板温度预测模型

根据火灾下盖板温度分布规律，温度只沿厚度方向变化，根据盖板温度沿厚度方向的分布曲线形式，假设沿厚度方向的温度分布可以用公式(9-1)表示：

$$T = T_0 + A_1 \cdot e^{-x/k} \tag{9-1}$$

式中：T——盖板温度，℃；

x——到受火面的距离，mm；

T_0、A_1、k——与受火时间相关的参数，对不同时刻盖板沿厚度方向温度分布进行拟合，得出 T_0、A_1、k 与时间的关系如图 7-9~图 7-11 所示。

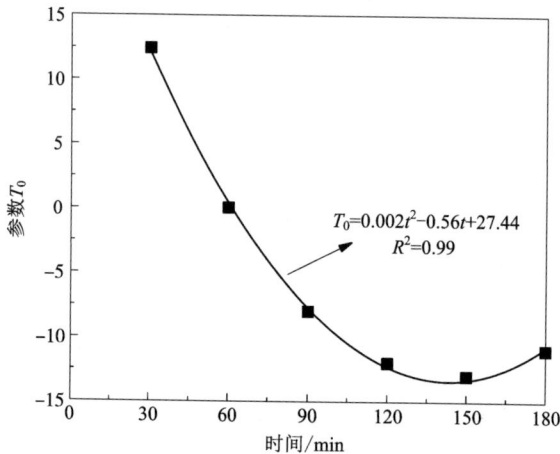

$$T_0 = 0.002t^2 - 0.56t + 27.44$$
$$R^2 = 0.99$$

图 7-9　参数 T_0 与时间的关系

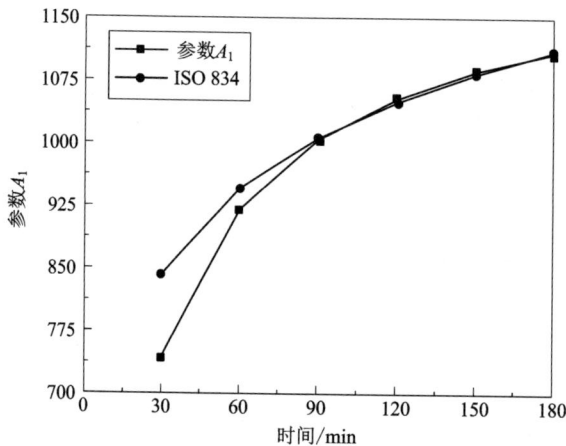

图 7-10　参数 A_1 与时间的关系

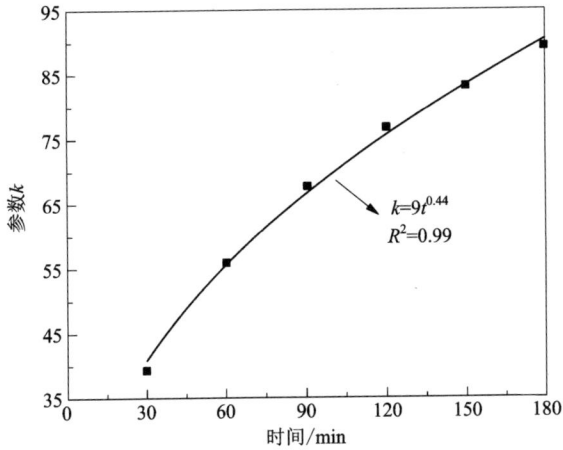

图 7-11　参数 k 与时间的关系

　　根据 T_0、A_1、k 与时间的关系，数据拟合可以得到这 3 个参数相对于时间的表达式，得到温度分布预测模型如公式(9-2)所示。温度分布预测模型和有限元计算结果对比如图 7-12 所示，从图 7-12 可以看出，温度分布预测模型和有限元计算结果吻合较好。

$$T = 0.002t^2 - 0.56t + 27.44 + \left[345 \lg_{10}(8t+1) + 20 \right] e^{-x/(9t^{0.44})} \tag{9-2}$$

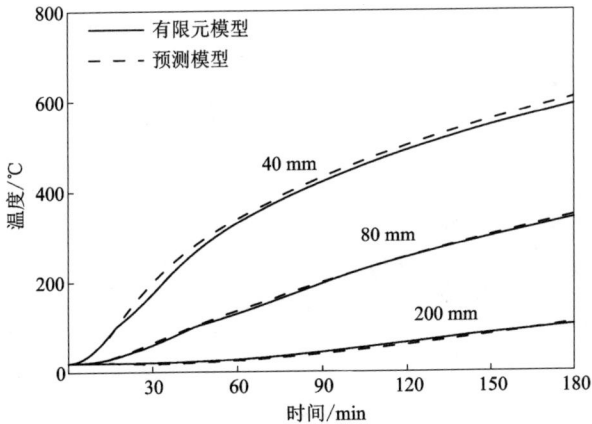

图 7-12　盖板厚度分别为 40 mm、80 mm 和 200 mm 时温度上升曲线的比较

　　将 Wickström 提出的钢筋混凝土盖板截面温度分布计算公式、广东地方规范《建筑混凝土结构耐火设计技术规程》(DBJ/T 15-81—2011)以及本书提出的温度分布预测模型进行对比,结果如图 7-13 所示。从图 7-13 可以看出,Wickström 提出的公式在盖板厚度较大位置出现了负值,说明由 Wickström 提出的钢筋混凝土盖板截面温度分布计算公式只适用于厚度较小的盖板;当盖板厚度较大时,广东地方规范与本书提出的温度分布预测模型较为吻合,但对大于 200 mm 厚度的盖板广东地方规范并未给出相关数据。

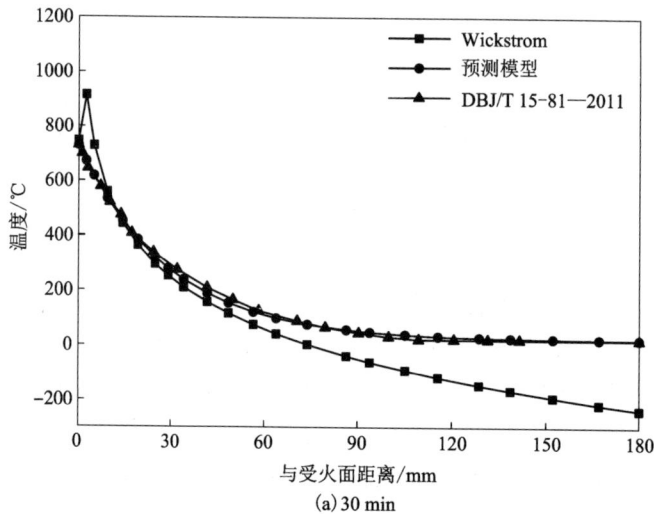

(a) 30 min

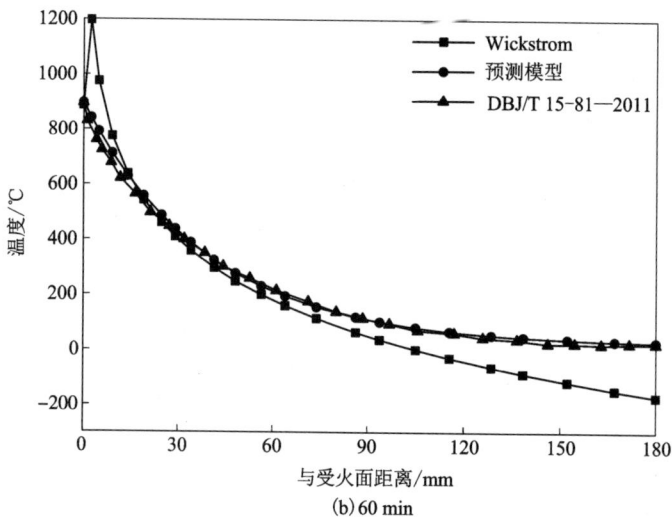

(b) 60 min

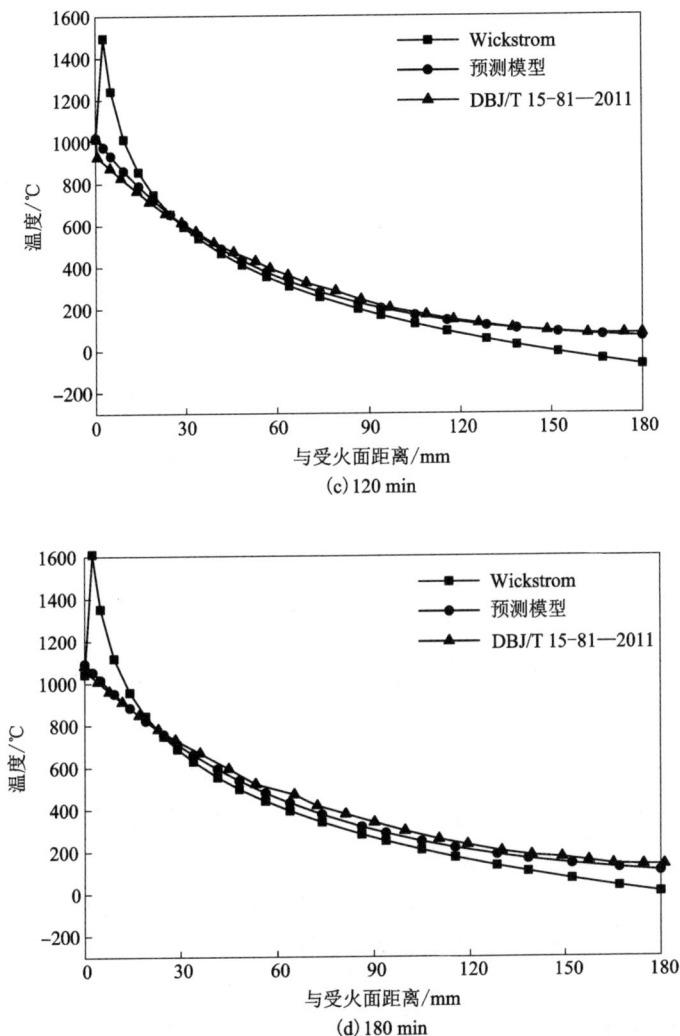

图 7-13　Wickström 模型、DBJ/T 15-81—2011 与温度分布预测模型的比较

　　对比本书提出的温度分布预测模型、Wickström 模型以及《建筑混凝土结构耐火设计技术规程》DBJ/T 15-81-2011（广东），可得到受火 3.0 h 盖板背火面温升，为盖板 3.0 h 抗火参数设计提供了参考。从表 7-1 中可以看出，当盖板厚度小于 170 mm 时，背火面温升大于 140 ℃，根据盖板隔热要求，建议盖板厚度不宜小于 170 mm。

表 7-1　标准升温 3 h 时用不同模型计算的盖板背火面温升比较

盖板厚度 /mm	背火面温升/℃		
	温度分布预测模型	温度分布 Wickström 模型	DBJ/T 15-81—2011
100	330	337	346
120	257	258	254
150	175	165	181
160	153	150	—
170	134	126	—
180	116	101	113
200	87	78	90
220	64	53	—
250	37	38	—
280	18	23	—
300	9	16	—

7.3.7　钢筋保护层厚度及荷载比对耐火极限影响的分析

选取盖板尺寸为 4000 mm×9000 mm×180 mm，混凝土采用 C30，钢筋选用 HRB400。钢筋保护层厚度为 30 mm，面筋布置采用双向 $\phi12@150$，底筋短向布置采用 $\phi12@150$，长向布置采用 $\phi10@200$，边界约束为四边简支，升温曲线采用 ISO 834 标准升温曲线。C30 混凝土轴心抗压强度设计值 $f_c = 14.3$ N/mm^2，HRB400 钢筋屈服强度设计值 $f_y = f_{y'} = 360$ N/mm^2，依据《混凝土结构设计规范（2015 年版）》（GB 50010—2010）计算，得到常温下单向板极限承载力设计值为 28.8 kN·m。根据《建筑构件耐火试验方法 第 1 部分：通用要求》（GB/T 99781—2008）中的破坏准则，对于单向板超过极限弯曲变形量 $L^2/400d$ 的，则认为其被破坏，其中 L 为试件的净跨度，d 为盖板抗压点与抗拉点之间的距离。

提取跨中挠度变化结果，得到不同荷载比、不同钢筋保护层厚度条件下挠度变化曲线如图 7-14 所示，从图 7-14 可以看出，在同一荷载比下，增加钢筋保护层厚度，跨中挠度会减小，盖板耐火极限会提高。这是由于钢筋混凝土板的拉应力几乎全部由底筋承担，在相同的外荷载条件下，底筋保护层厚度增大，会使底筋温度增长变慢，底筋材料劣化变慢，跨中挠度增大也变慢，从而使盖板的耐火极限提高。从图 7-14 还可以看出，在同一保护层厚度下，增大荷载比，会使跨中挠度增大，盖板耐火极限减小。这是由于保护层厚度一致，盖板温度分布一致时，荷载比越大，盖板受到的荷载越大，因而产生较大的变形，耐火极限减小。

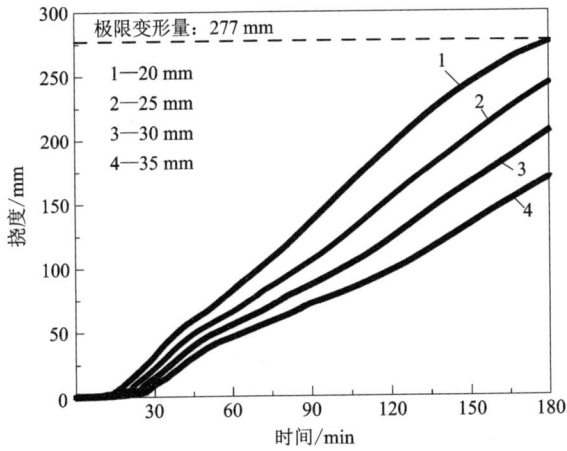

(a) 荷载比为0.3

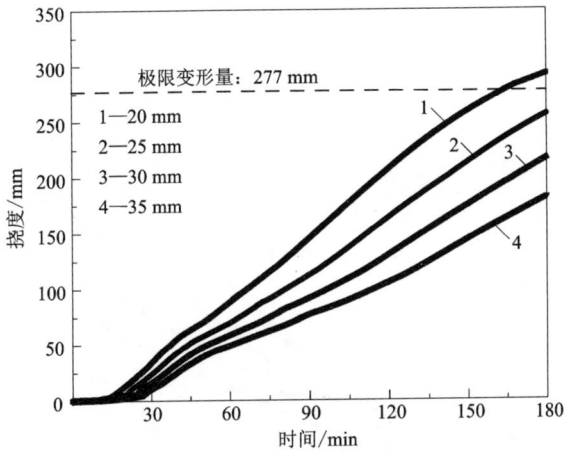

(b) 荷载比为0.4

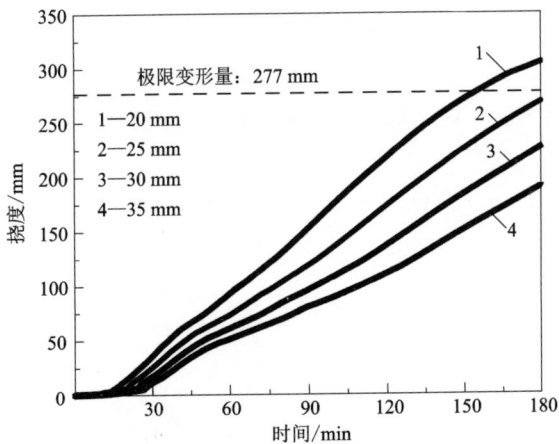

(c) 荷载比为0.5

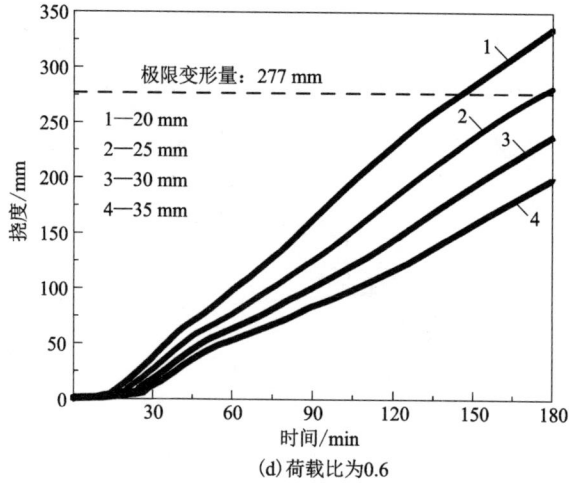

(d) 荷载比为0.6

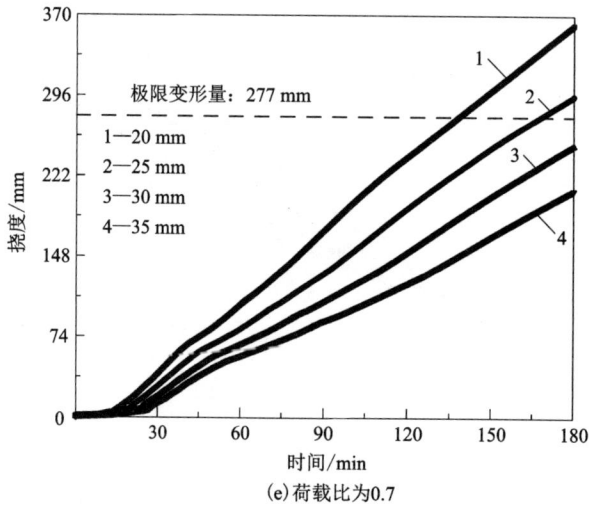

(e) 荷载比为0.7

图 7-14 不同荷载比、不同保护层厚度下挠度变化曲线

　　为便于地铁车辆基地盖板 3.0 h 耐火极限的设计，给出了如表 7-2 所示的不同荷载比、不同钢筋保护层厚度下盖板的耐火极限。

表 7-2　不同荷载比、不同钢筋保护层厚度下盖板的耐火极限 (min)

保护层厚度/mm	荷载比				
	0.3	0.4	0.5	0.6	0.7
20	180	164	155	146	138
25	>180	>180	>180	176	167
30	>180	>180	>180	>180	>180
35	>180	>180	>180	>180	>180

7.4　本章小结

①配筋率对盖板温度分布影响较小；不同厚度盖板的温度在传递到背火面之前，沿厚度方向的温度分布一致；温度传递到背火面后，改变了背火面边界的换热状态，使背火面附近温度升高并向受火面反馈；随着盖板厚度的增大，背火面温度越低；随着盖板含水率增大，盖板内部温度会降低。

②提出了盖板温度分布预测模型。

③底筋保护层厚度越大，荷载比越小，盖板耐火极限越大。给出了不同钢筋保护层厚度、不同荷载比条件下车辆基地盖板的耐火极限，为地铁车辆基地盖板 3.0 h 耐火极限设计提供了参考。

参考文献

［1］中华人民共和国住房和城乡建设部.建筑防烟排烟系统技术标准：GB 51251—2017［S］.北京：中国计划出版社，2017.

［2］中华人民共和国住房和城乡建设部.地铁设计防火标准：GB 51298—2018［S］.北京：中国计划出版社，2018.

［3］北京市规划和自然资源委员会.城市轨道交通车辆基地上盖综合利用工程设计防火标准：DB 11/1762—2020［S］.北京：中国标准出版社，2020.

［4］上海市住房和城乡建设管理委员会.城市轨道交通上盖建筑设计标准：DG/TJ 08-2263—2018 J14245—2018［S］.上海：同济大学出版社，2018.

［5］中华人民共和国住房和城乡建设部.地铁设计规范：GB 50157—2013［S］.北京：中国建筑工业出版社，2013.

［6］WILBUR S, WILLIAMS M, WILLIAMS R, et al. Relevance to Public Health［J］. Toxicology and Industrial Health, 2000, 16(3-5)：127-138.

［7］徐湃.海底沉管隧道火灾烟气运动特性研究［D］.重庆：重庆交通大学，2014.

［8］HU L H, HUO R, CHOW W K, et al. On the maximum smoke temperature under the ceiling in tunnel fires［J］. Tunnelling and Underground Space Technology, 2006, 21(6)：650-655.

［9］MATA C, RENGEL B, PASTOR E, et al. A priori validation of CFD modelling ofhydrocarbon pool fires［J］. Journal of Loss Prevention in the Process Industries, 2018, 56：18-31.

［10］张昊哲.隧道断面和燃料性质对火灾烟气稳定性影响研究［D］.绵阳：西南科技大学，2020.

［11］中华人民共和国国家质量监督检验检疫总局，中国国家标准化管理委员会.建筑构件耐火试验方法 第 1 部分：通用要求：GB/T 9978.1—2008［S］.北京：中国标准出版社，2008.

［12］European Committee for Standardization. BS EN 1993-1-2—2005. Eurocode3：Design of steel structures Part 1-2：general rules-structural fire design［S］. Brussels：British Standards Institution, 2005.

［13］中华人民共和国住房和城乡建设部.混凝土结构设计规范(2015 年版)：GB 50010—2010［S］.北京：中国建筑出版社，2015.